Alfonso Gálvez

# La Fiesta del Hombre y la Fiesta de Dios

New Jersey
U.S.A. - 2025

*La Fiesta del Hombre y la Fiesta de Dios* by Alfonso Gálvez. Copyright © 2025 by Shoreless Lake Press. American edition published with permission. All rights reserved. No part of this book may be reproduced, stored in retrieval system, or transmitted, in any form or by any means, electronic, mechanical, photocopying, recording or otherwise, without written permission of the Society of Jesus Christ the Priest, P.O. Box 157, Stewartsville, New Jersey 08886.

## CATALOGING DATA

Author: Gálvez, Alfonso, 1932–2022
Title: La Fiesta del Hombre y la Fiesta de Dios

| | |
|---|---|
| First printing: | December 1987 |
| Second printing: | May 2011 |
| Third printing: | May 2025 |

**Library of Congress Control Number: 2025908934**

ISBN: 978-1-953170-53-8
978-1-953170-54-5 (e-book)

Published by
Shoreless Lake Press
P.O. Box 157
Stewartsville, New Jersey 08886

**Nota Editorial**

Este libro se publicó por vez primera en Burgos (España), en el año 1987 con este mismo título. En 1994 se publicó la versión inglesa en la editorial Shoreless Lake Press. En el año 2011 se llevó a cabo una segunda edición en español por la citada editorial. Se presenta ahora la 3ª edición en español, en la que se ha conservado el texto original, así como las poesías originales, aunque se han anotado las referencias a poemas similares aparecidos en los *Cantos del Final del Camino*, publicados en vida del autor en 2020.

Shoreless Lake Press, 2025

# PRÓLOGO

Este libro está compuesto por una serie de charlas sobre el Evangelio que fueron pronunciadas hace ya bastante tiempo. El autor reconoce que siempre ha sentido cierta prevención al leer en un prólogo que el libro fue confeccionado originalmente en forma oral. Los prejuicios contra esa forma de escribir libros siguen vigentes para el autor, agravados en este caso, además, por el tiempo transcurrido desde que estas charlas fueron oídas por sus destinatarios. Sin embargo está convencido de que todavía pueden ser útiles para alguien porque, de todos modos, aún siguen teniendo actualidad. El título del libro hace referencia al contenido de la última de ellas, la de Las Bodas de Caná, y pretende ser un enunciado de lo que querían decir aquellas charlas: La fiesta del hombre se queda en algo muy pobre si Dios no interviene para convertirla en una verdadera Fiesta, y hasta corre el peligro de no llegar a ser ni fiesta siquiera; pues no siendo Dios enemigo de la fiesta del hombre, sino todo lo contrario, lo que quiere para su creatura es precisamente la Alegría perfecta. El hombre no puede ser tal hombre sin Dios, y cosas como el amor y la alegría no pueden ser realidad sin Él.

El autor no es un exegeta ni un teólogo y sus intenciones son puramente pastorales. Estas meditaciones fueron recopiladas para su publicación, pero han permanecido guardadas durante casi diez años. Ahora no han sido retocadas en lo más mínimo ni se ha actualizado la bibliografía, lo que tiene, al menos, la ventaja de poder comprobar que, muchos de los problemas que en ellas se apuntaban, han alcanzado en la actualidad toda su virulencia y, que, por lo tanto, no se hablaba en vano. Confeccionadas, como se ha dicho, con fines puramente pastorales y sin pretensiones científicas, contemplan, sin embargo los problemas más graves de la existencia del hombre a la luz del Evangelio, tratando de darles una solución desde ahí. El autor está plenamente convencido de que el Evangelio (como toda la Sagrada Escritura) es palabra de Dios inspirada, y, por lo tanto, plenamente actual; una palabra que contempla todos los problemas del hombre moderno y ofrece la solución para ellos. Porque el Evangelio se puede iluminar y hacer actual con la exégesis científica, pero mucho más, quizás, y con sentido más práctico y verdadero, con la oración. Es a la luz de la oración cuando se puede comprobar que *la palabra de Dios es viva, eficaz y tajante más que una espada de dos filos, y penetra hasta la división del alma y del espíritu, hasta las coyunturas y la médula, y discierne los pensamientos y las intenciones del corazón* (Heb 4:12). Sin esa luz la pura exégesis científica se convierte en producto frío de laboratorio que no sirve para nada, y la predicación pastoral se queda reducida a un monólogo insulso y desconectado de la realidad (extra–vagante) que a nadie interesa y a todos aburre.

El libro se destina ahora a la misma clase de personas que aquellas a quienes se dieron las charlas. Gentes sencillas, pero con sinceros deseos de encontrar a Dios y de saborear las maravillas de su Palabra. A los que posean buena voluntad, y la firme convicción de que la Biblia es *verdaderamente* la Palabra de Dios, el autor casi se atrevería a garantizarles que obtendrán provecho de la lectura atenta de estas meditaciones, pronunciadas por lo demás con tanto amor, incluso cuando apuntan a los males que existen en la Iglesia, y con el único deseo de hacer el bien a todos los hombres.

# I

# LAS SEÑALES QUE EL MUNDO EXIGE

*Se le acercaron fariseos y saduceos para tentarle, y le rogaron que les mostrara una señal del cielo. Él, respondiendo, les dijo: Por la tarde decís: Buen tiempo, si el cielo está arrebolado. Y a la mañana: Hoy habrá tempestad, si en el cielo hay arreboles obscuros. Sabéis discernir el aspecto del cielo, pero no sabéis discernir las señales de los tiempos. Esta generación mala y adúltera pide una señal, mas no se le dará sino la señal de Jonás. Y dejándolos se fue.*

(Mt 16: 1–4)

## "Una señal del cielo"

Los fariseos y saduceos se acercan al Señor para pedirle "una señal del cielo." Habrá de tratarse de algo extraordinario, que garantice la autenticidad de la misión que se arroga el Maestro. Pero, según se deduce del texto, parece que estas exigencias están dentro de lo puramente natural, es decir, que el signo extraordinario tiene que ser estimado así según medida humana.

Si esta interpretación es cierta nos hallamos ante un intento, por parte del mundo, de arrogarse frente a Dios el derecho a decidir cuáles han de ser los criterios de garantía. Las cosas se valoran según una norma, pero aquí la norma ha de ser puesta por el mundo. O sea que, incluso con respecto a Dios, ha de ser el mundo el que determine lo que es o no es; con lo cual ya no es Dios quien juzga al mundo, sino que es el mundo el que juzga a Dios. Llevada esta actitud hasta sus últimas consecuencias, como suele ocurrir, conduce hasta el arrogamiento del derecho a determinar si Dios existe o no existe.

Esta actitud supone "a priori" el rechazo de lo sobrenatural. El mundo está dispuesto a aceptar una señal, pero según medida humana. Exige un signo que sea maravilloso y convincente, pero dentro de lo que el mundo entiende como maravilloso y convincente. A lo sobrenatural no se le reconoce el carácter de signo, puesto que de entrada es ya rechazado.

Pero Dios no puede ser medido por el hombre. Y si, además, ha querido elevar al hombre al orden de lo sobrenatural, tendrá entonces que darle testimonio de Sí mismo, con criterios de credibilidad suficientes para el que quiera ver, pero que no podrán venir determinados por medida humana.[1] Es cierto que este testimonio estará avalado por las obras,[2] pero estas obras tendrán que ser divinas; es decir, que no van a ser seguramente las que el mundo hubiera esperado: son más bien las obras que el Padre "le dio hacer" al Hijo.[3]

Por eso Jesucristo no se pliega a las exigencias de los que le hablan. Se trata de la misma actitud en la que se niega a hacer milagros en Nazaret,[4] o a lanzarse desde la torre del Templo,[5] o a hacer milagros ante Herodes.[6]

Nuestro cristianismo de ahora parece que hubiera olvidado esto. Y anda empeñado en presentarse ante el mundo con unas notas de credibilidad que sean conformes con lo que exige el mundo, esperando así que su mensaje sea aceptado. Todo el momento actual de desacralización viene a parar ahí. Se ha dado un giro que ha supuesto que, a la actitud de ir al mundo con ánimo de convertirlo,[7] haya sucedido otra de súplica en la cual los cristianos mendigan el ser aceptados. Maritain llamaba a esto arrodillamiento ante el mundo.[8] Con lo cual bien puede decirse que la levadura se ha desvirtuado, que la sal se ha vuelto sosa, y que la lámpara ha sido metida debajo

---

[1] Jn 8:18; 1 Jn 5: 7–9.
[2] Jn 5:36; 10: 25.37–38.
[3] Jn 5:36.
[4] Lc 4:16 y ss.
[5] Mt 4:5 y ss.
[6] Lc 23:8.
[7] Mt 28: 19–20.
[8] Cfr. J. Maritain, *Le Paysan de la Garonne*, Paris, 1966. También ironiza de esta actitud R. Aron, *L'Opium des Intellectuels*, Paris, 1968.

# Las Señales que el Mundo Exige

del celemín.[9] De ahí la tremenda lucha que han entablado muchos cristianos para no aparecer como extraños ante el mundo[10] y ofrecer unos signos de credibilidad que sean aceptables para él.

¿Cómo se ha podido llegar a esta situación? Porque esta actitud, además de ser contradictoria en sí misma, encierra dentro de sí una trampa mortal.

Si el cristianismo es algo, tiene que ser extraño al mundo.[11] De otro modo no es nada. Y hay que decir, además, que si los signos dados como garantía tienen que ser a medida humana, entonces nada tienen que decir al mundo: pues no son nada distinto de él, siendo así que el cristianismo se presenta como transcendente al mundo. Debido a que el mundo odia lo que no es suyo o se presenta como distinto de él,[12] si el cristianismo se deja llevar del temor, se dejará entonces reducir al mundo.[13] Pero entonces ya no será nada y nada tendrá que decir al mundo.

Si tratamos de encontrar una explicación a esta situación quizás haya que decir que no parece suficiente aludir a un error de táctica por parte de los cristianos o a las flaquezas de la naturaleza humana. La situación es tan grave que más bien parecemos estar ante un tremendo enfriamiento de la caridad y una fuerte crisis de fe, animado todo ello por un poder sobrehumano, misterio de iniquidad

---

[9]Mc 9:50; Mt 5:15.

[10]La condición de "extraño" para el mundo es esencial al cristiano. La "lex incarnationis" jamás suprimirá esa condición. Hay aquí una tensión —una de tantas de las que se dan en el cristianismo— entre el hecho real de que el Verbo asume todo lo humano y "viene a lo suyo", y la realidad no menor del abismo que separa lo sobrenatural de lo natural.

[11]Jn 8:23; 15:19.

[12]Acerca de este proceso de reducción, primero de lo divino a lo puramente humano, y luego de lo humano a lo puramente material, cfr. el interesante libro de R. García de Haro–I. de Celaya, *La Moral Cristiana*, Madrid, 1975.

[13]Jn 15:19.

del que no podemos dudar que está ya en acción.[14] Es verdad que el momento de los últimos tiempos está oculto para nosotros;[15] pero el Señor habló de unas señales que barruntarían su venida, y, entre otras cosas, dijo que para entonces apenas se encontraría fe sobre la tierra y que se habría enfriado la caridad de muchos.[16] De todos modos, y por estar enteramente oculto el momento, tan cierto es que no podemos hablar de la inminencia de los últimos tiempos como tampoco de su lejanía.

Si queremos concretar con algunos ejemplos la actitud reduccionista de la que hemos hablado antes, podemos aludir al caso del sacerdote empeñado en aparecer como líder de las preocupaciones sociales, económicas y políticas de su comunidad;[17] o al excesivo tinte socializante de ciertas actuaciones magisteriales de alguna parte de la Jerarquía; o al intento de la teología de la muerte de Dios de presentar un cristianismo racionalizado en el cual Dios ya no hace falta; o a las filosofías de Metz y de Rahner, que reducen prácticamente la fe a una creación del mismo hombre en lugar de ser un don de Dios (y que von Balthasar criticó duramente en *Córdula*);[18]

---

[14]2 Te 2:7.

[15]Hech 1:7; Mt 24:36.

[16]Lc 18:8; Mt 24:12.

[17]Preocupaciones auténticas unas veces y otras fomentadas artificialmente por los propios líderes, conforme a los principios de la ortodoxia marxista de la lucha de clases.

[18]Cfr. H. U. Von Balthasar, *Cordulla ou l'Épreuve Decisive*, Paris, 1968. Hay una traducción castellana de este libro que lleva por título: *Seriedad con las Cosas*, Salamanca, 1968, pero no es buena. Podríamos añadir a lo dicho arriba, el intento del P. Schoonenberg por hacer un Cristo más 'comprensible": 'Demasiado comprensible —dice el P. Renwart—, pues este Jesús ya no es sino el más grande de entre nosotros, lo que vacía todo su misterio y toda la riqueza de salvación que había venido a traernos" (*Nouvelle Revue Théologique*, 95 (1973) 1137ss. cit. por C. Pozo, *María en la Obra de la Salvación*, Madrid, 1974, pág. 293).

o a la nube de teologías de la liberación, o a tantos otros intentos, que han hecho decir a algunos que estamos ante un verdadero neo–modernismo, más grave que el modernismo de principios de siglo.[19]

Los cristianos de ahora están aquejados de un cierto complejo de inferioridad que parece motivado por una grave crisis de fe. Y es que cuando se enfría la caridad se desvanece la fe, y además aparece el miedo como subproducto.[20] El miedo culpable, del que nos habla San Juan, aparece en el hombre cuando falta el amor; y es capaz de llevarle a las mayores claudicaciones.

### "Se acercaron para tentarle"

Es evidente que aquellos fariseos y saduceos que se acercaron a Jesucristo para pedirle una señal no iban con buena intención. Lo dice el texto sagrado, y el mismo Señor les llama por eso "generación mala y adúltera." Les sobra inteligencia para conocer las cosas naturales pero les falta voluntad para abrirse a lo sobrenatural:

—*Sabéis discernir el aspecto del cielo, pero no sabéis conocer las señales de los tiempos.*

Aquellas señales precisamente por las cuales hubieran conocido al Señor. Porque a Dios se le puede conocer con certeza por la simple

---

[19]Cfr. R. García De Haro, *Historia Teológica del Modernismo*, Pamplona, 1972. Cfr. también sobre el neo–modernismo, A. García Bañón, "Persistencia de la Crisis Modernista", *Scripta Theologica*, VII (1975) 203–246.

Acerca de las teologías de la liberación, cfr. el interesante libro de A. Bandera, *La Iglesia ante el Proceso de Liberación*, Madrid, 1975.

[20]1 Jn 4:18

inteligencia, aunque sea de un modo muy imperfecto, pero siempre que la voluntad no quiera impedirlo.[21]

Ni los fariseos de entonces, ni los de ahora, que exigen una medida a lo humano para convencerse, han tenido nunca buena intención. Y por eso no se convencerán aunque presencien el prodigio más extraordinario.

Muchos cristianos de nuestro tiempo se encuentran asustados. Y es que les han hecho creer dos cosas que ellos han sido demasiado fáciles en admitir. La primera, que la ciudad temporal se está construyendo sin ellos. La segunda, que la ciudad futura que esperan es una utopía, una alienación, que incluso les está estorbando para colaborar como deberían en la edificación de la ciudad terrena. Se trata de dos mentiras, pero no tan extraordinarias como el hecho de que los cristianos hayan consentido en creerlas. Todo por haberse enfriado en la caridad y haber sido castigados, por lo tanto, con un debilitamiento de la fe. Sin fe ya no pueden ser los cristianos vencedores del mundo, sino que son vencidos por él.[22]

Los hombres que con mala fe piden signos no deben ser atendidos. De todos modos el Señor ofrece uno a los fariseos y saduceos: el del profeta Jonás, refiriéndose sin duda a su muerte y estancia de tres días en el sepulcro con la victoria definitiva de la resurrección. Lo que nos lleva a pensar que el signo último y definitivo que Dios ha querido dar al mundo no es otro sino el de la cruz. Signo que, por ser locura y escándalo para el mundo, éste no está dispuesto a aceptar. Y la razón de esta extraña conducta de Dios nos la da San Pablo:

*—Por cuanto que no conoció el mundo a Dios por la sabiduría humana, quiso Dios salvar a los hombres por la locura de la predicación; cuando los judíos piden señales*

---

[21] Ro 1:19 y ss.; 1 Cor 2:14. Cfr. Den–Sch., 3026, 3004.
[22] 1 Jn 5:4.

*y los griegos buscan sabiduría, nosotros predicamos a Cristo crucificado.*[23]

En efecto, ya había dicho antes el Señor que solamente los atraería a todos hacia Él cuando fuera levantado de la tierra, aludiendo a la cruz.[24] Sólo entonces los hombres de buena voluntad reconocerían esa señal y creerían en Él.[25]

## La única señal

Si los cristianos de ahora quieren convencer a los hombres de buena voluntad tendrán que estar dispuestos a ofrecer esa misma señal. Pero no podrá tratarse de una cruz que se quede en el mundo de las ideas o de las palabras, sino que tendrá que concretarse en su propia vida.[26] Y, por lo tanto, en el trabajo hasta el agotamiento, en la entrega total y verdadera de la voluntad, en la castidad seriamente vivida, en la caridad sincera[27] hacia todos, en la pobreza verdadera, en la alegría cuando no sean comprendidos, en la humildad de no sentirse nunca olvidados, en la ausencia de toda ambición terrena.

Se ha dicho, a propósito del pasaje evangélico en el cual el Bautista envía a preguntar al Señor sobre si éste es o no el Mesías,[28] que la señal más importante que el Señor ofrece al Precursor es la de que los pobres son evangelizados:

---

[23] 1 Cor 1: 21–23.
[24] Jn 12: 32–33.
[25] Jn 3:14; 8:28.
[26] Ga 2:19; 5:24; 6:14; Ro 6:3 y *passim*.
[27] 2 Cor 6:6.
[28] Mt 11: 2–6; Lc 7: 18–23.

> —*Id y decid a Juan lo que habéis visto y oído: los ciegos ven, los cojos andan, los leprosos quedan limpios, los sordos oyen, los muertos resucitan y los pobres son evangelizados.*

En donde aparece una cierta gradación de señales y en donde la última, por encima incluso de la resurrección de los muertos, es precisamente la evangelización de los pobres. Como si el Señor quisiera decir que el signo principal, por el cual sus discípulos serán reconocidos, es el amor a los demás —sobre todo a los más necesitados— expresado por el hecho de anunciarles la Buena Nueva. Pero ese amor tiene que consumarse en la entrega de la propia vida, porque solamente así se manifiesta hasta el colmo el amor,[29] y esa fue la señal que dio el Señor a sus discípulos por la cual serían reconocidos:

> —*En esto conocerán que sois mis discípulos, en que os amáis los unos a los otros.*[30]

En esta etapa de Iglesia peregrina el amor va siempre con la muerte y con la cruz, porque nadie demuestra mayor amor que aquel que da la vida por sus amigos.[31] La cruz sigue siendo la señal suprema.

Desgraciadamente el amor se presta a muchas falsificaciones. Muchos defienden hoy como principal tarea del cristianismo la de procurar una mejor repartición de los bienes temporales. No conviene, sin embargo, olvidar que ya el Señor advirtió que no era Él un repartidor de bienes.[32] En realidad ni siquiera bastaría la entrega de los propios bienes en la búsqueda de una mayor justicia social,

---

[29] Jn 15:13; 13:1.
[30] Jn 13:35.
[31] Jn 15:13.
[32] Lc 12:14.

y es conveniente advertir que, según el Apóstol, esa acción no es necesariamente la caridad verdadera.[33]

Nuestro cristianismo de hoy está poniendo tanto entusiasmo en mejorar las condiciones materiales de vida de los hombres que con frecuencia se olvida de lo demás. Si alguien se atreve a recordar que, al fin y al cabo, *no tenemos aquí ciudad permanente, sino que más bien buscamos la futura,*[34] es ridiculizado y acusado de alienador de los demás. Algunos presentan como signo auténtico del verdadero cristianismo la sola preocupación por la ciudad terrena.

Aunque parezca increíble se necesita hoy cierta valentía para decir que el famoso opio se le está suministrando al hombre, en realidad, cuando se le hace olvidar su destino eterno; o cuando se le quiere contentar con bienes terrenos, pero sin que pueda esperar otra cosa; o cuando se le deja sin respuesta a los problemas que le plantea su corazón y su espíritu; o cuando, con el pretexto de servicio a la sociedad, se le priva de sus derechos de persona:

> —*Me han dejado a mí, fuente de aguas puras, y se han excavado cisternas, que son incapaces de retener el agua.*[35]

No es cierto que se haya llegado a esta situación por el deseo de vivir la fe con mayor sinceridad. Al contrario, se ha llegado a ella por una crisis de fe. Se dice que se quiere proporcionar al hombre lo inmediato, lo tangible; pero se deja todo lo demás en un segundo plano, en la penumbra nebulosa del si será o no será. No es cierto que se pretenda el bien integral del hombre y que la justicia social es sólo una etapa previa; la auténtica verdad es que los que afirman

---

[33] 1 Cor 13:3.
[34] Heb 13:14.
[35] Jer 2:13.

eso están convencidos de que no hay otra cosa que esperar; su pensamiento y su hablar se quedan siempre en lo que es de este mundo, pero precisamente porque no creen en el otro.[36]

El amor que no va acompañado de la fe no es amor cristiano. La caridad, que es el amor cristiano, todo lo cree,[37] y la fe se realiza siempre por la caridad.[38] Además la caridad en el Nuevo Testamento es siempre un fruto del Espíritu Santo, incluso el más excelente;[39] pero el Espíritu Santo no puede habitar en el hombre sino por la fe.[40] A su vez, la crisis de fe del mundo de hoy es consecuencia de una opción libremente tomada contra Dios;[41] ya decía San Pablo que el naufragio de la fe es consecuencia de haber perdido la buena conciencia.[42]

En definitiva, que la única señal que los cristianos pueden dar al mundo como garantía de su mensaje es el amor. Pero ha de tratarse del amor verdadero. Y el amor es verdadero cuando llega hasta dar la vida en Cristo.

Porque, de un lado, se dice en el Nuevo Testamento que ama verdaderamente aquel que entrega su vida;[43] y de otro se dice también que la señal del Hijo del Hombre es la cruz;[44] incluso el mismo Señor afirma que no está dispuesto a dar otra señal que la de Jonás. Pero al ser la cruz la expresión del amor divino consumado,[45] todo

---

[36] 1 Jn 4:5.
[37] 1 Cor 13:7.
[38] Ga 5:6; cfr. Ap 2:19.
[39] Ga 5:23.
[40] Heb 11:6; Ga 3:14; Ef 3:17.
[41] Cfr. C. Cardona, *Metafísica de la Opción Intelectual*, Madrid, 1973.
[42] 1 Tim 1:19.
[43] Jn 15:13; 1 Jn 3:16.
[44] Mt 24:30.
[45] Jn 19:30; 13:1.

## Las Señales que el Mundo Exige

amor verdadero pasa desde entonces por ahí. Hay que decir, por lo tanto, que cualquier amor que no parta de la cruz de Jesucristo, o que no conduzca a ella, no es amor, por muchas etiquetas que lleve de reivindicaciones sociales.

El mejor signo que los cristianos pueden ofrecer al mundo es el del amor crucificado. Sin importarles demasiado que el mundo hubiera preferido otro. Y sin dejarse engañar; porque si el mundo llega al fin a aceptar algún signo será precisamente el del amor crucificado, único que puede convencer a los hombres de buena voluntad; en cuanto a los demás hombres no aceptarán ninguno, y desde luego no se van a dejar convencer por los signos que estén en la misma línea del mundo.

No es pensable que los cristianos puedan superar al mundo en su propio terreno. No le convencerán las señales que le presenten, por maravillosas que puedan ser, mientras estén en su propia línea. Dice el Nuevo Testamento bien claramente que, hacia los últimos tiempos, aparecerán muchos falsarios con aires de profetas que llevarán a cabo grandes signos y prodigios,[46] y no puede caber duda de que estos signos estarán en la línea de lo querido y esperado por el mundo. Ahora bien, no puede pensarse que vaya a tratarse de juegos de manos o prodigios de artificio para causar admiración o diversión; sin duda que se tratará de algo mucho más serio. Quizás de algo que colmará los deseos terrenos de la Humanidad, que satisfaga sus esperanzas, que suponga logros considerados hasta entonces como inasequibles y haga que los hombres se admiren de su propio poder, llevándoles a la certeza de que Dios ya no es necesario. Situarse, por lo tanto, en una línea de mundanidad, con realizaciones que pueden ser buenas pero que permanecen en el plano de lo estrictamente natural, es hacer el juego a los enemigos de la salvación, por no

---

[46]Mt 24:24; Mc 13:22; Ap 13: 13–15; 2 Te 2: 9–10.

haber caído en la cuenta de que esos signos no pueden ser nunca específicamente cristianos, precisamente por su ambigüedad.

Hay un lugar que sí que es específicamente cristiano y en el cual nunca pueden situarse los enemigos de la salvación. Ese lugar es la cruz. Por eso para el cristiano es la única señal auténtica, mientras que las otras son equívocas. Mientras los cristianos permanezcan en el plano de lo puramente humano no podrán ofrecer al mundo aquello que les es propio y que los hace enteramente distintos del mundo.[47] Si solamente tuvieran ya lo estrictamente natural para ofrecerlo como mercancía, entonces nada tendrían para presentar al mundo, como no fuera el triste y grotesco espectáculo de la deserción.[48]

Los cristianos no podrán vencer al mundo luchando con las armas de éste. A la soberbia, poder y arrogancia del mundo, solamente puede oponerse la debilidad de la cruz:

> —*Y si no, mirad, hermanos, vuestra vocación; pues no hay entre vosotros muchos sabios según la carne, ni muchos poderosos, ni muchos nobles. Antes eligió Dios la necedad del mundo para confundir a los sabios, y eligió Dios la flaqueza del mundo para confundir a los fuertes; y lo plebeyo del mundo, el desecho, lo que no es nada, lo eligió Dios para anular lo que es, para que nadie pueda gloriarse ante Él.*[49]

El más auténtico 'testigo' de Jesucristo no será nunca el campeón de reivindicaciones terrenas, sino el mártir,[50] así como Cristo es llamado en el Nuevo Testamento "el testigo fiel" precisamente

---

[47] Jn 17:16; 15:19.
[48] Mt 5:13.
[49] 1 Cor 1: 26–29.
[50] Hech 22:20; Ap 6:9.

porque es *el primogénito de los muertos..., el que nos ama y nos ha absuelto de nuestros pecados por la virtud de su sangre.*[51] Siempre se consideró temeridad el bajar a la arena con las armas elegidas por el adversario abandonando aquello en lo que consiste la propia fuerza. Si los cristianos de ahora quieren ofrecer algo "maravilloso" al mundo, ese algo no puede ser otra cosa sino el amor a la cruz. En realidad es lo único que los discípulos necesitan como viático para el camino, como el Señor advirtió con toda claridad;[52] lo admirable es que parezca haberse olvidado.

Tendremos que ir, por lo tanto, donde Dios nos quiera llevar, aunque nadie quiera ir ahí. Dejando que los demás pasen delante en el reparto de los regalos del mundo. Recordando que es mejor dar que recibir, y que no hemos venido a ser servidos sino a servir. No recibiendo la injusticia con extrañeza, sino como algo que cabía esperar y que nos ofrece, además, el honor inmerecido de participar en la cruz del Señor. No buscando los trabajos que los hombres puedan recompensar, sino aquellos que solamente Dios puede pagar. Comprendiendo a los hombres cuando no nos comprendan, y alegrándonos en el sentimiento de que Dios sí nos comprende. Teniendo siempre presente que no podemos esperar que los hombres nos amen primero, y que ni siquiera podemos esperar que nos amen después. Recordando siempre que en muchas cosas, sobre las cuales nos instruyó el Señor, es mejor perder que ganar, entregar la vida más bien que tomarla, preferir el último puesto al primero, dar el abrigo cuando nos pleitean por el traje, o caminar dos kilómetros con el que nos obliga a acompañarle uno...

A lo mejor alguien dice que todo esto es demasiado bello. Sin duda que lo es, pero ¿acaso lo bello no es también lo verdadero? San

---

[51] Ap 1:5.
[52] Mt 10: 9–10; 16:24.

Pablo llamó bello al testimonio de Cristo o al que se da por Él.[53] En realidad ahí está la única señal que los cristianos podrían dar al mundo de hoy.

---

[53] 1 Tim 6: 12–13.

## II

# EL NOMBRE DE JESÚS

*Volvieron los setenta y dos, llenos de alegría, diciendo: Señor, hasta los demonios se nos sometían en tu nombre. Y Él les dijo: Veía yo a Satanás caer del cielo como un rayo. Yo os he dado poder para andar sobre serpientes y escorpiones y sobre todo poder enemigo, y nada os dañará. Mas no os alegréis de que los espíritus os estén sometidos; alegraos más bien de que vuestros nombres están escritos en los cielos.*

(Lc 10: 17–20)

**"Señor, ¡hasta los demonios se nos sometían en tu nombre!"**

El nombre designa y representa a la persona y hasta, en ocasiones, hace sus veces. Para el Nuevo Testamento el nombre de Jesús posee las mismas virtualidades que la Persona del Señor (Hech 3:6). A veces emplea la expresión genérica y sustantiva del "nombre" en sustitución del propio Jesús o del pronombre personal. Al ángel de la Iglesia de Pérgamo se le dice:

—*Conozco dónde vives, dónde está el trono de Satán, y que mantienes mi nombre, y no negaste mi fe...*[1]

Igualmente al de la Iglesia de Filadelfia:

—*Conozco tus obras..., teniendo poco poder guardaste mi palabra y no negaste mi nombre.*[2]

En general puede decirse que es bastante corriente en el lenguaje bíblico emplear la expresión del "nombre" refiriéndola a Dios.[3]

Por eso la fidelidad al nombre de Jesús es fidelidad a Jesús mismo, y a eso hacen alusión los textos del Apocalipsis, en donde se quiere resaltar la fidelidad a Jesús en medio de las dificultades, que son siempre la piedra de toque de la fidelidad.

---

[1] Ap 2:13.
[2] Ap 3:8.
[3] Sal 8:2; 68:5; 72:17; Mt 6:9; Hech 4:12; Jn 17:6; etc.

Nuestra época es una época de apostasía general e infidelidad al Nombre de Jesús. Dice Orlandis que la frase de Azaña pronunciada en 1931, según la cual España había dejado de ser católica y que entonces no era sino una bravata, se ha hecho ahora realidad.[4] Hay que reconocer que Europa y España se han descristianizado. Orlandis cita también el caso de Italia, con sus leyes sobre el divorcio y su caos social y moral. El ambiente se va haciendo cada vez más contrario para un cristiano que quiera serlo de verdad, y en un grado como no se había conocido hasta ahora en la historia de Europa.

Los discípulos volvían contentos después de haber comprobado que el nombre de Jesús lo podía todo, hasta lo que parecía más difícil, el poder sobre los demonios.

El libro de los Hechos nos habla del paralítico que pedía limosna ante la Puerta Preciosa del Templo. Al pasar los apóstoles Pedro y Juan extendió la mano esperando recibir de ellos "alguna cosa." Pero Pedro le respondió con algo inesperado:

> —*No tengo oro ni plata; lo que tengo, eso te doy: en el nombre de Jesús Nazareno, anda.*[5]

El nombre de Jesús le dio a aquel infeliz mucho más de lo que podía haber esperado.

La misma pequeñez de los hombres les impide pensar que puedan llegar a recibir demasiado. Pero Dios quiso darle al hombre mucho más de lo que el hombre pudiera haberse imaginado. Cuando los hombres llegan hasta el apóstol, lo hacen ordinariamente esperando recibir de él "alguna cosa;" quizás la solución de algún problema material, o un alivio de conciencia, o incluso una reconciliación con Dios si el apóstol es un sacerdote. Pero ordinariamente no exigen

---

[4] J. Orlandis, *Historia y Espíritu*, Pamplona, 1975, pág. 172.
[5] Hech 3:6.

mucho: no suelen traer hambre de verdadera santidad ni desean que se les abran horizontes demasiado grandes. Parece como si a los hombres les gustara el papel de mendigos, y, acostumbrados a dar poco, tampoco esperasen recibir mucho; como si no fueran capaces ni de imaginar ni de desear lo grande; y hasta algunos se conformarían buenamente con las algarrobas de los puercos (Lc 15:16).

Es por eso por lo que el apóstol tendrá que comenzar por despertar el apetito de los hombres,[6] a fin de que, cuando extiendan la mano esperando la limosna de alguna cosa, se encuentren en realidad con todo lo que significa y lleva consigo el Nombre de Jesús.[7]

Lo malo es cuando a la inapetencia para pedir se une la mezquindad para dar. Cosa que sucede cuando el que tiene que dar se encuentra tan menesteroso, o quizás más, como el que tiene que pedir. Esto es, cuando se le puede decir al apóstol lo que ya se le dijo al ángel de Laodicea:

—*Ignoras que eres un desdichado, un miserable, un indigente, un ciego y un desnudo.*[8]

Y estamos ante el gran drama de buena parte del mundo eclesiástico de nuestro tiempo: que se ha quedado vacío por dentro. Quizás por haber ido a buscar la salvación, no ya en el Nombre de Jesús, sino en el de otros doctrinarios que se llaman a sí mismos profetas de esta tierra. Lo cual ha provocado la deserción de muchos cristianos y el hastío de otros. La poca calidad del pasto que se ofrece a las ovejas en ciertos lugares ha desacreditado a los Pastores. Hay

---

[6] Es lo que hacía el Señor cuando nos urgía diciéndonos: *Pedid y recibiréis; buscad y encontraréis* (Mt 7:7; 21:22; Mc 11:24; Jn 16:23).

[7] *Dad y se os dará; una buena medida, apretada, rebosante, colmada* (Lc 6:38). Todo esto es normal, porque a quien mucho se le ha dado habrá de entregar mucho, y a quien mucho se le ha confiado, mucho se le exigirá (Lc 12:48).

[8] Ap 3:17.

que decir incluso que el pasto que se ha ofrecido en ocasiones ha sido venenoso, mientras que en otras ha sido por lo menos insípido. Por ejemplo, muchos cristianos se están cansando de oír hablar exclusivamente de derechos humanos y de reivindicaciones sociales y políticas. Lo mismo ocurre con el tema de la paz, de la que tanto suelen hablar los Pastores, pero refiriéndose más a la paz humana o convivencia pacífica, y no tanto a aquella paz que prometió el Señor:

—*La paz os dejo, mi paz os doy; yo os la doy, pero no como la da el mundo.*[9]

San Pedro proclamó solemnemente ante el Sanedrín que no puede haber salvación sino en el nombre de Jesús:

—*En ningún otro hay salvación, pues ningún otro nombre nos ha sido dado bajo el cielo, entre los hombres, por el cual podamos ser salvos.*[10]

Si esto es así, se comete entonces una estafa contra el Pueblo de Dios cuando se pretende llevarlo a la salvación por otro camino. Para

---

[9] Jn 14:27. Según esto, el Señor distingue entre una y otra paz. Distinción que se echa de menos con frecuencia en las exhortaciones de algunos Pastores. Dan la impresión de que miran solamente a la paz mundana, que es la única que importa al mundo y la única que él admite, y de que ellos se avienen a esa reducción. Ya el oráculo de Jeremías increpaba a los malos profetas, que se pasaban el tiempo prometiendo y hablando de paz a los que, en definitiva, se estaban burlando de la palabra de Dios (Jer 23:17). Por otra parte, hay que decir que la paz mundana no es un valor absoluto, como lo prueban las palabras del Señor: *No he venido a traer la paz, sino la espada* (Mt 10:34), las cuales bastarían para desacreditar a más de un discurso de los de ahora. Lo que ocurre es que la paz es uno de esos conceptos que en el Nuevo Testamento tienen un significado ambiguo (lo mismo ocurre con el concepto de mundo, por ejemplo), lo que obliga a tener que aclarar bien el sentido en que se toma. Algunas veces no se hace así, lo que puede llevar a alguien a pensar que se trata de ignorancia, cuando no de un intento de estafar a los oyentes.

[10] Hech 4:12.

*El Nombre de Jesús* 33

San Pedro no hay ningún otro nombre entre los hombres. Y para San Pablo sólo hay el de Aquel que se humilló y nos salvó muriendo en la cruz, *por lo cual Dios le exaltó y le otorgó un nombre sobre todo nombre, para que al nombre de Jesús doble la rodilla todo cuanto hay en los cielos, en la tierra y en los infiernos.*[11]

**La fe en el Nombre como presupuesto de la "potestad sobre todo poder enemigo"**

La fe en el nombre de Jesús es causa de poder sobre los demonios:

—*Señor, ¡hasta los demonios se nos sometían en tu nombre!*

Y así lo corrobora el Señor:

—*Os he dado potestad sobre todo poder enemigo.*

El poder que puede ejercer un apóstol sobre el enemigo de la salvación está, por lo tanto, vinculado a su fe en Jesús. Pero si se tiene en cuenta que Satanás es el adversario que está siempre detrás de todo obstáculo que se le presenta al apóstol (Ef 6:12), y no habiendo otro nombre con el cual se le pueda vencer, se llega a la conclusión de que la fe en Jesús es fundamental en todo apostolado. Todo el poder sobre el demonio depende de ella en proporción de tanto en cuanto.

Ahora bien, la fe en el Nombre, como medio de lucha contra el demonio, no sólo es fundamental sino que también es excluyente. Es

---

[11]Flp 2: 9–10.

decir, que las demás cosas no sirven en esa lucha, e incluso tienen que ser apartadas en la medida en que puedan hacer olvidar —aunque sea momentáneamente— que la fe es lo único eficaz en esta tarea.

Las cosas no sirven en la lucha contra el demonio. Sin embargo, tampoco debe pensarse que su uso sea siempre contraproducente. No es así en realidad. Todas las cosas creadas por Dios pueden y deben ser utilizadas en la tarea de apresurar la venida del Reino. Lo que quiere decirse es que las cosas, por sí mismas, son ineficaces en ese quehacer, e incluso —ahora sí— contraproducentes en la medida en que puedan apartar la mente o el corazón del apóstol de lo único fundamental. De ahí la bella exclamación de San Pedro al paralítico junto a la Puerta Preciosa del Templo:

> —*No tengo oro ni plata; pero lo que tengo, eso te doy...*[12]

Donde se ve cómo la carencia absoluta de medios humanos en San Pedro tuvo que producir en él una confianza también absoluta en el Nombre, y, como consecuencia, un éxito absoluto en su imprecación. Seguramente deberán entenderse también en este sentido aquellas recomendaciones del Señor a los apóstoles:

> —*No os procuréis oro, ni plata, ni cobre para vuestros cintos, ni alforja para el camino, ni dos túnicas, ni sandalias, ni bastón.*[13]

El uso de los medios humanos, para el apóstol que vive en el mundo, no sólo es legítimo sino obligatorio. Pero a condición de que esos medios estén determinando en el apóstol una tensión que deberá concretarse como sigue:

---

[12] Hech 3:6.
[13] Mt 10: 9–10.

Ante todo el apóstol ha de estar convencido de que esos medios solamente serán eficaces en la medida en que sirvan de instrumento para llevar a los hombres al Señor, ya que Él es la única causa eficiente y final de todo apostolado y de todo poder sobre el demonio.

Ha de saber, además, que el instrumento solamente puede ser eficaz si no oculta ni impide a la causa principal, cosa que ocurriría en este caso en el momento en que el apóstol creyera en la virtualidad del instrumento "por sí solo." En realidad, si esto llegara a ocurrir, el instrumento se volvería contra el apóstol; no solamente resultaría ineficaz, sino también nocivo. Lo que ha ocurrido en la Iglesia cuando los medios humanos han cobrado demasiada importancia, llegando a adquirir valor por sí mismos y haciendo olvidar el objeto para el cual precisamente tenían que servir.

El apóstol ha de usar esos medios, convencido de que son útiles y convenientes, pero no indispensables. Para el apóstol solamente una cosa es necesaria (Lc 10:42), y todo lo demás, por lo tanto, es accidental. La palabra "accidental" habría que situarla aquí a medio camino entre los conceptos de inútil o malo y esencial. En realidad no se trata ni de lo uno ni de lo otro, y eso es lo que parece deducirse de las palabras del Señor dirigidas a Marta. Según esto, estaría tan fuera de lugar el condenar los medios humanos como si fueran malos, como el tenerlos por indispensables. De tal manera que quizás habría que pensar que no estaría capacitado para el apostolado secular quien no lo comprendiera. Porque si los medios humanos significan, para algún apóstol, algo más que lo simplemente conveniente o útil, acabarán naturalizando su vida y su mensaje; y si los tiene por malos en sí mismos, pretendiendo vivir una cierta pobreza "rabiosa" y un tanto maniquea, muy de moda en estos tiempos, acabará predicando un mensaje desencarnado e irreal que le llevará en primer lugar a la ineficacia, y luego a la vuelta desenfrenada a las cosas que abominaba.

Es posible que la pobreza, a la cual en efecto está llamado el apóstol, no sea tan sencilla de vivir como algunos quieren creer. En realidad la vida cristiana nunca es sencilla. No parece que la pobreza pueda conquistarse de una vez para siempre, y sí más bien que tiene que ser permanentemente reconquistada. Pero lo mismo pasa con cosas como la castidad y la obediencia y, en general, con todas las virtudes. Es bueno recordar que no siempre lo más fácil es lo mejor. Resolver la cuestión no usando de los medios humanos podrá parecer lo más sencillo, pero seguramente que no es lo más conveniente.[14] El apóstol —podríamos decir el cristiano— está obligado, una vez más, a vivir la tensión y a asumir el riesgo. Pues, de un lado, está obligado a vivir la verdadera pobreza, mientras que, de otro, debe usar de las cosas en la medida en que sea útil y conveniente. Aquí no hay contradicción pero sí tensión, y el cristiano —al menos el que vive en el mundo, como es el sacerdote secular y también el laico— debe asumirla con todos los riesgos. Ni siquiera cabe decir que, en caso de conflicto o de duda, más vale que se incline a ésta o a aquella parte; en realidad no debe inclinarse a ninguna, sino vivir la tensión en todo lo que supone esa situación y en que lo coloca su condición de cristiano. Seguramente se refería a eso el Señor cuando dijo:

> —*Bienaventurados los pobres "de espíritu", porque de ellos es el Reino de los Cielos.*[15]

O también en otro lugar:

---

[14]Cfr. J. Danielou, *El cristiano y el mundo moderno*, Barcelona, 1967.
[15]Mt 5:3.

*—No te pido, Padre, que los saques del mundo, sino que los guardes del mal.*[16]

Esa tensión no es exclusiva de la pobreza, sino que es característica de toda la vida cristiana, como hemos dicho antes. La obediencia, por ejemplo, es una tensión entre la muerte del propio yo y la autonomía personal, y la misma fe está a medio camino entre el conocimiento de visión y el puramente racional.

Contra lo que hemos dicho más arriba no vale presentar como objeción la pobreza franciscana. Porque eso supondría confundir de nuevo en la vida cristiana lo religioso y lo secular, cosa que ha ocurrido en la vida de la Iglesia con cierta frecuencia y que ha ocasionado no pocos daños. Hay que tener en cuenta que el religioso se ha apartado del mundo y que tiene que ofrecer su testimonio sobre algo que en sí es un escándalo: la victoria sobre las cosas mediante la privación de ellas; pero no se trata de que las cosas sean malas, sino de testimoniar de la transcendencia de Dios sobre ellas, y, en definitiva, de testimoniar del escándalo de la cruz "de una manera escandalosa."[17] Por eso, cuando la forma de vida del religioso pierde ese carácter, se produce también el escándalo, pero ahora en sentido contrario. El ideal de pobreza franciscana es un ideal para religiosos,

---

[16] Jn 17:15.

[17] El laico también ha de dar testimonio, a su modo, del escándalo de la cruz, como igualmente el sacerdote secular. Lo que queremos decir es que el religioso tiene que hacerlo de una manera doblemente escandalosa, o, si se quiere, escandalosamente escandalosa.

pero no se le puede proponer a un cristiano corriente.[18] Ni tendría sentido intentar resolver la cuestión acerca de cuál de los dos modos de vivir la pobreza es el más heroico; pues seguramente el punto de referencia no hay que ponerlo aquí en el grado de heroísmo o de perfección, sino en el hecho de que el Espíritu Santo, Alma de la Iglesia, inspira en cada momento de la Historia el modo como quiere que se viva —y, por lo tanto, que se testimonie— el evangelio. Con lo cual aparecen como ociosas y carentes de sentido muchas discusiones sobre los estados de perfección.[19]

La eficacia de la acción del apóstol "sobre todo poder enemigo" depende por lo tanto de la intensidad de su fe, y, como consecuencia, de la vivencia de una pobreza que le lleve a no considerar como indispensables las apoyaturas humanas. En la medida en que fracasen estas vivencias crecerá el poder demoníaco en el mundo. Y si se llega a una época de crisis de fe y de pobreza entre los cristianos —es decir, si se acude a las cosas del mundo porque se ha perdido el sentido de las sobrenaturales—, es que hemos llegado a un momento de pleno despliegue del poder demoníaco.

---

[18]Proponerle a la gente utopías irrealizables es conducirlas al fracaso en su vida cristiana entera (porque el fracaso en un sector se hace extensivo al todo), del que tendrán que dar cuenta a Dios los responsables. Ocurre todo esto por el confusionismo de algunos. que no saben apreciar que la riqueza de contenido del evangelio (en este caso la pobreza) se vive en la Iglesia de manera pluriforme, según la diferente vocación o status de cada uno.

[19]En nuestra opinión, los dos modos de vivir la pobreza realizan la pobreza perfecta y verdadera, siempre que se vivan seriamente y estén corroborados por un compromiso suficiente.

*El Nombre de Jesús* 39

## "Alegraos más bien de que vuestros nombres estén escritos en los cielos"

Este episodio evangélico termina con una exhortación del Señor a sus discípulos para que se alegren, recordándoles de paso cuál ha de ser el motivo más hondo de su alegría:

—*No os alegréis de que los espíritus os estén sometidos; alegraos más bien de que vuestros nombres estén escritos en los cielos.*

El apóstol tiene que alegrarse del bien que se hace a su paso y de la destrucción del mal. ¿Cómo podría ser de otro modo? Armado de su fe (Ef 6:16) va comprobando que los hombres le escuchan y guardan su palabra (Jn 15:20 *in fine*), que va recogiendo fruto abundante (Mt 13:8), y que hasta puede cosas más grandes que las que Él hizo (Jn 14:12). Por eso tiene que alegrarse. Pues es demasiado hermoso el ver crecer alrededor a los hijos de la propia fe y del propio esfuerzo:

—*Lo que las saetas en las manos del guerrero, eso son los hijos de la flor de los años. ¡Bienaventurados los que de ellos tienen llena su aljaba! No serán confundidos cuando hayan de litigar en la puerta con su adversario.*[20]

Así es, y puede decirse que ha fracasado un apóstol que no posea la alegría, pues sin duda que se deberá a que no ha recogido fruto. Pero el Señor recuerda cariñosamente a sus discípulos que el verdadero motivo de la felicidad es más hondo:

---

[20] Sal 127: 4–5.

>—*Alegraos más bien de que vuestros nombres estén escritos en los cielos.*

El apóstol deberá retirarse con bastante frecuencia a la intimidad de la oración, que es donde todo se contrasta y todo se aclara. Sólo ahí se dará cuenta de cuál es el motivo más hondo de su alegría. Porque el éxito en el apostolado y la victoria sobre el mal no son suficientes, por sí solos, para mantener en la alegría, y eso es lo que el Señor parece decir aquí. Como si viniera a decir que el apóstol se sentirá feliz, en efecto, pero por aquella razón más profunda que es de donde brota la alegría. En definitiva, porque se sabe hijo de Dios (Jn 1:12); porque sabe que ya no es siervo, sino amigo (Jn 15:15); porque también fueron pronunciadas para él aquellas extrañas palabras:

>—*El que me come vivirá por mí.*[21]

O aquellas otras, que le llenan de alegría:

>—*Yo estaré con vosotros para siempre, hasta la consumación del mundo.*[22]

Pero, sobre todo, porque ama al Amor y se siente amado por Él.
Ésta es la alegría de la que brota y se sustenta aquella. La que brota como fruto que produce en nosotros el Espíritu (Ga 5:22). Aquella de la que decía Chesterton que era el gigantesco secreto del cristiano.

---

[21] Jn 6:57.
[22] Mt 28:20.

# III

# ZAQUEO

*Entrando, atravesó Jericó. Había allí un hombre llamado Zaqueo, jefe de publicanos y rico. Hacía por ver a Jesús, pero a causa de la muchedumbre no podía, porque era de poca estatura. Corriendo adelante, se subió a un sicómoro para verle, pues había de pasar por allí. Cuando llegó a aquel sitio, levantó los ojos Jesús y le dijo: Zaqueo, baja pronto, porque hoy me hospedaré en tu casa. Él bajó a toda prisa y le recibió con alegría. Viéndolo, todos murmuraban de que hubiera entrado a alojarse en casa de un hombre pecador. Zaqueo, en pie, dijo al Señor: Señor, doy la mitad de mis bienes a los pobres, y si a alguien he defraudado en algo, le devuelvo el cuádruplo.*

(Lc 19: 1–8)

En este episodio parece como si solamente hubiera en él dos personajes: el Señor y Zaqueo. Lo demás sería una decoración: la gente que se agolpa para ver pasar al Señor, los murmuradores, los pobres que habían sido defraudados..., un telón de fondo sobre el cual se recortan los dos personajes y lo que pasa entre ellos.

Cuando nos volvemos a nosotros mismos en el silencio de la oración, nos encontramos exactamente con eso: el Señor y nosotros... En realidad, todo empieza y todo acaba para cada uno por ahí. Están luego también las circunstancias de la vida de cada cual, los demás, y todo lo que viene a constituir el propio entorno; pero todo girando siempre sobre ese eje que es el Señor y cada uno de nosotros. Nadie podrá encontrar otra cosa que le importe más.

El Señor y cada uno de nosotros. Esta relación es lo primero que aparece en el primero de los mandamientos. Para este mandamiento —el verdaderamente definitivo para cada hombre— lo demás son "las demás cosas." Lo cual no es empequeñecerlas, sino ponerlas en el lugar en que deben estar.

Esta relación pone frente a frente al Señor y a cada hombre que viene a este mundo. Claro que el más importante de los dos términos de ella es el Señor. Él es lo decisivo para cada hombre. Porque el Señor no es una cosa más en la vida, ni siquiera la más importante: es lo único verdaderamente decisivo, lo fundamental, el todo, o *mi Dios y mi todo* de San Francisco de Asís, o *mi mismo vivir* de San Pablo.[1] Nicolás Cabasilas, el bendito teólogo del siglo XIV, lo decía muy gráficamente: 'El Salvador está presente en todos cuantos viven en Él, de tal manera que atiende a todas sus necesidades y es todo para ellos. No les deja volver a otra cosa su vista, ni buscar nada

---

[1] Flp 1:21.

en parte alguna fuera de Él. De nada necesitan los justos que no lo encuentren en Él: los engendra, los hace crecer, los alimenta y es para ellos la luz y también el hálito que respiran. Es el ojo que en ellos contempla, la luz con que miran y el objeto en la visión contemplado. Siendo quien alimenta es a la vez alimento. Quien da el Pan de Vida y Vida de los que viven en Él. Perfume embalsamado para quienes le aspiran y vestido para quienes de Él desean revestirse. Él es nuestro pie caminante y a un mismo tiempo el camino, y además parador de descanso en el sendero y término de nuestro caminar peregrino."[2]

El Señor es lo primero y aun el Todo en nuestra vida. Solamente en esta perspectiva se pueden ver las cosas en su justo valor, ni en más ni en menos. Porque de otro modo nos exponemos al peligro, o de darles un valor excesivo, como les ocurre a todos los hombres para los cuales Dios no es lo primero, o de no valorarlas en lo que realmente son.

Esto último es también bastante frecuente. El perezoso y el hombre superficial tienden a no dar demasiada importancia a las cosas. Pero las cosas fueron hechas por el Verbo: *Por Él fueron hechas todas las cosas y sin Él nada se hizo de cuanto ha sido hecho.*[3] San Pablo añade a esto que todas fueron creadas para Él y todas tienen consistencia en Él.[4] De donde no cabe que el cristiano deje de tomarse en serio cosas como el trabajo, la alegría, el sacrificio, el amor a los otros y en general todo. Las cosas cobran "consistencia"

---

[2] N. Cabasilas, *La Vida en Cristo*, pág. 94, Madrid, 1958. San Pablo dice que ya no vive su propia vida sino la de Cristo (Ga 2:20), que nuestra vida o nuestra muerte ya no nos pertenecen, sino que son del Señor (Ro 14:7; 2 Cor 5:15). Pero quizás el texto más importante sea el de Jn 6:57, que contiene palabras del mismo Señor: *Como me envió el Padre, principio de la vida, y yo vivo por el Padre, así aquel que me coma vivirá por mí.*

[3] Jn 1:3.

[4] Col 1: 16–17.

para el cristiano —es decir, que las toma verdaderamente en serio—, cuando las hace *en Él.* Si no amamos al Señor estamos condenados a quedarnos en la superficie de las cosas y a no comprenderlas ni a saborearlas nunca; el mismo amor, por ejemplo, sin Cristo se queda en nada, como realidad inconsistente que hasta en lo poco que tiene de entidad pronto se difumina.[5] El drama de nuestra generación, que se ha quedado sin Cristo, es el de no encontrarles ya consistencia a las cosas, y por eso ha acudido al marxismo, al sexo y a las drogas, para acabar encontrando un vacío mayor y una mayor inconsistencia. Por eso ha sido llamada la generación del aburrimiento, y por eso han podido crecer en ella las plantas extrañas del marxismo y del existencialismo.[6]

---

[5] Françoise Sagan confiesa que nunca pudo estar más de tres meses con un hombre sin aburrirse: cfr. H. Goier–Marvier, *Bonjour, Françoise*, Paris, 1957, en entrevista; citado por Ch. Moellér, *Literatura del Siglo XX y Cristianismo*, tomo V, Madrid, 1975, pág. 46.

[6] La literatura diagnóstica sobre la actual situación es muy abundante. Tomamos un texto: "Estamos colocados en la más extraña situación, en la que el hombre vive exactamente lo contrario de lo que objetivamente debería vivir. En la sociedad más pacífica y segura que jamás haya existido vive el hombre, sin embargo, en la incertidumbre y el temor crecientes. En la sociedad más científica vive el hombre de un modo irracional, y en la sociedad más liberal vive la 'represión" e incluso la sobre–represión; en una sociedad donde las comunicaciones han alcanzado su mayor grado de desarrollo, el hombre vive en una especie de fantasmagoría; en una sociedad donde todo se hace para establecer relaciones, el hombre vive en la soledad... La técnica le ha proporcionado un universo maravilloso de posibilidades y de objetos. Acepta las posibilidades, incluso sin darse cuenta, y comienza a temer a los objetos, pues su vida no tiene sentido y teme verse suplantado por las cosas. Pero como el único sentido posible de su actividad es, precisamente, el de procurarse más objetos, pues ése es el único valor posible que le ofrece el Sistema en compensación por su trabajo, compra sin cesar y aumenta su angustia al ser invadido por los objetos." J. Ellul, *L'Espérance Oubliée*, Paris, 1972, pág. 20. Puede verse también el curioso e interesante libro de G. Suffert, *Les Intellectuels en Chaise Longue*, Paris, 1974.

## "Había allí un hombre llamado Zaqueo, jefe de publicanos y rico"

Aquí tenemos al personaje con sus circunstancias personales. No parece verdad eso de que, añadidas a cada uno, las circunstancias puedan valer para definir a la persona, como quería Ortega; pero no se puede dudar de que tienen una gran importancia. Porque a través de ellas ha querido el Señor que lo encontremos, y que luego, una vez encontrado, nos santifiquemos. Por eso las circunstancias son amables. Para cada uno de nosotros son nuestras amadas circunstancias, las que nos han traído al Señor. Son para cada uno los misteriosos caminos de la Providencia de Dios para que se encuentre con Él: el hogar, la formación que hemos recibido, el ambiente, los lugares, las personas, los éxitos y fracasos, las alegrías y, por supuesto, los sufrimientos. Si miramos hacia atrás en nuestra vida comprenderemos que nuestro encuentro con el Señor fue el resultado de una serie de circunstancias que se sumaron; pero que fueron preparadas cariñosamente por Él para que le encontráramos, en una conjugación para nosotros misteriosa de su providencia y de nuestra libertad. El problema no consiste en encontrar esa serie de circunstancias, puesto que, en realidad, todos los hombres las encuentran (1 Tim 2:4); sino que el problema para cada hombre es el de saber aprovecharlas, que es lo mismo que saber "ver" en ellas. Las circunstancias son para cada uno de nosotros nuestro propio entorno, la puerta a la que llama el Señor (Ap 3:20), y a nosotros nos toca abrir y reconocerlo. ¿Cómo no vamos a amar las circunstancias si por ellas ha entrado el Señor en nuestra vida? Y ¿cómo no vamos a sentirnos felices, cualesquiera que sean, si sabemos que han sido preparadas por Él para que lo encontremos y nos santifiquemos en ellas y por ellas?

## "Hacía por ver a Jesús"

Sin duda que entre conocer a Jesús de oídas y conocerlo personalmente hay una gran distancia. Zaqueo había oído hablar de Jesús, pero quería conocerlo personalmente.

En realidad todos los cristianos conocen a Jesús de oídas, porque, según dice la Biblia, la fe viene por el oído.[7] Pero no nos referimos a eso. Lo que queremos decir es que, para muchos cristianos, su conocimiento del Señor es superficial: se limita a lo poco que han escuchado en la predicación dominical, si la escuchan, a lo que se puede añadir alguna que otra lectura de vez en cuando.

Pero ya en la vida ordinaria es bastante difícil llegar a conocer a una persona solamente por lo que se ha oído de ella, sin haberla tratado. Con el Señor no ocurre de otro modo. Hay que añadir a esto el hecho de que, en nuestro tiempo, la predicación es con frecuencia de muy baja calidad, mientras que la buena lectura espiritual está prácticamente fuera del alcance del cristiano medio.

Zaqueo quiso conocer al Señor con sus propios ojos. Hay que insistir en que es imposible conocer de un modo serio al Señor sin tratarlo personalmente. También hay que insistir en que la predicación es de por sí insuficiente, aunque está claro que una buena predicación acabaría por llevar a los oyentes a la oración.[8] El descubrimiento de lo que significa el conocimiento personal del Señor es el descubrimiento más importante de la vida; así lo comprendieron,

---

[7] Ro 10:17.

[8] El Nuevo Testamento está lleno de exhortaciones a la oración. Pero esto ha desaparecido hoy como valor dentro del horizonte de la pastoral cristiana. No son muchos los sacerdotes que piensen que tienen que conducir a su pueblo a alguna forma de oración como medio indispensable de conocimiento de Cristo. Quizás la causa próxima haya que buscarla en el hecho de que en la vida privada del sacerdote ya no se practica la oración.

por ejemplo, los samaritanos, y por eso hacían notar la diferencia entre lo que había contado la mujer del pozo y lo que ellos mismos habían comprobado.[9]

## Los obstáculos

El conocimiento personal, o de primera mano, que Zaqueo pretendía parecía que iba a ser imposible. Había acudido mucha gente, y, por si fuera poco, él era de pequeña estatura. Pero tratemos de comprender los problemas de este hombre y trasladarlos a los nuestros.

En primer lugar su pequeña estatura. En efecto, no puede dudarse de que para llegar a alcanzar una verdadera amistad con el Señor es un obstáculo importante nuestra pequeña estatura moral. El Señor es demasiado grande y demasiado bueno, y nosotros demasiado pequeños y demasiado malos. Pero en realidad este problema no lo es sino en apariencia..., siempre que existan la buena voluntad y el intento serio, por nuestra parte, de luchar para superar nuestra poquedad espiritual. Zaqueo hizo el esfuerzo y no vaciló en subirse al sicómoro, para lo cual es de suponer que tendría que realizar algún esfuerzo físico y vencer también algunos respetos humanos; pero lo importante para él era ver al Señor. Podemos estar seguros, por nuestra parte, de que sin ese esfuerzo para superar obstáculos materiales y morales no llegaremos nunca a conocer personalmente al Señor. Y no es que eso sea ya suficiente; pero podemos estar seguros de que, si lo hacemos, Él pondrá lo demás, que es exactamente lo que ocurrió con Zaqueo.

---

[9] Jn 4:42.

El otro obstáculo que se interponía entre este hombre y el Señor era la enorme muchedumbre. Pues bien, ahora ocurre lo mismo: porque el hombre que desea conocer al Señor seriamente encuentra también muchas cosas que se le ponen por delante tratando de ocultárselo. La misma Iglesia, que es Sacramento de salvación, a la vez que se lo entrega, se lo oculta. En efecto, es imposible encontrar al Señor prescindiendo de la Iglesia; esa Iglesia que fue fundada y querida por Él y que ahora es santa y pecadora al mismo tiempo. Sin ella no está nunca Él. Pero tampoco podemos olvidar los serios obstáculos que ella misma puede poner y que de hecho pone con demasiada frecuencia.

Antes habíamos hablado de la mediocridad de la predicación actual. Pero podríamos hablar también de la frecuencia con que ahora se practica la reducción de la religión a la política. Y de los manejos y veleidades de tantos Pastores, en relación con esto. Pues la política y el oportunismo están haciendo mucho mal a la Iglesia. También podríamos traer a colación el tema del complejo de inferioridad ante el mundo de hoy que ha asaltado a tantos eclesiásticos, y que en último término está producido por una crisis de fe. Más doloroso sería hablar de la crisis de autoridad y de obediencia, del abandono de responsabilidades, de la miseria moral, espiritual y cultural del clero, de la irrupción de marxismo y de protestantismo en la doctrina ante la pasividad de los Pastores, de la desbandada de religiosos y de sacerdotes, de la secularización de lo religioso y de la clericalización de lo secular...

## "Se subió a un sicómoro para verle"

Sin embargo todas esas cosas, y muchas otras, pueden y deben ser superadas. Zaqueo hizo lo que tenía que hacer: se subió más alto, para estar por encima de la muchedumbre; y no se le ocurrió ponerse a dar patadas a la gente para abrirse paso.

Hay que amar a la Iglesia como el Señor la amó. Para lo cual hay que superar sus defectos situándose por encima de ellos. Porque hacer la guerra a la Iglesia, aunque sea con pretexto de reformarla, no conduce a nada bueno. Ante las evidentes miserias de la Iglesia no podemos seguir otro camino que el de amarla, cargando sobre los propios hombros esas miserias (Mt 8:17; Is 53:4) y sufriendo por ellas, tal como hizo el Señor, secundado en eso también por los Apóstoles (Col 1:24).

La miseria de la Iglesia y la del mundo solamente pueden ser redimidas si son asumidas por alguien.[10] Cristo lo hizo de una vez por todas, pero con una redención que tiene que ser ahora continuada y completada por los cristianos (Col 1:24). Asumir quiere decir aquí tomar la miseria humana desde su raíz, desde dentro y desde abajo, para sufrirla en la propia carne. El apostolado verdadero está más en el sufrimiento propio que en la denuncia. El Señor comienza su ministerio público acudiendo al bautismo de Juan en el Jordán,[11] es decir, mezclándose con aquellas muchedumbres que se reconocían pecadoras y se preparaban para recibir el Reino de los Cielos ya próximo. Es verdad que el Señor es el Justo, al que nadie pudo acusar nunca de pecado (Jn 8:46); pero al querer ser bautizado por Juan asume sobre sí la condición de pecador, sin serlo, haciéndose uno de

---

[10] *Quod non est assumptus non est sanatus.* Cfr. *S. Th.*, III$^a$, q. 5, a. 4, donde Santo Tomás cita a San Juan Damasceno: *Quod enim inassumptibile est, incurabile est.*

[11] Cfr. Hech 1: 21–22.

tantos: *Fue contado entre los malhechores*[12] y, además, *cargó con las iniquidades de ellos.*[13] Su ministerio público se epiloga de la misma manera: juzgado como culpable y crucificado entre dos ladrones. Desde entonces no existe posibilidad de redención del pecado si no es a través de la muerte del apóstol (Heb 9:22; Jn 12:24). Por eso son sospechosos los intentos redentores que tratan de seguir otro camino. Las denuncias proféticas que acusan como culpables a los demás, a la Iglesia, a las instituciones, a las estructuras, son falsas si no van acompañadas del morir a sí mismo del que denuncia y por la conciencia de los propios pecados: *Señor, te doy gracias porque no soy como esa gente.*[14] El verdadero profeta se avergüenza de sí mismo y se siente lleno de compasión por los demás cuando denuncia, porque conoce su limitación (Jer 1:6); tiene que hacerse violencia para cumplir una misión que él no se ha asignado, porque sabe que esa misión le llevará siempre a la muerte. Si el Justo asumió la condición de pecador, sin serlo, nadie puede atribuirse la condición de redentor sin tener conciencia clara de ser un pecador; cuando esto se olvida ya no es el Espíritu quien habla allí (Jer 14: 14–15), con la consecuencia de que entonces los que escuchan están expuestos a los mayores engaños. Considerar el bautismo de Cristo en el Jordán como un simple acto de humildad, de carácter pedagógico, es no comprender el sentido profundo de la kenosis: en realidad no se trata aquí de una lección de humildad, sino de tomar sobre sí lo más profundo de la miseria humana, que es el pecado. Cristo aparece entre las muchedumbres del Jordán como pecador y muere en la cruz como pecador; pero no vayamos a creer que se trata de una apariencia fenomenológica sin soporte en la realidad: también aquí podríamos incurrir en docetismo. Es cierto que la Persona del Verbo

---

[12] Mc 15:28.
[13] Is 53: 11–12.
[14] Lc 18:11.

es Santa con santidad esencial, como también que su Humanidad posee una cierta plenitud de santidad en virtud de la unión hipostática. Pero Cristo es también Cabeza del Cuerpo Místico y, no solamente asumió un cuerpo y un alma humanos, sino que también se unió con toda la humanidad, una humanidad que está toda ella bajo el pecado. Siendo Cristo el nuevo Adán (Ro 5:14), Cabeza de la nueva creación y Cabeza del Cuerpo que es la Iglesia, el pecado de la humanidad es suyo, le pertenece como propio aunque Él personalmente no lo haya cometido. Por eso la agonía del Huerto o el abandono de la cruz son algo más que palabras. El autor de la Carta a los Hebreos hace notar que Cristo fue tentado en todo a semejanza nuestra, fuera del pecado;[15] pero dice a continuación que *todo pontífice... es instituido... para ofrecer ofrendas y sacrificios por los pecados... por cuanto él está también rodeado de flaqueza, y a causa de ella debe por sí mismo ofrecer sacrificios por los pecados, igual que por el pueblo*;[16] ahora bien, parece que el autor no distingue entre Cristo y el pontífice meramente humano, pues dos versículos más adelante y sin cambiar de tema añade: *Y así Cristo no se exaltó a sí mismo, haciéndose Pontífice...*[17] La resistencia a bautizar al Señor,

---

[15] Heb 4:15.

[16] Heb 5: 1–3.

[17] Heb 5:5. Es indudable que no podemos decir que Cristo se hiciera pecador por nosotros, así como podemos decir que se hizo obediente (Flp 2:8) o que se hizo pobre siendo rico (2 Cor 8:9). San Pedro, por ejemplo, dice que *murió el justo por los injustos* (1 Pe 3:18). San Pablo dice que Cristo *se hizo pecado* por nosotros (2 Cor 5:21), no que se hiciera pecador. Pero en la medida en que demos valor real a textos como el de Ro 6:6: *Nuestro hombre viejo ha sido crucificado para que fuera destruido el cuerpo del pecado*; o al de Ro 8:3: *Enviando Dios a su propio Hijo en carne semejante a la del pecado, y por el pecado, condenó al pecado en la carne*; y, sobre todo y como definitivo, al de 2 Cor 5:21: *A quien no conoció el pecado, le hizo pecado por nosotros para que en Él fuéramos justicia de Dios*; en la medida en que demos valor real a los desposorios del Verbo con la Humanidad y a la asunción de los miembros de la Iglesia como miembros de su mismo Cuerpo, en esa misma medida podremos comprender la realidad y la profundidad de la kenosis.

demostrada por el Bautista en el Jordán (Mt 3:14), es nuestra resistencia a comprender el sentido profundo de la kenosis; resistencia o escándalo, acerca del cual el mismo Señor se cuidó de advertir al Bautista (Mt 11:6; Lc 7:23).

Ante el hecho de la miseria de la Iglesia hay que decir con firmeza que esa miseria puede y debe ser denunciada. Por cualquier miembro de la Iglesia, pertenezca o no a la Jerarquía, y del modo más conveniente a la condición de cada uno. Pero solamente será válida y legítima la denuncia si el pecado de la Iglesia y el del mundo han sido asumidos por aquel que la hace. Pues de otro modo la crítica será ineficaz además de deshonesta.

Esta asunción supone, en primer lugar, el sentir con Cristo la angustia por el pecado del mundo (Mt 26: 37–38). En segundo lugar supone una lucha seria por morir al pecado y a sí mismo (Ro 6: 2–4), en la cual va incluida la obediencia total a la Iglesia. En la medida en que todo esto sea real para el cristiano su crítica será eficaz y justa. Porque el apóstol no puede pretender seguir otro camino que el de su Maestro, de cuyo apostolado, vida y muerte participa: no solamente Él es el punto de partida y el final del camino (Ap 1:8 y *passim*), sino que es el Camino mismo (Jn 14:6); pero Cristo tomó sobre sí el pecado de la Iglesia y el del mundo, que es exactamente lo que tendrá que hacer el discípulo, pues le basta ser como su Maestro (Mt 10: 24–25).[18]

Pero todo esto anda muy lejos de lo que ocurre con cierta clase de críticas que hoy tienen lugar en la Iglesia.

No se trata de una crítica urgida por la angustia del pecado. No puede tratarse de eso, porque el pecado ha sido eliminado del ho-

---

[18]Hay que advertir que, según el Señor, el discípulo no puede ser más que su Maestro. Según esto, el cristiano, que com–padece en Cristo o padece con Cristo, es ciertamente pecador, pero no carga con el pecado más que su Señor.

rizonte visual humano por esos sectores. Es cierto que la Iglesia de hoy se siente angustiada, pero se trata de otra clase de angustia: angustia sociológica podríamos llamarla,[19] o quizás también complejo de inferioridad o angustia por no llegar tarde.[20]

Si esto es así menos aún va a haber un intento serio por morir al pecado. Porque eso supondría la oración, la ascética personal y, por lo que hace a nuestro caso, la voluntad firme de amar y obedecer a la Iglesia. Pero la oración ha desaparecido de la visión horizontalista que hoy se está ofreciendo del cristianismo, y la ascética personal ya no encuentra plaza en la nueva moral superadora de tabúes y de represiones; luego está además lo de la obediencia a la Iglesia, pero solamente en aquellas cosas que cada uno estime que deben ser obedecidas. Así parece que ya no se trata de ir al mundo para anunciarle la Buena Nueva, sino para decirle que lo que hace está bien hecho, como decía Jacques Ellul. Con lo cual se va a remolque del mundo. No se predica con alegría, sino con complejos, cuando se está pendiente de lo que quiere el mundo, y también con rabia cuando se hace mirando a los cristianos que se resisten a aceptar

---

[19]"Consciente la Iglesia de su extrema miseria, de su deficiencia, incapaz de seguir viviendo en la inseguridad al no encontrar ya en sí misma la referencia al Fuerte de Israel, siente entonces la necesidad de colgarse del mundo, de sentirse confirmada por la aprobación de la sociedad, procurando hallar su fuerza en el número, en la multitud, no encontrando para ello más que un camino: procurar una justificación al mundo, darle razones para que crea que lo que él hace es justo y bueno. Perdida en sí misma, trata de atestiguar, ante un mundo poderoso pero inseguro de lo que persigue, aquello en lo cual ella ya no cree. Ciega conduciendo a un ciego." Jacques Ellul, o. c. Estas palabras, evidentemente duras, deben ser leídas dentro del contexto de un libro que, en su conjunto, creemos que es objetivo y lleno de amor a la Iglesia.

[20]Por no llegar tarde al banquete del mundo, que no al banquete de su Señor.

el nuevo cristianismo.[21] De las pretendidas denuncias a favor de la justicia social, fomentando la lucha de clases, habría que decir que se trata con frecuencia de un conservadurismo de lo más vulgar, pues proceden en el fondo de un deseo de no perder lo que se cree que es el tren de la Historia y de seguir manejando unos sistemas de poder.

Llegados a este punto tendremos que reconocer que estamos haciendo crítica de la crítica, cuando antes hemos dicho que ninguna crítica es eficaz ni honrada si no comparte los sentimientos de Cristo (Flp 2:5). ¿Acaso los tenemos nosotros? Y lo más que podemos decir es que nos gustaría tenerlos y que sufrimos al ver la situación de nuestra Iglesia. Con un sufrimiento hondo aunque también sosegado, esperanzado, nostálgico de aquel Reino en donde ya no habrá políticas oportunistas, ni juego sucio, ni olvido de los buenos, ni deslealtad, ni pecado alguno, tal como el Apocalipsis lo había anunciado tan hermosamente: *Y enjugará las lágrimas de sus ojos, y la muerte no existirá más, ni habrá duelo, ni gritos, ni trabajo, porque todo eso es ya pasado.*[22] El Apocalipsis es un libro de esperanza escrito para tiempos muy difíciles, ¿y quién sabe si en los próximos años no tendrá demasiada actualidad? Aunque hemos de reconocer honradamente que no podemos apedrear a aquella Pecadora, porque ¿quién iba a arrojar la primera piedra (Jn 8:7) si ella es pecadora precisamente porque lo somos nosotros? El Señor no condenó a aquella

---

[21] El Cristianismo es un anuncio gozoso de una Buena Noticia. La alegría es consustancial al mensaje cristiano. No hace falta amontonar textos para verlo, desde el anuncio de los ángeles en la noche de Belén, hasta el Apocalipsis, pasando por las Bienaventuranzas y San Pablo (cfr. N. Beaupere, *Saint Paul et la Joie*, Paris, 1973). El mismo Zaqueo recibió al Señor "con alegría." Hasta el mismo dogma del infierno no es sino el reverso de aquel anuncio gozoso: es el hecho de la posibilidad de perderlo, pero sin que llegue a ensombrecer la alegría del cristiano, que sabe que todo ha sido querido por un Dios que es Amor.

[22] Ap 21:4.

mujer sorprendida en adulterio, aunque Él sí que podía hacerlo, sino que le salvó la vida y la limpió de sus pecados (Jn 8:11).

Tendremos que estar dispuestos, por lo tanto, a hacer como Zaqueo: pasar por encima de los obstáculos para poder ver las cosas desde arriba, desde la perspectiva que dan la fe y el amor a la Iglesia.

## "Jesús levantó los ojos..."

Y se miraron por primera vez. Aquel encuentro hubiera sido imposible de no haber existido la voluntad de superar los obstáculos. Seguramente fue inolvidable para Zaqueo, porque siempre es inolvidable el primer encuentro con el Señor. La primera mirada del Dios hecho Hombre permanece en el recuerdo y da fuerzas para toda la vida; así ocurrió con Saulo en el camino de Damasco[23] y así ocurrió con Juan y Andrés en aquel su primer encuentro con Jesús, cierto día, *como a la hora décima.*[24] Y es que la mirada del Señor, si queremos, tiene fuerza para cambiar el sentido de nuestra vida. Porque los hombres miramos siempre hacia dentro, para recibir, y para contabilizar el pobre montón de nuestras existencias, obligados que somos por nuestra menesterosidad y nuestra deficiencia; pero Jesús miraba hacia afuera, para dar, llevado de la plenitud de su Ser. Por eso la mirada de los hombres nos deja vacíos, mientras que la del Señor nos llena, como que procede de Aquel que es la misma Plenitud y de la cual todos recibimos (Jn 1:16).

---

[23] *Fue visto por mí* (1 Cor 15:8).
[24] Jn 1:39.

# IV

# RESURRECCIÓN DEL JOVEN DE NAÍN

*Sucedió tiempo después que iba a una ciudad llamada Naín, e iban con Él sus discípulos y una gran muchedumbre. Cuando se acercaban a las puertas de la ciudad vieron que llevaban un muerto, hijo único de su madre, viuda, y una muchedumbre bastante numerosa de la ciudad la acompañaba. Viéndola el Señor, se compadeció de ella y le dijo: No llores. Y acercándose, tocó el féretro; los que lo llevaban se detuvieron, y Él dijo: Joven, a ti te hablo, levántate. Sentóse el muerto y comenzó a hablar, y Él se lo entregó a su madre.*

(Lc 7: 11–15)

Llevaban para enterrar el cadáver de un joven, hijo único de su madre, que además era viuda, y estaba formado el cortejo por una gran muchedumbre. Allí iban la madre, los parientes, los amigos y vecinos, los flautistas y citaristas y las plañideras. En realidad todo el pueblo, sin duda no demasiado grande, pues ya se sabe lo que ocurre en los pueblos pequeños: todos son parientes y conocidos. Allí se mezclaba el dolor verdadero de la madre con el dolor fingido de las plañideras y con el deseo de cumplir por parte de la mayoría.

Abriendo la marcha, y llevado por unos cuantos, iba el cadáver del joven. ¿Sería demasiado ver en este cadáver la figura de la juventud de ahora? Es seguro que muchos no querrán reconocerlo así, pero lo cierto es que la juventud actual se ha perdido para la Iglesia y ha muerto para Dios. Diciendo esto provocaremos el escándalo, y muchos nos acusarán de pesimismo, de amargura, de derrotismo y de que vivimos ajenos al mundo de hoy. En efecto, pero ellos saben que mienten. Lo que ocurre es que no quieren reconocerlo porque tienen miedo, porque necesitan estar con el mundo para seguir viviendo como ellos desean.

Por eso se dedican a adular y justificar a los jóvenes, al mismo tiempo que se adaptan a sus modas y costumbres y procuran hablarles de lo que creen que ellos desean. No se atreverían a reconocer que están solos. Van por el mundo mendigando la aprobación de los jóvenes, sin valor para proclamar su fe, incluso renegando de ella y sin atreverse a confesar que ellos tampoco creen ya. Se dan aires de reformistas y avanzados, pero saben que no serían aceptados con su verdadero rostro de renegados.

Y esta es la gran verdad: que la juventud mimada y adulada por los políticos, por los nuevos católicos de la izquierda, por los clérigos espabilados, por los Pastores oportunistas y por los mercaderes que conocen su negocio, está muerta. Es un cadáver muy bien perfumado y arreglado, pero cadáver. Si esto provoca indignaciones recordaremos lo del cuento: que digan lo que quieran, pero yo digo que el rey va desnudo porque eso es lo que veo.

Que no nos digan que la juventud de ahora es mejor porque es rebelde o porque es portadora de una inquietud que las generaciones anteriores no conocieron. Se trata de frases fáciles y aduladoras. La única rebeldía y la única novedad verdaderas están en el evangelio; pero una gran parte de la juventud de ahora no conoce el evangelio. En cuanto a sus inquietudes sociales, se podría creer en ellas si se viera a los jóvenes trabajar y practicar el sacrificio y la pobreza. Pero se les ve ociosos, contestatarios de una sociedad de consumo de la que ellos son los primeros clientes, destructores sin piezas de recambio y sin nada nuevo, refugiados en el gregarismo marxista, en el sexo o en la droga o en todo a la vez, y con la angustia de un vacío espiritual que cada vez es más grande.

De todo lo cual habrá que culpar a los mayores, o sea, a los cristianos convencionales, a los clérigos establecidos y, en general, al catolicismo aburguesado. Sin duda acertaremos. Pero no se puede negar que los jóvenes han comprometido también su libertad y que, por lo tanto, son responsables.

Según muchos, los jóvenes de ahora no son ni mejores ni peores que los de antes, aunque sí más sinceros y auténticos. Pero este nuevo tópico no resiste al análisis de esos términos autenticidad y sinceridad. Ni la gravedad de la hipocresía le quita la suya al cinismo o al vacío espiritual voluntariamente buscado y vivido.

A veces se dice que se quiere destruir para edificar un mundo mejor. Pero entonces habrá que preguntar dónde están los materiales de la nueva construcción; porque hasta ahora solamente han aparecido las piquetas.[1] Y si es la ideología marxista la que se pretende aportar como elemento nuevo, entonces es que estamos ya al borde de ver al mundo convertido en un termitero: quedando reducidos lo singular y lo personal a un número en la solapa del uniforme.

Al joven muerto de Naín acompañaba una gran muchedumbre. Como suele ocurrir siempre, algunos iban por medrar, como los músicos y las plañideras, mientras que otros acompañaban el cadáver por la amistad o el parentesco que les obligaban a quedar bien con la madre. Así unos ganaban algún dinero y otros cumplían con los compromisos sociales. El hombre siempre ha sacado partido de todo, hasta de lo fúnebre.

Lo mismo pasa con gran parte de la juventud de ahora, apartada del Señor, cadáver en marcha hacia la tumba, desconocedora del hombre nuevo que nos fue dado en Cristo. Va acompañada de un buen cortejo de pícaros aprovechados e interesados en engrosar su negocio. Llenan el aire con sus gritos y los sones de sus flautas, pero en realidad no sienten ningún dolor. Unos buscan atizar la protesta de los jóvenes para venderles sus productos consumistas: canciones, discos, casetes, músicas (el mismo Jesucristo ha sido convertido en un producto de consumo comercial, también con 'nihil obstat"), dijes, abalorios, indumentarias, y muchos millones en juego. Otros les

---

[1] "Les valeurs de l'humanisme ne sont plus reçues comme autrefois. Souvent, elles sont contestées; plus souvent encore, elles n'intéressent même pas. Est–ce le signe que d'autres valeurs se préparent? Peut–être, mais, pour le moment, c'est la negation qui domine: 'Pour la première fois dans l'histoire, une génération débouche dans l'existence sans référence aux valeurs' (A. Malraux)." Conferencia pronunciada por J. M. Domenach, director de 'Esprit", en el III Simposium de Obispos Europeos. Cfr. *La Documentation Catholique*, 58 (1976) 80–83.

venden sexo: liberación de la mujer, derribo de tabúes, autenticidad, naturalidad, espontaneidad, teatro liberalizado e independiente, cine intimista (de alcoba) y aluvión de literatura del mismo corte, con otra danza de millones a ganar con muy poco esfuerzo. Hay también quienes los instrumentan para la política: aquí la propaganda del artículo se hace con un montón de tópicos como libertad, democracia, justicia social, socialismo, participación, lucha del proletariado, etc., sin olvidar el condimento de sexo que haga falta para que todo quede bien. Tampoco faltan los que se agregan al cortejo para seguir manteniéndose en la situación que disfrutan: y aquí podríamos incluir a una serie de gentes que abarca desde los políticos recién cambiados de traje, pasando por ciertos clérigos aprovechados, hasta grandes empresarios que de pronto se sienten con vocación socialista. Todos van acompañando a una juventud que está muerta; aunque su entierro provoque ruido, jolgorio, vida, negocios y satisfacción de mercaderes, como ha ocurrido siempre también en los entierros de verdad.

En medio de aquel tumulto la madre era la única que acompañaba con verdadero dolor el cadáver del joven. Por ella se compadeció el Señor, y por ella volvió el joven a la vida. En nuestro mundo de hoy, ante ese gran número de preocupados por la "problemática de la juventud" que nos ahogan con un diluvio de estudios, de ensayos, de encuestas y de peroratas, tendríamos que preguntarnos cuántos son los que sufren de verdad por esa juventud. Y seguramente que no van a ser los análisis científicos ni los brillantes ensayos los que van a levantar a esos jóvenes. Solamente el Señor, el cual se determinará a hacerlo cuando contemple el dolor de los que sufren de verdad por el problema. Pero en Naín había una sola persona así entre la muchedumbre.

## "Se compadeció de ella"

Si hubiera verdaderos compasivos el Señor se compadecería también de la juventud, como ocurrió con el joven muerto de Naín. El Señor se compadece fácilmente. En realidad vino para eso, para padecer–con–nosotros. Recordemos el caso de aquella mujer de la que nos habla San Juan,[2] que fue arrojada a los pies del Señor para que Él la juzgara por haber sido sorprendida en adulterio. Quieren acabar a la vez con ella y con el Señor; que también la justicia puede ser invocada como pretexto para destruir a los justos y a los pobres. Pero el Señor se compadeció de ella y desenmascaró al mismo tiempo la hipocresía de los que se consideraban justos:

*—Mujer, ¿dónde están los que te acusaban? ¿Nadie te ha condenado?*

*—Nadie, Señor.*

*—Ni yo tampoco te condeno; vete y no peques más.*

Como también se compadeció de aquella mujer que, por ser generosa, provocó las murmuraciones de los bienpensantes,[3] en este caso de los que creen que se les quita a los pobres lo que se le da a Dios. También aquí se pretende acusar a Dios bajo el pretexto de hacer justicia a los oprimidos. Para algunos asistentes a la comida aquella mujer no había comprendido que el amor tiene que ser "horizontal", y que no puede malgastarse en referirlo a Dios cuando está siendo requerido por el sufrimiento de los hombres. Pero la verdad es que el amor no es horizontal ni vertical, sino circular, que es lo mismo que decir englobante: lo abarca todo sin excluir nada (1 Cor 13:7);

---

[2] Jn 8: 1–11.
[3] Mt 26: 6–13; Mc 14: 3–9; Jn 12: 1–8.

ni a Dios, ni a los hombres, ni a ningún hombre determinado; y si excluye ya no es amor. Por eso el Señor se compadeció de ella y la salvó del ridículo, a la vez que declaraba la verdad:

> —*¡Dejadla! ¿Por qué la molestáis? Ha hecho conmigo una buena obra. Porque pobres siempre los tenéis con vosotros, y cuando queráis podéis hacerles bien; pero a mí no siempre me tenéis. Ha hecho lo que ha podido, anticipándose a ungir mi cuerpo para la sepultura.*

También se compadeció el Señor de aquella muchedumbre que llevaba varios días siguiéndole y sin poder comer:

> —*Tengo compasión de la muchedumbre, porque hace ya tres días que están conmigo y no tienen para comer.*[4]

Aunque parece que la compasión llegó a su colmo en el Señor cuando ocurrió la muerte de su amigo Lázaro.[5] Lloró ante su sepulcro, al cual llegó ya muy conmovido y turbado:

> —*¡Quitad la piedra!*
>
> —*Señor, dijo Marta, ya huele, pues lleva cuatro días.*
>
> —*¿No te he dicho que, si crees, verás la gloria de Dios?*
>
> *Quitaron la piedra y dijo Jesús mientras alzaba los ojos al cielo:*
>
> —*Padre, te doy gracias porque me has oído; yo sé que siempre me oyes, pero por estos que me rodean lo digo, para que crean que tú me has enviado.*
>
> *Y dando una fuerte voz:*
>
> —*Lázaro, ¡sal afuera!...*

---

[4] Mt 15:32.
[5] Jn 11:33 y ss.

San Pablo nos exhortaba a que tuviéramos los mismos sentimientos que el Señor: *Tened los mismos sentimientos que Cristo Jesús.*[6] Es necesario que nos compadezcamos de esa juventud que ha muerto porque se ha apartado de Dios o quizás porque no ha sabido llegar hasta Él. Pero debemos examinar la clase de nuestros sentimientos: si somos de los que acompañan el cadáver por medrar, o por quedar bien; o si pertenecemos al grupo de los curiosos indiferentes que lo ven pasar; o si sufrimos de verdad, Y en este último caso todavía tendremos que preguntarnos por el cómo y el cuánto. Si nuestro sufrimiento es verdadero nos hará pensar, nos mantendrá preocupados, derramaremos lágrimas, y nos impulsará a ser mejores; además aparecerá siempre en nuestra oración y nos llevará a importunar constantemente al Señor; y la súplica dará seriedad y peso a nuestra vida de oración mientras clamamos, insistimos, gemimos, lloramos y suspiramos (Heb 5:7). Entonces nuestra oración podrá ser atormentada, o difícil, pero nunca indiferente o fría. El sufrimiento verdadero nos obligará a plantearnos el tema de nuestros trabajos y sacrificios por los jóvenes, y en primer lugar el cumplimiento fiel de nuestro deber profesional; luego tendremos que pensar acerca de cuánto tiempo dedicamos al trabajo y cuánto al descanso, y también adónde pensamos llegar en el desprendimiento de nuestro dinero, de nuestra salud, de nuestro porvenir, de nuestra independencia, de nuestra felicidad, de nuestro honor y aun de nuestra propia vida.

A una juventud que vive engañada se le suele proponer hoy como ideal el compromiso político, a menudo marxista. Pero si preguntamos a muchos jóvenes en qué se concretan para ellos esos compromisos nos responderán con unas cuantas ideas, más o menos confusas, sobre la lucha de clases; con tópicos como el de la alianza de la Iglesia con la burguesía; y con algunas pocas teorías mal aprendidas y

---

[6]Flp 2:5.

que pretenden ser científicas. Con todo lo cual justifican lo que ellos llaman la liberación, pero que en realidad no tiene ningún contenido en sus vidas.[7]

### "Y acercándose el Señor, tocó el féretro"

Se acerca el Señor y toca el féretro. La juventud que ha muerto a la vida sobrenatural no se levantará si el Señor no se acerca y se pone en contacto con ella. Las dos cosas: que el Señor se acerque y que se ponga en contacto. Y sin eso, nada.

¿Qué es lo que hemos de hacer para que eso ocurra? ¿Para que el Señor se acerque al mundo de los jóvenes y se ponga en contacto con él? Sin duda que tendremos que pensar, trabajar, orar y sufrir, porque el Señor no va a poner en nuestras manos un remedio mágico. Pero hay algo muy claro: el acercamiento tendrá que ser cosa del Señor, y Él lo hará cuando sea movido por el dolor verdadero de los compasivos verdaderos.

La juventud, por sí misma, pese a todo lo que se diga, no se levantará nunca para ir al Señor. Es un cadáver, y los cadáveres no andan ni toman iniciativas. Lo más que pueden hacer con ellos los hombres es acompañarlos con sus músicas y con sus llantos, verdaderos o fingidos, y organizar un gran estrépito a su alrededor, hasta un "Concilio de Jóvenes" si se quiere. Pero los jóvenes seguirán siendo cadáveres y ajenos a todo eso, y estarán allí solamente con su presencia física: la organización del entierro estará a cargo de los

---

[7]El compromiso cristiano está a mil leguas del compromiso político. Un texto típico sobre el compromiso cristiano, que expresa muy bien toda su radicalidad, podría ser el de Ro 9:3: *Desearía ser yo mismo anatema de Cristo por mis hermanos.*

otros, lo que allí se diga o se haga lo habrán pensado los otros, y, por supuesto, la idea misma del "Concilio" —o del entierro— será siempre una iniciativa de los otros. Cuando haya acabado todos se marcharán, y allí se quedará de nuevo el cadáver: " ¡Dios mío, qué solos se quedan los muertos!.."

Tendrá que acercarse el Señor y tocar el féretro. Para lo cual harán falta gentes que, como aquella madre de Naín, sean capaces de llorar de verdad y sin intereses ocultos por un joven, o por una juventud, que han muerto.[8]

### "Los que lo llevaban se detuvieron"

También será necesario que se detengan los portadores del cadáver y que la batahola se calle. En la casa de Jairo ocurrió lo mismo:

> *Llegó a la casa del jefe de la sinagoga y contempló el alboroto de los que lloraban y gritaban mucho. Entró y les dijo:*
>
> *—¿Por qué alborotáis y lloráis?*[9]

Tendrán que detenerse y callarse los promotores de la algarabía. Es decir, toda la barahúnda de mercaderes, oportunistas, medradores, clérigos aprovechados, políticos de ocasión y los buitres que se

---

[8]Se entiende que la iniciativa es enteramente del Señor. También los verdaderamente compasivos son suscitados por Él. Pero la libertad, y por lo tanto la cooperación del hombre, no quedan excluidas, en el sentido de que Dios ha determinado responder con su gracia a la buena voluntad humana; para ello ha dado al hombre realmente la libertad, es decir, la verdadera capacidad de acoger o rechazar.

[9]Mc 5: 38–39.

congregan para comerse los cadáveres (Mt 24:28). El Señor le hablará al cadáver, pero no a ellos, porque nada tiene que decirles a ellos puesto que ya están juzgados (Jn 3:18); además no le creerían nunca, porque el cadáver, según ellos, está muerto y bien muerto y no puede levantarse: "Se reían de él."[10] En realidad antes será oído por el cadáver que por ellos, porque la voz del Hijo del Hombre puede llegar hasta los que han sido alcanzados por la muerte, pero no hasta los voluntariamente sordos.

Se llegó, pues, el Señor hasta el joven muerto, pero antes de hablarle hizo que los ruidosos acompañantes se detuvieran y se callaran. Acaso quiera ahora hacer lo mismo también: antes de devolver la vida a la juventud quizás quiera Él apartar de ella a la muchedumbre de aprovechados y plañideros de oficio. Luego entregó el niño a su madre. No a ellos, sino a su madre, que era la única que lo había llorado de verdad.

### "Joven, a ti te hablo, levántate"

El diálogo con una buena parte de la juventud es imposible hoy por hoy. Porque es imposible dialogar con un cadáver. Aunque esto deja de ser cierto cuando es el Señor quien habla, porque su voz puede ser oída hasta por los muertos:

> —*En verdad os digo que llega la hora, y es ésta, en que los muertos oirán la voz del Hijo de Dios, y los que la escucharen, vivirán.*[11]

---

[10] Mc 5:40.
[11] Jn 5:25.

*Resurrección del Joven de Naín*

La voz del Señor puede ser oída hasta en el más allá de la muerte, que por algo es Él, el Señor de la vida y de la muerte (Jn 11:25). Cuando nosotros no somos escuchados por los muertos ello se debe a que no empleamos la voz del Maestro, sino la nuestra. Como apóstoles del Señor no debemos hablar nunca con nuestra propia voz, sino con la suya. Cuando le hablamos a la gente con nuestra propia voz siempre suena a extraña, no es reconocida, y más bien provoca la huida (Jn 10:5).

La generación perdida sólo se levantará si oye la voz del Señor, y ninguna otra voz lo conseguirá.

La expresión del Señor "a ti te hablo" significa algo así como "a pesar de todo." Es un reconocimiento de la impotencia humana ante aquello. Porque el hombre no podrá nunca darle la vida a un cadáver, y si es que le habla su palabra caerá en el vacío. Pero la expresión del Señor contiene la voluntad de dirigirse al vacío, a la nada, con la intención de que su palabra sea escuchada y respondida (Is 55:11).

### "Se sentó el muerto y comenzó a hablar"

Una vez devuelto a la vida comenzó a hablar el joven, quedando así restablecida su comunicación con los demás. La vuelta a la vida de la gracia es la condición precisa para que pueda entablarse cualquier diálogo digno de ese nombre.

## "Lo entregó a su madre"

Lo entregó a su madre. Porque el Señor es el único que puede acabar con las rupturas generacionales. El amor y la amistad entre padres e hijos, entre jóvenes y viejos, solamente son posibles con Cristo.

Los intentos que se han hecho siguiendo otros caminos han fracasado y han dejado siempre en pie la lucha generacional: los jóvenes se han seguido sintiendo incomprendidos, han seguido considerando como reaccionarios a los mayores, y éstos han seguido pensando que los jóvenes estaban equivocados.

Pero el verdadero encuentro en Cristo entre jóvenes y viejos no excluye las tensiones (Mt 10:35). Pero se trata de otra clase de tensiones, que además son necesarias y están ya incluidas en el presupuesto de gastos del dolor humano, pudiendo siempre ser superadas —bien que no anuladas— por la caridad.

# V

# EL CIEGO DE BETSAIDA

*Llegaron a Betsaida, y le llevaron un ciego, rogándole que lo tocara. Tomando al ciego de la mano, le sacó fuera de la aldea, y, poniendo saliva en sus ojos e imponiéndole las manos, le preguntó: ¿Ves algo? Mirando él, dijo: Veo hombres, algo así como árboles que andan. De nuevo le puso las manos sobre los ojos, y al mirar se sintió restablecido, viendo todo claramente de lejos. Y le envió a su casa diciéndole: Cuidado con entrar en la aldea.*

(Mc 8: 22–26)

**"Llegaron a Betsaida, y le llevaron un ciego, rogándole que le tocara"**

En este versículo del Evangelio está resumida la historia de todo apostolado. Llevaron un hombre hasta Él; y eso es el apostolado: llevar hombres al Señor. Claro que Dios no nos necesita para ponerse en contacto con los hombres, pero de hecho ha querido hacerlo así, y éste es el fundamento de toda la doctrina sobre el apostolado.

Pero es que, además, este hombre que es conducido hasta el Señor está ciego. Por eso hay que llevar los hombres a Él, porque están ciegos, para que vean, porque Él es la luz (Jn 1:9), y porque el que no le sigue anda en tinieblas (Jn 8:12; 12:46; 1 Jn 1:7).

Los que llevaban al ciego lo hacían para que lo tocara, para ponerlo en contacto con Él, que es el objeto y el fin de todo apostolado.

Y para conseguirlo rogaban al Señor. Porque está determinado que sea inoperante todo apostolado que no vaya acompañado de la oración.

El ciego fue conducido hasta el Señor. Ya hemos dicho que en eso consiste el apostolado. Es de suponer que, para ello, primero le hablarían del Señor al ciego. Pues efectivamente, el cristiano tiene que hablar de su Señor. Si bien el sacerdote y el laico lo harán de modos diferentes. El sacerdote tendrá que hacerlo en todo momento, incluso inoportunamente (2 Tim 4:2); en realidad es el hombre de Dios y la gente no tiene por qué buscar en él ni otra cosa ni otro tema de conversación; es el único hombre del mundo que puede hablar de lo suyo en todo momento y en cualquier circunstancia, y sólo así se acredita como buen profesional: y por el contrario, si no lo hace, lo que acredita entonces es su mediocridad. El laico se santifica viviendo las tareas temporales, y no tiene oficio de predicador; pero también tendrá que dar testimonio del Señor con su palabra: a través de su visión de los hombres, de las cosas, del mundo y de la vida; e incluso también con el testimonio directo cuando la ocasión y las circunstancias lo exijan.

El ciego de Betsaida se dejó convencer y permitió que lo llevaran ante el Señor, seguramente porque le hablarían de Él con ilusión. La ilusión es fundamental cuando se trata de dar un testimonio del Señor. Los que hablaron del Señor al ciego estarían convencidos de que era el único que podía curarlo; quizás hasta lo habían experimentado consigo mismo o en otros muy próximos a ellos. El apostolado no puede hacerse si no es con ilusión, lo que es tanto como decir con un gran amor y una gran confianza en el Señor. De otro modo los hombres nunca se dejarán convencer, y por eso fracasan tantos apostolados. Por el contrario, el Señor nos advirtió que nuestras lámparas deben estar siempre ardiendo,[1] y Él mismo hacía arder el corazón de sus oyentes cuando hablaba.[2] Sin duda que el Señor desea que el apostolado se haga de manera audaz, entrometida, incluso violenta, con la dulce violencia del amor que sabe siempre respetar la libertad. Así por ejemplo, en la parábola de la gran cena, dice expresamente el amo al siervo cuando lo envía a buscar nuevos comensales:

—*Sal a los caminos y a los cercados, y oblígalos a entrar, para que se llene mi casa de convidados.*[3]

---

[1] Lc 12:35.
[2] Lc 24:32; Jn 7:46.
[3] Lc 14:23. San Juan de la Cruz interpreta así este pasaje en la *Llama*, 3, 62.

La expresión de obligarlos a entrar es del mismo Señor, aunque empleada ahora no dejaría de escandalizar a ciertos ecumenistas y a otros. Son muchos hoy en la Iglesia los que han perdido la ilusión por el apostolado, quizás porque han perdido la ilusión por su fe. Y éstos quieren exigir de los demás una actitud neutra con respecto al apostolado, como si eso fuera lo verdaderamente evangélico, y sin tener en cuenta que esa actitud está muy lejos de ser compartida por las otras confesiones cristianas y mucho menos por el ateísmo militante.

La tragedia de muchos sacerdotes de ahora es la de haber perdido la ilusión por su ministerio, después de haber dejado perder la vida interior. Su actitud es contraria a la de los primeros apóstoles, que se dejaron el servicio de las mesas para dedicarse a la oración y al ministerio de la palabra,[4] mientras que éstos se dejan la oración y el ministerio sacerdotal para dedicarse al servicio de las mesas.

Los primeros discípulos aplicaron a la actitud que veían en el Señor la cita del salmo: "El celo de tu casa me consume."[5] Lo que no parece estar muy de acuerdo con la actitud neutralista que algunos querrían ver en el apostolado.

Hablar del Señor, pero con ilusión y con gozo. Con aquella misma ilusión con que Andrés comunicó la noticia a su hermano Simón, o Felipe a Natanael:[6]

> *—¡Hemos hallado al Mesías...! ¡Hemos encontrado a aquel de quien escribió Moisés en la Ley y los Profetas, a Jesús, el hijo de José de Nazaret...!*

Palabras que parecen llegar hasta nosotros vibrando de alegría y llenas de ilusión. No hubo necesidad de repetírselas ni a Simón ni

---

[4] Hech 6: 2–4.
[5] Sal 69:10, citado en Jn 2:17.
[6] Jn 1: 41.45–46.

a Natanael; algo había en la expresión del rostro, y en el tono de voz de sus amigos, que les llenó de admiración y de curiosidad, y se decidieron a seguirles enseguida. Lo que no deja de ser admirable, porque tanto Andrés como Felipe sabían en aquel momento muy poco de Jesús, como lo prueba el hecho de que acaban de conocerle y de que le llaman Mesías, pero también el hijo de José de Nazaret. Algo está muy claro, sin embargo: que le han entregado ya su corazón.

Y ahí está el secreto del apostolado. Ni los conocimientos rudimentarios de los apóstoles noveles, ni sus defectos, ni sus imprudencias primerizas, importarán demasiado mientras vaya por delante la entrega del corazón. Por el contrario, hay que temer a una pastoral que anda tan sobrada de técnicas como falta de amor y de ilusión. Excesiva tecnificación del apostolado que muchas veces se queda en eso: estudios, reuniones, encuestas, cursillos, puestas a punto, consultas a la base, comisiones y subcomisiones. La técnica como algo más importante que el amor. Hasta la misma predicación se ha tecnificado demasiado: ahí tenemos las homilías prefabricadas, que corren en forma de fichas, cuadernos o ciclos de predicación; o las "cartas pastorales" de contenido y oportunidad bastante dudosos, que con cierta frecuencia se obliga a leer a los pobres curas en las misas dominicales. Ciertamente los sacerdotes deben ayudarse en su predicación de material con contenido teológico serio, y alguna que otra vez quizás convenga que estudien juntos algunas ideas de base sobre las que luego se elaborará la homilía. Pero la predicación ha de ser siempre el fruto de la oración, del estudio y de los sufrimientos personales; y solamente puede hacerse después de haber pedido humildemente la gracia de la comprensión de la Palabra, a fin de exponerla luego y poder llegar al corazón de los oyentes. La predicación cristiana no puede ser sino testimonio por el cual se comunique

*El Ciego de Betsaida*

una vivencia, pero nunca la lectura recitada de un producto fabricado por otros en laboratorios de alquimias pastorales: *Lo que hemos visto y oído os lo anunciamos a vosotros*,[7] decían los primeros apóstoles. De ahí la alegre espontaneidad de las palabras de Andrés y de Felipe diciendo que habían encontrado al Señor. Pero ¿qué es lo que han encontrado ciertos apóstoles de ahora para que lo puedan anunciar? A menudo solamente una inquietud sociopolítica alimentada por el marxismo; y con ella, casi como único viático, tratan de llegar a un mundo politizado, ideologizado y degradado, que parece haber hecho suya la idea de Feuerbach de que la política es la única religión.

Por eso es necesario que el apóstol haya encontrado primero al Señor. No se puede hablar de Él con ilusión sin llevarlo en la propia vida. Sólo así la vida de Jesús podrá manifestarse en nuestro tiempo y a través de la nuestra (2 Cor 4: 10–11).

* * *

Rogaban al Señor para que tocara al ciego. Lo llevan, efectivamente, para ponerlo en contacto con Él, porque están convencidos de que es la única solución. Que es el fin que ha de perseguir todo apostolado: poner a los hombres en contacto con el Señor. Para que los hombres sientan la alegría, hasta ahora insospechada para ellos, de la intimidad con el Señor: *Lo que hemos visto y oído os lo anunciamos a vosotros..., para que viváis en comunión con nosotros..., para que vuestro gozo sea completo.*[8] Increíble intimidad que ya había sido anunciada por el Señor:

---

[7] 1 Jn 1:3.
[8] 1 Jn 1: 3–4.

> —*Ya no os llamaré siervos, sino amigos...*[9]

Y cuando rogó al Padre en la gran oración sacerdotal:

> —*Para que todos sean uno, como tú, Padre, estás en mí y yo en ti, para que también ellos sean en nosotros... Yo en ellos y tú en mí, para que sean perfectamente uno.*[10]


## "Tomando al ciego de la mano..."

Al dejarse conducir por el Señor ya había dejado, en cierto modo, de ser ciego, según aquello del mismo Señor: *El que me sigue no anda en tinieblas.*[11] Aún no veía aquel hombre, pero ya se había puesto en el buen camino.

Tuvieron que caminar un cierto espacio, durante el cual el ciego se confió al Señor. Ni hizo preguntas el ciego ni puso condiciones: se puso en las manos del Señor y se dejó conducir. Es imposible salir de la ceguera si no nos decidimos a seguir al Señor adonde quiera llevarnos, incluso aunque de momento no reconozcamos el camino ni comprendamos el porqué.

---

[9] Jn 15:15.
[10] Jn 17: 21.23.
[11] Jn 8:12.

## "Le sacó fuera de la aldea"

La mucha gente y los tumultos no son lo mejor para ver claro. El Señor deseaba quedarse a solas con el ciego. La ceguera del espíritu requiere silencio para su curación, y necesita de la intimidad serena con el Señor. Pero si se ha llegado a un cierto grado de ceguera hay que procurarse entonces una mayor soledad y un mayor silencio, si es que se quiere volver a ver con claridad. Y para eso hace falta retirarse del tumulto y del ambiente de cada día, sin que sea suficiente la oración ordinaria. Será necesario retirarse, y, olvidándose de los trabajos de siempre, enfrentarse con el único problema, con la Verdad que sólo nos habla en el silencio:

> *Pasó un viento fuerte y poderoso que rompía los montes y quebraba las peñas; pero no estaba Yavé en el viento. Y vino tras el viento un terremoto; pero no estaba Yavé en el terremoto. Vino tras el terremoto un fuego, pero no estaba Yavé en el fuego. Tras el fuego vino un ligero y blando susurro, y allí estaba Yavé.*[12]

El silencio habrá que procurarlo por dentro no menos que por fuera. La imaginación y la capacidad de pensar se pueden ver bloqueadas por la terrible estridencia que llega desde el exterior, a la vez que el martilleo de los medios de comunicación y el exceso de información pueden acabar con la serenidad interior.

---

[12] 1 Re 19: 11–12.

**"Mirando él, dijo: Veo hombres, algo así como árboles que andan. De nuevo le puso las manos sobre los ojos, y al mirar se sintió restablecido, viendo todo claramente de lejos"**

El que había sido ciego comenzó a ver las cosas, pero sólo confusamente y como de bulto, hasta el punto de que tuvo que actuar de nuevo el Señor para que acabara viendo claramente.

Si nos encontramos con el Señor, y nos dejamos guiar por Él, se ha producido ya la conversión. Pero luego tiene que transcurrir una larga etapa, hasta que lleguemos a ver las cosas con sus contornos claros, es decir, hasta que vayamos adquiriendo criterios sobrenaturales; sólo cuando se van viendo las cosas como Dios las ve es cuando se va conociendo la realidad como es. Esta segunda etapa, a diferencia de la primera que es más o menos instantánea, dura en realidad toda la vida, y necesita como elementos para desarrollarse: la oración, el estudio, la dirección espiritual, la paciencia, la tenacidad; en realidad supone todo el esfuerzo de una vida por llevar a cabo la transformación en Cristo.

Pero se llega a ver con gran claridad cuando se llevan así las cosas, porque se ven como Dios las ve. Un cristiano serio, aunque no sea ni medianamente culto, llega a juzgar de las cosas con gran sentido común: al fin y al cabo el Señor daba gracias al Padre porque había ocultado "estas cosas" a los sabios y prudentes del mundo y las había revelado a los pequeños (Mt 11:25). El que fue ciego de Betsaida llegó a ver las cosas "claramente y de lejos." De donde podemos pensar que aquel que se deja guiar por el Espíritu llega a ver las cosas con perspectiva, incluso de futuro, y con gran claridad. Lo que se fundamenta en unas palabras del mismo Señor:

*El Ciego de Betsaida*  81

> —*Cuando viniere Aquél, el Espíritu de verdad, os guiará hacia la verdad completa, porque no hablará de sí mismo, sino que hablará lo que oyere y os comunicará las cosas venideras.*[13]

Según esto, el Espíritu comunicará también las cosas venideras. Aquí no se trata seguramente del carisma de profecía, sino de aquel sentido de conocer y juzgar con rectitud, también hacia atrás y hacia adelante, que posee todo cristiano y que es un efecto de la unción recibida del Santo (1 Jn 2: 20.27). Este espíritu de discernimiento es muy importante en el hecho cristiano. Sirve para distinguir la verdad del error, y tiene en nuestro tiempo tanta importancia cuanta pueda tener el hecho de que, con demasiada frecuencia, el contenido de la fe se presenta falsificado. Existen muchos malos pastores que engañan a los simples fieles. Malos pastores que, a su vez, han llegado al engaño por muchos caminos: el auge de la filosofía marxista, la crisis de fe, la deserción de tantos cristianos y la llamada "traición de los clérigos" son temas del día. Esta deserción ocurrió en el momento en que se hizo posible porque alguna parte de la Jerarquía había "bajado la guardia." Algunas decisiones tomadas a raíz del Concilio Vaticano II —como la supresión de la Sagrada Congregación del Santo Oficio, o del índice—, fueron interpretadas por algunos en el sentido de que se había abierto la puerta a un relativismo doctrinal y moral, a la vez que muchos Pastores eran afectados de un extraño complejo de permisivismo y un mal entendido concepto de la libertad. Es posible que llegue el día en que la Iglesia tenga que reconsiderar disposiciones de carácter disciplinar que se tomaron por entonces. Pero sea de ello lo que fuere, es cierto que la Iglesia no puede ser Madre y Maestra de la verdad sin señalar rutas y sin advertir de los caminos extraviados. El Nuevo Testamento da por sentado el deber de vigilancia de los

---

[13] Jn 16:13.

Pastores, y en el sentido más estricto. Y no parece que sea suficiente con que los Pastores impartan luminosas enseñanzas, sino que hará falta también una tarea de gobierno. Los Pastores también tendrán que apartar a los fieles de los pastos peligrosos, incluso con amenazas y castigos, y sin que nadie pueda decir que no sea esa la mente del Nuevo Testamento. Instituciones que nacieron con el Concilio, como las Conferencias Episcopales, han sido después instrumentos aptos para ser manejados por grupos, con manipulaciones que lógicamente llegan luego a todos los fieles; lo que nada quiere decir en favor de la nocividad o inepcia de esas instituciones, sino que la Iglesia tendrá que plantearse el problema de su mejor funcionamiento. Durante el Concilio Vaticano II se habló mucho de limitar el poder papal y de corregir los que se llamaron abusos del Vaticano I. Pero quizás el problema no hubiera que situarlo tanto en limitar cuanto en que unos y otros cumplieran su misión con un mayor sentido sobrenatural. De todos modos en la Iglesia sería tan malo el excesivo centralismo como la acefalía o el descuido en el ejercicio de la autoridad por parte del Papa; en la liturgia, por ejemplo, se ha pasado del excesivo centralismo y exigencias de uniformidad a la folklorización: ni en el rito ni en la lengua apenas si hay ya dos misas iguales, y ni siquiera hay que cambiar de nación o de región, sino que basta, a veces, con asistir a dos templos de una misma ciudad.

* * *

La donación gradual de la vista al ciego es un ejemplo de la manera de actuar en nosotros la pedagogía divina. Dios nos va enseñando y nos va conduciendo hasta Él a través de toda una vida; no podía ser de otro modo, dada nuestra natural forma de ser. La iluminación y la transformación totales e instantáneas no se dan, y hay que sufrir más bien dolores de parto hasta que Cristo se forme totalmente en nosotros (Ga 4:19); parto que en realidad dura toda la vida: por eso el día del nacimiento es el de la muerte, y no el del bautismo. Durante toda la vida somos discípulos (Mt 10:24; Lc 14: 26–27 y *passim*) y caminantes. Por eso no podremos abandonar nunca los medios de formación, ni tampoco considerarnos jamás maestros (Mt 23:8). La carrera sólo está terminada cuando se llega a la meta (2 Tim 4:7); sólo entonces Cristo se habrá terminado de formar en nosotros, y sólo entonces, como el ciego de Betsaida, veremos con claridad (1 Cor 13:12), sin confundir a los hombres con árboles, sino viendo las cosas como son, en la luz de Dios y por toda la eternidad. Mientras tanto nuestra condición de caminantes nos impone la paciencia, sin la cual nunca llegaríamos a ver realizado el plan que Dios se había trazado con nosotros (Lc 21:19); con ella podremos soportar las deficiencias propias y ajenas, las tentaciones, los sufrimientos y, sobre todo, la espera. Aceptar la condición de discípulo para siempre supone aceptar también para siempre la oración, la dirección espiritual, el estudio o la corrección fraterna. Aceptar para toda la vida la condición de caminante, de hombre que aún no ha llegado a la meta, es prueba de humildad, y en último término de amor. Eso significa aceptarse como niño y reconocerse como niño, lo que es condición indispensable para entrar en el Reino de los Cielos (Mt 18:3). En realidad mientras dura el día de nuestra vida sólo nos queda el caminar (Jn 9:4), sin detenernos nunca, levantándonos cada vez que caigamos, lo que hará que ni siquiera las mismas caídas sean tropiezos (Jn 11:9). Sólo en el atardecer del día de nuestra vida seremos examinados acerca de si hemos aceptado nuestra condición de caminantes, de niños, de discípulos que dieron cabida al amor (Mt 20:8).

\* \* \*

El Señor fue el primer hombre que vieron los ojos ya abiertos del que fuera ciego. Es de suponer que siempre sentiría la nostalgia de aquel rostro, el primero que vieron sus ojos, y que ningún otro igualaría después. Por eso el Señor le serviría de modelo, para medir a todos los hombres según aquel primero que había visto. Realmente empezamos a conocer a los hombres cuando hemos empezado a conocer al Señor; ya San Agustín nos había advertido de la necesidad de conocer al Señor para poder conocernos a nosotros y conocer a los demás. El misterio del hombre sólo se puede aclarar a la luz del misterio del Hombre–Dios.

## "Y le envió a su casa"

Le envía a su casa, de nuevo entre los hombres. Ahora tendrá que trabajar, vivir su propia vida, la que Dios quería para él. No entra en los planes de Dios que alguien abra sus ojos a la luz para quedarse con ella (Mt 5: 14–16).[14] Ahora le envía a trabajar, para que no vaya a desertar de aquella gran aventura que es la vida de cada uno vivida en el Señor. Los que antes habían sido ciegos, y ahora ven, no son separados del mundo; al contrario, son enviados a su casa, al trabajo, a la vida de cada día, a vivir entre los hombres, a darles testimonio en una lucha que durará hasta el final. El ciego de Betsaida fue conducido hasta el Señor; pero ahora tendrá que caminar solo, sin lazarillo que le libre de la responsabilidad de sus propios pasos. Entre los de su casa y en el mundo es donde tendrá que derramar ahora la luz que ha recibido.

---

[14] Jn 12:35: "Caminad mientras tenéis luz."

*El Ciego de Betsaida* 85

**"Y le dijo: ¡Cuidado con entrar en la aldea!"**

Parece como si el Señor no deseara que el antiguo ciego expusiera en los mercados del mundo la maravilla que en él se había realizado. Hay en el mundo mucha curiosidad vana, dispuesta a ver y oír, pero no a creer en las obras del Señor.

Cuando el que fuera ciego intente contarlo, ante la multitud de curiosos de mala fe, no le creerán; estarán dispuestos a buscar interpretaciones torcidas y a aceptar explicaciones extrañas, pero nunca lo que es claro, sencillo y evidente. Con ello el ciego que lo fue perderá su tiempo, e incluso la alegría de haber recuperado la vista, pues los hombres son muy capaces de acabar con su gozo. Habrá que tener mucho cuidado para no exponer las obras de Dios a la voracidad de los perros (Mt 7:6; 15:26). El apostolado requiere un mínimo de buena voluntad en los hombres a quienes se dirige; pero si ésta falta, debe ser interrumpido, y marcharse el apóstol a otro lugar (Mt 10:14), con la seguridad de que no agotará los lugares de trabajo antes de que Él venga de nuevo (Mt 10:23). El Señor se marchaba de un lugar, sin insistir más, cuando así se lo pedían.[15] Y hacerlo de otro modo sería perder el tiempo y la alegría, y hasta colaborar en que las cosas santas sean despreciadas y en que los hombres se revuelvan contra el mismo apóstol y lo destrocen; el Señor lo advirtió claramente, casi con esas mismas palabras (Mt 7:6).

---

[15] Cfr., por ejemplo, Lc 8: 37–39 y *loc. par.*

# VI

# UN DÍA EN LA VIDA DEL SEÑOR

*En cuanto salieron de la sinagoga, fueron a la casa de Simón y Andrés, con Santiago y Juan. La suegra de Simón estaba acostada con fiebre y enseguida le hablaron de ella. Acercándose, la tomó de la mano y la levantó; y al instante le desapareció la fiebre y se puso a servirles. Al atardecer, cuando se puso el sol, llevaban hasta él a todos los enfermos y a los endemoniados; y estaba toda la ciudad agolpada junto a la puerta. Y curó a muchos que padecían diversas enfermedades, y expulsó a muchos demonios, y no les dejaba hablar, porque sabían quién era. De madrugada, todavía muy oscuro, se levantó y se fue a un lugar solitario, y allí oraba. Salió a buscarle Simón y los que estaban con él; y cuando lo encontraron, le dijeron: Todos te buscan. Y les dijo: Vamos a otra parte, a las aldeas próximas y a las ciudades, para que predique también allí, pues para esto he venido. Y estuvo predicando en sus sinagogas por toda la Galilea, y expulsaba a los demonios.*

(Mc 1: 29–39)

En este fragmento del Evangelio de San Marcos podemos contemplar todo un día de actividades del Señor. Es un ciclo de unas veinticuatro horas, y en él podemos ver cómo el Señor distribuye su tiempo y atiende a todos sus menesteres: ejerce el oficio de enseñar: —*en cuanto salieron de la sinagoga...*—, practica la vida social en casa de sus discípulos —*fueron a la casa de Simón y Andrés*—, lleva a cabo muchas curaciones, dedica parte de su tiempo a la oración —se *fue a un lugar solitario y allí oraba*—, y, por supuesto, también al descanso —*todavía muy oscuro se levantó*—. Podemos decir, ya de entrada, que el Señor nos enseña a distribuir nuestro tiempo para que no estemos ociosos, y para que podamos cumplir con todas nuestras obligaciones: *Todo tiene su tiempo, y todo cuanto se hace debajo del sol tiene su hora,* decía el Eclesiastés.[1] Es cierto que el desorden en la distribución de nuestro tiempo es en realidad pereza; como también lo es que no basta con trabajar durante el día, sino que hay que hacerlo bien (Mc 7:37).

* * *

El texto evangélico nos presenta al Señor haciendo curaciones. Las cuales son de dos clases: unas son corporales, mientras que las otras son expulsiones diabólicas.

Al curar el Señor las enfermedades corporales nos hace una demostración de su poder y de que nos ha librado de ellas. Esta liberación es sólo comenzada por ahora, pero es real y efectiva. Ante todo

---

[1] Ece 3:1.

supone la posibilidad de vivir la enfermedad como corredención. Al participar el cristiano de los sufrimientos y de la muerte de Cristo encuentra un sentido a sus propios dolores, haciendo que la enfermedad pueda ser llevada, no ya con resignación, sino con alegría. La enfermedad se convierte entonces en un regalo del Señor. Y no solamente ya no es un castigo por el pecado, sino que por ella y en ella pueden ahora manifestarse las obras de Dios (Jn 9: 1–3). En cuanto a la victoria definitiva sobre la enfermedad y la muerte, nos la consiguió el Señor con su resurrección, y tendrá lugar para nosotros cuando nuestros cuerpos sean también glorificados, a semejanza del suyo (Flp 3:21).

Las curaciones de posesos que aparecen en este pasaje, o en otros del Evangelio, si bien se refieren también sobre todo a enfermedades corporales —en cuanto que son una actuación del demonio sobre el cuerpo del poseso, o a través de sus órganos o facultades, pero sin que supongan un dominio de su espíritu—, pueden servir para recordarnos la victoria total del Señor sobre las enfermedades del espíritu, es decir, sobre el pecado. Cristo nos liberó del pecado, por el cual fuimos hechos esclavos del demonio. Y aquí la liberación es completa y definitiva, ya desde ahora (Ro 6: 10.14; 1 Jn 3:5; 2 Cor 5:21 y *passim*). A diferencia de lo que ocurre con las enfermedades corporales, en el pecado y en los desórdenes y secuelas de orden moral que le acompañan sí que hay siempre culpabilidad. De todo lo cual quiere el Señor curarnos por entero y ahora mismo, expulsando de nosotros todo dominio de Satanás, aunque sea el que pueda ocasionar un pequeño desorden. A nosotros nos toca el permitir que Él nos cure de ese modo. Porque cualquier desorden moral priva de la alegría, y, por consiguiente, es un obstáculo para el desarrollo de la vida espiritual. Efectivamente, allí donde el Evangelio habla de posesión diabólica, aparecen también la tristeza, la desesperanza y lo tétrico:

*Un Día en la Vida del Señor* 91

el endemoniado de Gerasa, que vivía entre sepulcros;[2] un joven, cuyo padre rogaba al Señor para que curase a su hijo, estaba poseído por un espíritu que *se apoderaba de él, lo derribaba y le hacía echar espumarajos y rechinar los dientes*;[3] otras veces se trata de un demonio mudo, que aísla a su víctima y le impide toda comunicación y trato con los demás;[4] incluso cuando el espíritu impuro es expulsado, vaga por lugares áridos y no encuentra nunca reposo.[5] Es importante, por lo tanto, que dejemos que el Señor limpie nuestro corazón. En cuanto haya en él cualquier amor que no esté dentro del amor del que habla el primer mandamiento, habremos perdido la libertad y la alegría.[6] San Juan de la Cruz decía que los apetitos privan al alma del espíritu de Dios y que, además, la cansan, atormentan, obscurecen, ensucian y enflaquecen.[7] Y el mismo Señor vincula la alegría al hecho de vivir la pobreza espiritual: *Bienaventurados los pobres de espíritu*.[8] Los santos amaron a Dios más que a ninguna otra cosa, y por eso vivieron como nadie la alegría, patrimonio exclusivo de ellos en realidad, primicia de la bienaventuranza eterna y señal de predestinación: ¿Quién ha pensado que la santidad pueda ser triste? Nuestro Dios es un Dios de alegría: *Dios no es un Dios de muertos, sino, de vivos,* decía el Señor, y añadía: *Muy equivocados andáis.*[9] Por eso pide al Padre, en la gran oración de despedida, que sus discípulos compartan plenamente su propia alegría (Jn 17:13);

---

[2] Mc 5:3 y *loc. par.*
[3] Mc 9:18 y *loc. par.*
[4] Lc 11:14.
[5] Mt 12:43 y *loc. par.*
[6] "¿Estás triste? Piensa: hay algún obstáculo entre Dios y yo." J. Escrivá de Balaguer: *Camino*, n. 662.
[7] *Subida*, 6, 1.
[8] Mt 5:3. El salmo 97:11 reserva la alegría para los rectos de corazón.
[9] Mc 12:27.

y les hace, además, una promesa formidable: Y *nadie será capaz de quitárosla.*[10]

El pasaje de hoy nos habla también de la oración del Señor: *De madrugada, todavía muy oscuro, se levantó y se fue a un lugar solitario, y allí oraba.* Es la oración elevándose a Dios mucho antes del amanecer: *En las vigilias meditaré de ti.*[11] La primera tarea, antes de que comiencen las otras del día. Primera en el tiempo porque es la primera en importancia; tanta cuanto que Dios es más importante que todo lo demás. Silencio sagrado, sosegado y tranquilo de ese bello instante de la noche que ya precede al día:

> *La noche sosegada*
> *en par de los levantes de la aurora.*

Momento solemne en que parece que el tiempo se detiene y que Dios está más cerca de nosotros. Quien no haya hablado con Dios en esos momentos no sabrá lo que es un diálogo de amor. El silencio del alba es imponente, misterioso, bello, insinuante y hablador; pone por un instante a las cosas entre paréntesis, para que nos encerremos dentro de él a dialogar con el Amor. Pero poner las cosas entre paréntesis no es quitarles su importancia; es solamente darnos la posibilidad de volvernos a su Autor, al que es más importante y hermoso que todas ellas. Porque fácilmente aprendemos los hombres a hablar, pero difícilmente a callar. Y sin embargo, Dios nos habla mejor en el silencio, en un silencio que entonces se hace sonoro y coloquial, capaz de dejarnos oír una música que no se puede interpretar con instrumentos humanos, imposible de ser comunicada, y

---

[10] Jn 16:22. Cfr. 15:11.
[11] Sal 63:7.

tanto más callada, secreta y silenciosa cuanto más se la intentara explicar a los otros:

> *la música callada,*
> *la soledad sonora...*

Pero si alguno es capaz de oír esa voz, y es tan generoso como para abrir la puerta de su corazón, entonces se produce lo maravilloso: la amistad y la intimidad con Dios, el amar al Amor y el ser amado por él: *Mira que estoy a la puerta y llamo; si alguno escucha mi voz y abre la puerta, yo entraré a él y cenaré con él y él conmigo.*[12] Y hay que observar bien que no dice el Señor: y cenaremos juntos, sino que dice: yo cenaré con él y él cenará conmigo. Es el amor, igualando, intimando, realizando el tú a tú, entregándolo y recibiéndolo todo, borrando diferencias, anulando desniveles, quitando distancias, haciendo la reciprocidad. Hermoso es cuando aman los hombres, pero divino cuando es el mismo Amor el que se enamora. Increíble y fascinante para el hombre: sentirse objeto de amor por parte del Amor enamorado. Por eso San Juan de la Cruz acaba así su estrofa:

> *La cena que recrea y enamora.*[13]

Los apóstoles buscan al Señor, que está orando, y le dicen que se vaya a atender a la gente, puesto que todos le andan buscando. Pero el Señor prefiere dirigirse a otro lugar: *Vamos a otra parte, a las aldeas próximas, para predicar allí, pues para esto he salido.* ¿Por qué esta actitud del Señor? Ante aquellas gentes que ya le conocen,

---

[12] Ap 3:20.
[13] S. Juan de la Cruz, *Cántico Espiritual*, 15.

que le buscan con ansia, y con las cuales tiene asegurado el éxito, él, sin embargo, toma otro camino: ¿Por qué?

*¡Vamos a otra parte!* El apóstol no busca el éxito, sino el ser oído por el mayor número. Es también itinerante, y su destino no puede ser otro sino el ancho mundo: *Id por todo el mundo y predicad el evangelio a toda creatura;*[14] *seréis mis testigos en Jerusalén, en toda Judea, en Samaría y hasta el extremo de la tierra.*[15] No puede fijar en lugar alguno ni sus pies ni su corazón: *Cuando os persigan en una ciudad, huid a otra; y si en ésta os persiguen, huid a una tercera. En verdad os digo que no acabaréis las ciudades de Israel antes de que venga el Hijo del Hombre.*[16] Por eso San Pablo citaba con entusiasmo el pasaje de Isaías: *¡Qué hermosos son los pies de los que evangelizan el bien!*[17] Porque el corazón del apóstol es tan grande como el mundo, y lo mismo que le ocurría a Santa Teresa de Lisieux, no podrá descansar definitivamente mientras queden hombres que aún no conozcan y amen a Dios. Igual que ocurre en las películas del oeste americano, o en los telefilmes: cuando el bueno de turno, o el detective inteligente, han terminado la labor de pacificar un pueblo o de resolver un caso difícil, se marchan a otro lugar; y allá quedan los parabienes, las gentes alegres y la justicia restablecida, mientras que el héroe se ha marchado, porque le esperan en otro sitio. *No acabaréis las ciudades de Israel antes de que venga el Hijo del Hombre...*[18] Sí, es mucho lo que hay por hacer, mientras que el tiempo, sin embargo, es breve (1 Cor 7:29). Por eso tendremos que irnos enseguida a otra parte: porque para eso hemos venido.

---

[14] Mc 16:15; cfr. Mt 28:19.
[15] Hech 1:8.
[16] Mt 10:23.
[17] Ro 10:15.
[18] Mt 10:23.

# VII

# PARÁBOLA DE LAS DIEZ VÍRGENES

*Entonces el reino de los cielos será semejante a diez vírgenes que, tomando sus lámparas, salieron al encuentro del esposo. Cinco de ellas eran necias y cinco prudentes; las necias, al tomar las lámparas, no tomaron consigo aceite, mientras que las prudentes tomaron aceite en las alcuzas juntamente con sus lámparas. Como el esposo tardaba, se adormilaron todas y se durmieron. A la media noche se oyó un clamoreo: Ahí está el esposo, salid a su encuentro. Se despertaron entonces todas las vírgenes y se pusieron a preparar sus lámparas. Las necias dijeron a las prudentes: Dadnos aceite del vuestro, porque se nos apagan las lámparas. Pero las prudentes respondieron: No, porque podría ser que no bastase para nosotras y vosotras; id más bien a la tienda y compradlo. Pero mientras fueron a comprarlo llegó el esposo, y las que estaban preparadas entraron con él a las bodas y se cerró la puerta. Llegaron más tarde las otras vírgenes, diciendo: Señor, Señor, ábrenos. Pero él respondió: En verdad os digo que no os conozco. Velad, pues que no sabéis el día ni la hora.*

(Mt 25: 1–13)

Comenzar una parábola diciendo que *el Reino delos Cielos es semejante a...*, equivale a decir que "con el Reino de los Cielos ocurre algo semejante a lo que ocurre con..." Es una analogía de situaciones, de la que se trata de extraer alguna moraleja o lección principal, además de algunas otras secundarias, pero que suelen tener también gran importancia.

Para entender mejor esta parábola, conviene que echemos mano de la imaginación y nos traslademos con ella a lo que era una boda de la Antigüedad. Ya el comienzo de la parábola es solemne y bello: *El Reino de los Cielos es semejante a diez vírgenes que tomando sus lámparas, salieron al encuentro del esposo.* Pero antes de entrar en su comentario conviene que hagamos dos advertencias:

La primera para hacer notar que lo que vamos a decir aquí de las vírgenes tendría que referirse, en realidad, a la esposa. Las vírgenes eran las acompañantes. Pero la trasposición es correcta, pues la Esposa del Cordero no es sino la Iglesia, a la que estamos incorporados; además, el texto mismo introduce también a las vírgenes en la fiesta nupcial, cuando habla de que aquellas que estaban preparadas entraron con el esposo a las bodas. Por eso, en las consideraciones que vamos a hacer, podemos vernos nosotros mismos personificados en las vírgenes, e igualmente como siendo objeto del amor del Esposo.

La segunda advertencia debe aclarar que, si bien las vírgenes aparecen en la parábola como saliendo al encuentro del esposo, en realidad la iniciativa es de éste. Si las vírgenes caminaron al encuentro del esposo es porque él las había llamado y las esperaba: *Nadie puede venir a mí si el Padre, que me ha enviado, no le trae.*[1] El

---

[1] Jn 6:44.

salir al encuentro del Esposo es ya una gracia (Jn 15:16). El Cantar de los Cantares nos habla de la iniciativa del Esposo, y pone en su boca las palabras con las qué llama a la esposa:

> *Levántate, amada mía, hermosa mía, y ven:*
> *Que ya ha pasado el invierno*
> *y han cesado las lluvias.*
> *Ya han brotado en la tierra las flores,*
> *ya es llegado el tiempo de la poda*
> *y ya se deja oír en nuestra tierra*
> *el arrullo de la tórtola.*
> *Ya ha echado la higuera sus brotes,*
> *ya las viñas en flor esparcen su aroma.*
> *Levántate, amada mía, hermosa mía, y ven.*
> *Ven, paloma mía,*
> *que anidas en las hendiduras de las rocas,*
> *en las grietas de las peñas escarpadas.*
> *Dame a ver tu rostro, dame a oír tu voz,*
> *que tu voz es suave, y es amable tu rostro.*[2]

La llamada, la iniciativa, y el dar la posibilidad de responder a la llamada, pertenecen al Esposo. Pero la generosidad y la respuesta son también nuestras, y precisamente de esto nos va a hablar la parábola porque, aunque muchos fueron los llamados, no todos respondieron de la misma manera (Mt 20:16; 22: 2–14); y pronto vamos a ver cómo la parábola nos va a hacer una clasificación de las vírgenes según el modo como se prepararon para recibir al Esposo, es decir, según la generosidad con que respondieron a su llamada.

---

[2] Ca 2: 10–14.

Porque algunas fueron prudentes, pero otras, por el contrario, fueron necias: según la parábola, mitad por mitad, más o menos.

## "...Es semejante a diez vírgenes que, tomando sus lámparas, salieron al encuentro del esposo"

Debemos comenzar llamando la atención sobre algo importante y que podría pasarnos desapercibido. Las vírgenes salieron al encuentro de alguien, pero ese alguien es, precisamente, un Esposo.[3] No debemos olvidar esto. Ese alguien que nos llama, y a cuyo encuentro salimos, nos llama como Esposo. Por eso la historia que va a contarnos la parábola es una historia de amor. Salimos al encuentro de alguien que nos llama; pero tanto la llamada como la respuesta se refieren a lo mismo: se trata de amar y de ser amados. Y no de cualquier manera, sino hasta la unión total, hasta la consumación del amor: se trata de una verdadera fiesta nupcial. Si poseemos la fe, o mejor, si la fe nos posee a nosotros, es porque hemos sido llamados y elegidos; ahora bien, esa llamada y esa elección lo son precisamente al amor, y no a otra cosa. Hemos sido llamados por el Amor para el amor. Es decir, para amar al Amor y para ser amados por Él.

De ahí que la vida cristiana no pueda ser mediocridad. No es una lucha por cumplir un mínimo o por evitar los pecados simplemente. No es tampoco un intento de ser mejores, y ni siquiera de ser santos, por decirlo así. La vida cristiana es una llamada para amar y una

---

[3] Dice la Vulgata que salieron al encuentro del esposo y de la esposa. Pero parece que lo de la esposa es una adición al original, y de todas maneras la cuestión no tiene interés para nuestro caso. Bastante después de que fuera redactada esta meditación salió la Neo–Vulgata, y, en efecto, ya con el texto corregido que es por lo tanto el definitivo: Las vírgenes, dice, 'exierunt obviam sponso."

respuesta afirmativa al amor. La oración, por ejemplo, no puede reducirse a una práctica rutinaria; o a un examen de conciencia, en el que pasamos lista a nuestros defectos; o a una elaboración de propósitos más o menos sinceros. La oración es una lucha con el Señor (Col 4:12). Es un combate en el cual, los que se aman mutuamente, pugnan por entregarse y recibirse por entero. Combate de corazones y de generosidades, en el que habremos vencido cuando hayamos sido derrotados por el Esposo. Así luchó Jacob con el ángel, es decir, con Dios.[4]

La vida cristiana es una lucha de amor entre Dios y nosotros, una historia del Esposo y de la esposa: la vida cristiana es una historia de amor. El Cantar de los Cantares pone en labios de la esposa, refiriéndose al esposo, unas palabras que son la clave de nuestras relaciones con Dios:

*La bandera que contra mí ha alzado*
*es bandera de amor.*[5]

Se trata, por lo tanto, de un verdadero desafío, en el cual el Señor quiere entregársenos, y en el cual espera ser correspondido de la misma manera. La vida cristiana supone una moral y una fidelidad, pero después y como consecuencia; antes que eso, y sobre todo, es

---

[4] Ge 32: 25–32. Cfr. M. Molinie: *Le Combat de Jacob*, Paris, 1967.

[5] Ca 2:4. No parece aceptable la Interpretación minimizante del Cantar que hace *La Bible de Jérusalem*, Paris, 1973, pág. 946, según la cual el libro no es más que una colección de cantos que celebran el amor humano en el matrimonio. Su Interpretación alegórica, extensiva también al amor entre Dios y el hombre, es mantenida por muchos. A. Feuillet, por ejemplo, rechaza la Interpretación restrictiva de *La Bible de Jérusalem* en: "Jalons pour une Meilleure Intelligence de L'Apocalypse," *Esprit et Vie*, 85 (1975) 220; cfr. también, del mismo autor, *Etudes d'Exégèse et de Théologie Blblique (Ancien Testament)*, Paris, 1975, págs. 281 y ss.

amor. Primero el amar; luego y como consecuencia, la fidelidad, el guardar la palabra que de Él hemos recibido (Jn 14:23),

En este combate de amor salen malparados la mediocridad, el "cumplimiento", la mezquindad, el cálculo y la medida, la ruindad y la cicatería. El amor ama sin medida o no es amor. Por eso el Señor nos enseña acerca de cómo hemos de proceder, y nos advierte que Él nos responderá según nuestra propia generosidad.

>    —*Dad y se os dará; una medida buena, apretada, colmada, rebosante... La medida que con otros uséis, esa se usará con vosotros.*[6]

Al decirnos el Señor que usemos una medida *buena*, *apretada*, *colmada*, *rebosante* (nótese la acumulación de adjetivos), sin duda nos está animando a que amemos sin medida. Es muy importante la advertencia de que Él se nos entregará en la misma medida en que nosotros lo hagamos: la medida que uséis será la que se use con vosotros. Aunque claro está que al ser Él más grande que nosotros, cuando se nos entregue totalmente, recibiremos mucho más de lo que damos:

>    —*Y todo el que dejare hermanos o hermanas, o padre o madre, o hijos o campos, por amor de mi nombre, recibirá el céntuplo y heredará la vida eterna.*[7]

A veces la vida cristiana se hace monótona, y queda reducida a unas prácticas piadosas que dejan al alma fría e indiferente; la oración puede convertirse en algo acongojante y aburrido, antes de ser abandonada del todo; el sacrificio y el cumplimiento del deber pueden llegar a ser insoportables. Pero todo esto ocurre por falta

---

[6] Lc 6:38.
[7] Mt 19:29.

de amor. Porque, al ser nosotros mezquinos con el Señor, le impedimos su generosidad con nosotros. En vez de existir entre Él y nosotros aquellas relaciones de las que habla el Cantar de los Cantares —relaciones de amor, encuentro del esposo con la esposa, entrega y donación mutuas—, todo queda reducido, por el contrario, a las relaciones mínimas que pueden mediar entre dos desconocidos: *Yo no os conozco,* les dice el Señor a las vírgenes necias, a aquellas que no podrán entrar con Él a las bodas.[8]

En cierta ocasión el Señor se quejó de nuestra mezquindad en nuestras relaciones con Él. Son unas palabras que dirigió a Simón el fariseo, estando invitado por éste a comer en su casa, pero que también se pueden aplicar a nosotros:

> *—¿Ves a esta mujer? Entré en tu casa y no me diste agua para los pies; mas ella los ha regado con sus lágrimas y los ha enjugado con sus cabellos. No me diste el beso; pero ella, desde que entré, no ha cesado de besarme los pies. No ungiste mi cabeza con óleo, y ésta ha ungido mis pies con ungüento.*[9]

Es una queja de amor. Pues sucede que, a lo más que llegamos, cuando llegamos, es al mínimo. Quizás hasta nos planteamos el problema de ser mejores, pero nunca el de amar: *No me diste el beso...* ¡Cuánto insinúan estas palabras del Señor...! Simón el fariseo le llevó a su casa y cumplió con el mínimo; pero sólo con el mínimo. Desconocemos los motivos que tuvo para invitar a su casa al Señor —serían buenos, sin duda—, pero podemos estar seguros de que ninguno de ellos fue el del verdadero amor.

---

[8] Cfr. Mt 7:23.
[9] Lc 7: 44–46.

El Señor no quiso tener con nosotros relaciones mínimas de cortesía, sino relaciones de amor. El que viene al encuentro de las vírgenes lo hace como Esposo, y es Aquel mismo que nos dijo: *Ya no os llamo siervos, sino amigos*;[10] o Aquel de quien dijo el Apóstol: *Ya no vivo yo, es Cristo quien vive en mí*;[11] o de quien confesaba la esposa del Cantar: *La bandera que ha alzado contra mí es bandera de amor.*[12]

Los cristianos llegamos a amar a Dios, pero solamente los santos se enamoran de Él. Por eso, a menudo, las curias eclesiásticas, las instituciones, las actuaciones y los discursos clericales ofrecen un aspecto artificioso y correcto, a la vez que triste; les faltan la luz y la alegría que solamente pueden irradiar los santos: San Pablo, San Francisco de Asís, Santa Teresa, San Francisco Javier... Aquellos de los que algunos decían que, como Elías, también ellos tendrían que venir por segunda vez; si es que Dios no prefiriera suscitar otros en el supuesto de que el mundo aún fuera capaz de merecerlos.

\* \* \*

Hemos dicho que la historia de las diez vírgenes, como la de toda vida cristiana, es una historia de amor. Pero es también una historia de alegría. Pues si hemos sido llamados al amor, es que hemos sido llamados a la alegría: el que viene a nuestro encuentro es el Esposo, y viene como esposo; pero el Señor había dicho claramente:

—*¿Es que pueden llorar los compañeros del Esposo mientras está con ellos el Esposo?*[13]

---

[10] Jn 15:15.
[11] Ga 2:20.
[12] Ca 2:4.
[13] Mt 9:15.

La presencia del Esposo, y la intimidad con Él, hacen imposible la tristeza. Inefable y misteriosa alegría la de los santos. Porque si se dijo, con verdad, que no hay más que una tristeza, la de no ser santos, es cierto entonces que no hay más que una alegría, la de la santidad. Pero, puesto que el mundo va huyendo de la santidad para buscar su alegría, se condena para siempre a la tristeza.

La vida cristiana no es solamente ausencia de tristeza, imposibilidad de llanto. Eso sería lo negativo, cuando la vida cristiana es total positividad. En realidad la presencia del Esposo supone la alegría, el gozo completo. El Evangelio lo dice también, poniéndolo esta vez en boca del Bautista:

> —*El amigo del Esposo, que le acompaña y le oye, se alegra grandemente al oír la voz del Esposo. Así mi gozo es completo.*[14]

La alegría cristiana no es la serena paz de una conciencia tranquila. Es gozo desbordante, salvaje, embriagador y, sobre todo, inexpresable para quien lo posee e incomprensible para quien no lo haya conocido.

En el amor humano del matrimonio hay al principio el amor espiritual–carnal de los desposorios. El paso del tiempo lo cambia de signo, aunque el amor entre los esposos no tenga por qué verse disminuido y sí más bien acrecentado. Pero el amor entre Dios y el hombre, que también va aumentando y purificándose por parte de este último, no cambia de signo: es siempre el amor primero de los desposorios, y no deja de ser nunca una fiesta nupcial. En el matrimonio, los esposos van viendo crecer su mutuo amor y, al mismo tiempo, el paso de los años va cambiando de sentido ese amor. En los desposorios divino–humanos, el Esposo y la esposa son siempre dos

---

[14] Jn 3:29.

enamorados; aquí el paso de los años no cambia de signo el amor "de los primeros días;" más bien ocurre lo contrario, porque lo va ahondando en profundidad y novedad: en el amor divino–humano cada día que pasa es aún más la mañana que sigue al primer encuentro de amor. Y como este amor no depende de la carne en el mismo sentido en que lo hace el amor conyugal, posee siempre la belleza, la emoción, la ternura, la alegría y el asombro del amor de dos primerizos enamorados: *Alegrémonos y regocijémonos, porque han llegado las bodas del Cordero y su Esposa está dispuesta... Bienaventurados los invitados al banquete de bodas del Cordero.*[15]

Cuando se llega a este punto hay que ir orillando el tema. Porque el amor entre Dios y el hombre no admite descripciones, sino aproximaciones y analogías, que siempre son insuficientes. Podrá decirse que no es esto o aquello, o que es distinto del amor humano en tales o cuales aspectos; pero es imposible describir aquello en lo que consiste. Porque no habiendo entrado nunca en nuestro conocimiento —el cual necesita la puerta de los sentidos— nada que se le pueda parecer; ni pudiendo poseer nuestra mente, en este mundo, conceptos adecuados o precisos, sucede que lo que Dios ha preparado para los que le aman, se queda para siempre, aquí abajo, en el secreto incomunicable que yace en el corazón de los suyos (1 Cor 2:9).

## "Cinco de ellas eran necias y cinco prudentes; las necias no tomaron consigo aceite..."

Las vírgenes respondieron a la llamada del Esposo, pero no todas de la misma manera. Lo cual se debió a que no todas eran iguales:

---

[15] Ap 19: 7.9.

en efecto, cinco de ellas eran necias, y las otras cinco eran prudentes. En cuanto a la razón que explica la prudencia o la necedad de unas y de otras la da el evangelio enseguida: algunas, además de las lámparas se proveyeron también del aceite que necesitaban; en cambio otras, aunque llevaron sus lámparas, no se procuraron aceite para alimentarlas. Es decir: algunas se preocuparon de lo que era necesario para recibir al Esposo, pero otras, sin embargo, no lo hicieron. Lo que equivale a decir que algunas tenían interés verdadero en recibirlo, pero otras no lo tenían. Dicho de otro modo: algunas estaban enamoradas del Esposo, pero no las otras. Porque, aunque todas fueron igualmente llamadas, y todas anduvieron mezcladas, y todas esperaron al Esposo, no todas estaban enamoradas. Lo prueba el hecho de que algunas no llevaron aceite consigo, es decir, no tuvieron voluntad de poner los medios que les hubieran permitido recibir al Esposo.

Pero la lámpara no puede arder sin aceite. Y si no arde, no puede dar luz ni calor. Por eso, así como el hombre que está enamorado de Dios es como una lámpara encendida, que esparce a su alrededor luz y calor —luz que guía el entendimiento y calor que enciende el corazón—, el que no lo está no puede iluminar ni encender a nadie. Este último es una lámpara apagada, que ni arde ni ilumina, porque no está enamorado. El Señor nos exhortaba con ilusión para que brillásemos: *Luzca vuestra luz ante los hombres....*[16] Y el Apóstol nos lo recordaba con cariño: *Ahora sois luz en el Señor; andad, pues, como hijos de la luz.*[17] De ahí que sea tarea poco menos que inútil tecnificar el apostolado si el apóstol no está enamorado de Dios: *Yo he venido a la tierra a traer fuego.*[18] El malestar, más o menos cons-

---

[16] Mt 5:16.
[17] Ef 5:8.
[18] Lc 12:49.

ciente, que producen entre los fieles ciertas exhortaciones, discursos o documentos de algunos Pastores, se explica, quizás, porque están tan sobrados de tecnicismo como faltos de amor; o tan preocupados por diagnosticar la dolencia del enfermo que se olvidan de hablar del Médico que podría curarla; o tan ansiosos de manifestar una preocupación por los hombres, como escasos del único amor que los hombres buscan y necesitan en realidad, que es el amor de Dios. Los hombres van sintiéndose cansados de que les hablen de ellos mismos, y por eso buscan cada vez más, aunque no lo reconozcan, que les hablen de Dios.

La ausencia de Dios puede producir en el apóstol el más grande vacío, tanto más cuanto que el corazón humano posee una receptividad infinita, según decía San Agustín. Este vacío convertirá al apóstol en un ser desesperado. Si es sacerdote, por ejemplo, tratará de aturdir a los hombres con mucho ruido: les hablará constantemente de ellos mismos, les pondrá ante los ojos sus problemas y sus heridas, e incluso los ahondará más; pero no podrá ocultar su propio vacío, al mismo tiempo que hará aún más grande el de sus hermanos. Un apóstol fracasado en el amor es una esquizofrenia, un ser dividido y en contradicción consigo mismo, que no producirá sino divisiones y desgarros. Por eso, para llegar a ser apóstol, hay que superar el examen del amor.

Cuando se trata de la formación de sacerdotes quizás no habría que insistir tanto en que sean buenos pastoralistas, sin que esto suponga, ni mucho menos, desdeñar su preparación; pero es más importante conseguir que lleguen a ser hombres sencillos y enamorados, verdaderos apóstoles que sepan hablar mucho de Dios a los hombres y mucho de los hombres a Dios. Para amar de verdad a los hombres hay que estar enamorados de Dios (1 Jn 5:2). A los candidatos no se les debería permitir el acceso al sacerdocio si no tuvieran corazón para enamorarse del Amor, pero hasta el fin (Jn 13:1). Ni siquiera tendría que ser obstáculo, cuando ocurre eso, el que se prevea que los candidatos pueden llegar a ser buenos teólogos, excelentes pastoralistas, exegetas brillantes o predicadores insignes; aunque los candidatos sean hombres bondadosos, o incluso tengan interés por mejorar; aunque les preocupen los problemas de los hombres, o sufran por los pobres y los oprimidos; aunque deseen ser pobres o estén dispuestos a quemar su vida; aunque sean sabios, o conocedores del corazón humano. Todo eso está bien, pero no les servirá de nada si no saben amar (1 Cor 13: 1–3). Sería mucho mejor, en ese caso, buscar hombres sencillos, humildes, incapaces de buscar su propia vida pero capaces de darla: hombres, en fin, que sepan amar.

## "Como el Esposo tardaba, se adormilaron todas y se durmieron"

Este versículo hace patentes dos hechos: el primero se refiere a que el Esposo se hace esperar. El segundo es consecuencia del primero: ante la realidad de que el Esposo tarda, acecha el peligro, para los que esperan, del cansancio, del adormecimiento, de la posibilidad de llegar a conformarse con establecerse y no esperar más. Procuraremos verlo más detalladamente.

Hay que advertir, ante todo, que la situación que describe la primera parte del versículo es una situación necesaria en el sentido de que tiene que darse, al menos en la presente economía de gracia. En cambio la que describe la segunda parte del versículo es accidental, en el sentido de que no tendría por qué darse. La segunda situación que se contempla puede ocurrir, y generalmente ocurre; la primera, en cambio, tiene que ocurrir necesariamente.

La situación de tardanza del Esposo viene a coincidir, en cierto modo, con el tiempo de nuestra vida. Decimos en cierto modo porque, como veremos después, el Señor anticipa de alguna manera su llegada. Hay una llegada definitiva en la que las nupcias se consuman totalmente y para siempre; pero hay también una cierta posesión anticipada del Esposo, en forma de primicias o arras, que se da ya en la etapa del peregrinar terreno. De todas formas, en ambos modos de posesión el Esposo se hace esperar. Mientras tanto el hombre enamorado, porque ama cree en el Esposo, y porque cree en Él lo espera confiadamente. El tiempo de espera es siempre el tiempo de convivir las tres virtudes teologales.

Dejemos de lado los motivos de la tardanza del Esposo y veamos, más bien, cuál ha de ser nuestra actitud durante la espera. En realidad no puede ser otra sino la de espera ansiosa y amorosa. La esposa esperará siempre la llegada de su Esposo con ansias, con nostalgias por su ausencia, con deseos impacientes de su venida, con el anhelo de un amor que sólo puede verse satisfecho con la presencia y el gozo del Amado: como el ciervo ansia las fuentes de agua (Sal 42:2), y como lo expresaba el Doctor Iluminado:

> *Iba el amigo deseando al amado,*
> *Y se encontró con dos amigos, quienes,*
> *Con amor y llanto, se saludaron, se abrazaron*
> *Y besaron. Desmayóse el amigo, pues tan*
> *Vivamente le hicieron memoria de su Amado.*[19]

---

[19]Raimundo Lulio, *Libro del Amigo y del Amado*, pág. 59.

Al hablarnos el Evangelio de la tardanza del Esposo, y al hacernos notar la posibilidad del cansancio y del olvido por nuestra parte, nos está haciendo una llamada para que consideremos nuestra situación. Se trata de esto: ¿Cómo esperamos al Esposo? ¿Lo esperamos siquiera? Porque en un mundo que quizás ya no espera al Esposo, la desesperanza, la amargura, la tristeza, el vacío y el desamor pueden ser el infierno anticipado, lo mismo que la gracia es ya el cielo comenzado. Un cristiano que no espere ansiosamente, no está preparado para dirigirse a un mundo que parece haber perdido la esperanza.[20] Un apóstol —y menos aún si es sacerdote— que no sienta en su corazón la impaciencia agobiante por el encuentro con el Señor, no hará otra cosa que confundir a sus hermanos. El evangelio no admite ni siquiera la tranquilidad que nace de la confianza en que el Esposo tardará; tranquilidad falsa y engañosa, que conduce a los que la poseen a compartir los modos y maneras del mundo. Estos tales son llamados por el Señor hipócritas (Mt 24: 48–51), sin duda porque no se puede llamar de otra manera a aquellos cristianos, que es decir apóstoles —sean seglares o sacerdotes—, que se atreven a presentarse como tales ante sus hermanos, sin estar devorados por el ansia del encuentro con su Señor. San Pablo decía que el premio es solamente para aquellos que desean y ansían su venida (2 Tim 4:8). Y el libro del Apocalipsis pone en boca del Espíritu, y de la Esposa, y de aquel que quiera escuchar, un mismo anhelo, que es el deseo irreprimible de la venida del Esposo:

> *Y el Espíritu y la Esposa dicen: Ven. Y el que escucha diga: Ven... Ven, Señor Jesús.*[21]

---

[20]Cfr. J. Ellul: op. cit., Paris, 1972.
[21]Ap 22: 17.20.

## Parábola de las Diez Vírgenes

Las vírgenes de la parábola —también las prudentes— se habían dormido. Sin embargo su actitud tenía que haber sido la de espera y búsqueda ansiosas del Esposo, tal como lo hizo la esposa del Cantar de los Cantares:

> *Abrí a mi amado, pero mi amado se había ido,*
> *desaparecido. Le busqué, mas no le hallé.*
> *Le llamé, mas no me respondió. Encontráronme*
> *los guardias que rondan la ciudad, me golpearon,*
> *me hirieron, me quitaron el velo*
> *los centinelas de las murallas.*[22]

Y un poco antes dice también:

> *Me levanté y recorrí la ciudad, las calles*
> *y las plazas, buscando al amado de mi alma.*
> *Busquéle y no le hallé. Encontráronme los guardias*
> *que hacen la ronda en la ciudad: ¿Habéis visto*
> *al amado de mi alma?*[23]

Búsqueda ansiosa y apresurada, espera anhelante y nostalgia de la ausencia. Todo porque la esposa está verdaderamente enamorada.

> *Os conjuro, hijas de Jerusalén,*
> *que si encontráis a mi amado*
> *le digáis que desfallezco de amor.*[24]

---

[22] Ca 5: 6–7.
[23] Ca 3: 2–3.
[24] Ca 5:8.

No puede tratarse de cualquier amor. Ni siquiera es un amor muy grande, sino mucho más que eso: es un amor que hace morir, con muerte producida precisamente por la ausencia del Amado. En un mundo como el nuestro, todavía la muerte de amor sigue siendo la más bella de las muertes; y la única digna del hombre, desde el momento en que también el Señor Jesús murió en la cruz, de amor y por amor.

\* \* \*

Pero esta actitud, de espera ansiosa y de búsqueda amorosa del Esposo, no puede darse si el hombre no está enamorado de su Dios. San Juan de la Cruz lo decía muy bellamente en la primera de las estrofas del Cántico:

> *Como el ciervo huiste,*
> *habiéndome herido;*
> *salí tras ti clamando, y eras ido.*

Donde la esposa sale clamando tras el Esposo, pero porque primero se sintió herida de él con herida de amor.

Pero Dios nunca falta a nadie. Él se manifiesta siempre a aquel que generosamente se le entrega.

Todos los hombres tienen que hacer su opción en favor o en contra de Dios. Algunos reconocen fácilmente que no se bastan a sí mismos, y no sienten pena alguna en admitir su dependencia. Saben que no agotan en ellos mismos ni la bondad, ni la hermosura, ni la verdad, y se alegran de reconocerlas en donde están. Por eso son humildes y sencillos, y no dudan en poner su confianza en Alguien a

*Parábola de las Diez Vírgenes* 113

quien, de algún modo, descubren como mejor y como más grande que ellos. Se saben pequeños y limitados y se alegran de serlo; pues aman la verdad, y son como niños que aún no han aprendido a mentir. Y no debemos olvidar que se dijo que de los niños es el Reino de los Cielos (Mt 18:3).[25] De ahí que quien no reciba así la llamada del Amor, jamás se sentirá enamorado (Mc 10:15), y nunca entenderá la espera amorosa de las vírgenes, impacientes por la llegada del Esposo. Desde que el Amor se hizo niño, nadie que no lo sea llegará jamás a entenderlo.

Por lo cual nadie debe atreverse a acceder al sacerdocio, que es oficio de amor, sin haber aprendido primero a ser humilde; o mejor, a ser niño. Porque hay que saber reconocerse como pequeño, a fin de no tener inconveniente en desaparecer y dejar así que Cristo ocupe el lugar de la propia vida.[26] Ahora bien, el llegar a ser verdaderamente niños solamente lo consiguen los hombres; se necesita, por lo tanto, una gran madurez. Y de ahí que digan algunos que una de las causas de la gran crisis que sufre el clero se debe a la ligereza en ordenar a jóvenes inmaduros.[27]

---

[25] Cfr. Mt 11:25; Lc 10:21.

[26] "...los presbíteros, por la unción del Espíritu Santo, quedan sellados con un carácter particular, y así se configuran con Cristo sacerdote, de suerte que puedan obrar como en persona de Cristo cabeza", Vaticano II: Sobre el ministerio de los presbíteros, nº 2. En el nº 6 se dice también: "Los presbíteros, que ejercen el oficio de Cristo, Cabeza y Pastor, según su parte de autoridad...", etc.

[27] L. Bouyer, *La Descomposición del Catolicismo*, Barcelona, 1969.

## "A la media noche se oyó un clamoreo: Ahí está el esposo, salid a su encuentro"

En "Esperando a Godot", los personajes de Samuel Beckett esperan a alguien que, en realidad, no llega nunca. Con ello parece querer decirnos el autor que a Dios se le puede esperar, pero en vano, porque nunca llegará. Pero no es cierto. Dios llega siempre, incluso aunque no se le espere. La parábola de las diez vírgenes nos dice que el Esposo llegó por fin, precisamente hacia la media noche, cuando ya parecía que no llegaría y apenas si se le esperaba. Y el autor de la Carta a los Hebreos lo dice con gran energía: *Aún un poco de tiempo, pero el que ha de venir llegará sin tardar;*[28] mientras que el libro del Apocalipsis lo anuncia con una fórmula enfática: *Yo soy el que es, el que era, el que viene, el Todopoderoso.*[29]

Dios llega por fin. Su llegada definitiva para cada uno coincide siempre con el final del período de prueba. Y llega, según la parábola, hacia la media noche; es decir, en un momento inesperado y a primera vista inoportuno. A la mitad de la noche viene a significar algo así como a la mitad de la vida, o al menos a la mitad de lo que nosotros consideraríamos que podía haber sido nuestra vida. Se dice que nos sorprende a la mitad de la noche porque, cuando llegue, siempre estaremos a la mitad de la tarea: a la mitad de la realización de nuestros planes, de nuestros proyectos, de nuestras ilusiones. En realidad la vida nos será quitada —o robada, que es casi la expresión que utiliza la Biblia— cuando menos lo pensemos (Mt 24: 42-44).[30]

Pero, lo mismo que dijimos más arriba, también aquí podemos hablar de una anticipación de su llegada; a lo cual, sin duda, tam-

---

[28] Heb 10:37.
[29] Ap 1:8.
[30] Cfr. también Mc 13: 32–36 y Lc 21: 34–36.

bién se refiere la parábola. Porque antes de llegar definitivamente, Dios llega a nosotros de muchas maneras. Hemos sido llamados a gozar de su amistad e intimidad, pero ya desde ahora, aunque luego éstas tengan su consumación en el Reino. Es refiriéndonos a estas relaciones, ya comenzadas y actuales, como podemos hablar también de espera, de tardanza o de llegada.

Según esto, el Esposo llega ya desde ahora. Pero llega, siempre según la parábola, a la media noche. Decía San Juan de la Cruz, el gran maestro de las "Noches", que la mitad de la noche es el momento más obscuro de ella, igualmente alejado del crepúsculo de la tarde y de la incipiente luz del alba. En efecto, durante el tiempo de nuestro peregrinar terreno, el Esposo llega y se da a conocer en medio de la obscuridad, en la tiniebla. La parábola lo supone así, pues llega el Esposo a la mitad de la noche y sólo después tiene lugar la entrada en el festín nupcial. Para San Juan de la Cruz, la luz de la fe es al mismo tiempo tiniebla, pero tiniebla que puede guiar al hombre con toda seguridad. Dios no puede ser para el hombre, en este mundo, sino tiniebla, pero tiniebla que es más luminosa que el día más claro. Desde la tiniebla hablaba Dios a Moisés,[31] y desde la tiniebla de la fe empieza el hombre a conocer a Dios y a comunicarse con Él. Y así tiene lugar, en esta comunión, un diálogo amoroso que es para el hombre, a la vez, tan claro como obscuro. Pues siendo diálogo de amor, cuyo origen primero es siempre Dios, y puesto que el amor que Él siente por la esposa es algo que excede a todos los conceptos y sentimientos humanos, ella *siente* y *sabe* que allí está el Esposo, pero sin que pueda explicarlo, ni siquiera a sí misma. Así es como se comunica, dentro de la más densa obscuridad, la luz más clara, en

---

[31] El tema de la tiniebla divina tiene rango de gran categoría en la historia de la mística cristiana, en una línea que va, sobre todo, de San Gregorio de Nisa a San Juan de la Cruz, pasando por el Pseudo–Dionisio, Cfr., por ejemplo J. Danielou: *Platonisme et Théologie Mystique,* Paris, 1953, págs. 190 y ss.

una donación de sentimientos e ideas que son inexpresables, incluso para el que los recibe. Pero es más todavía, porque en realidad se trata de la comunicación de una Vida y de un Amor que excluyen todo intento de descripción, no ya en la esencia de lo que son, pero ni siquiera en sus efectos más derivados. En la comunicación de este Amor puede ocurrir que el hombre, al recibirlo, se sienta llegar al límite de sus posibilidades de resistencia y tenga que necesitar una ayuda especial de Dios. Porque este Amor es aplastante, devorador, envolvente, que hiere sin matar y hace arder sin consumir; pero deja siempre intacta, delicadamente, la peculiaridad del yo humano. El Apóstol habla expresamente de este amor divino por el hombre y viene a llamarlo así: aplastante, devorador, constriñente (2 Cor 5:14).[32]

\* \* \*

La llegada del Esposo se hace notar con fuerza. Se oyó un clamoreo. Es algo que precede y anuncia la llegada del Esposo. Será un clamor que apagará todos los otros ruidos, que siempre suelen ser demasiados en la vida de cada hombre, y que se desvanecerán ante el gran estruendo que producirá la llegada del Esposo. Para muchos será el momento de comprender que las cosas no importaban tanto, y que no valía la pena la demasiada atención que habían acaparado (Lc 10:41; Mt 16:26).

Hacia la media noche se oye el clamoreo que anuncia la llegada del Esposo. Ya hemos dicho antes que el Esposo habla desde la

---

[32] *Charitas Christi urget nos.* El verbo griego συνέχω significa "continere", "constringere", "impellere" (Zerwick, *Analysis Philologica Novi Testamenti Graeci*, Roma, 1966). El "urgere" latino de la Vulgata significa empujar, impeler, apretar, acosar.

tiniebla y en la tiniebla de la fe, pero lo hace con voz cada vez más fuerte. Su voz comienza a sonar en el secreto de esa tiniebla, pero cada vez lo va haciendo con más fuerza, con más amor, con más claridad de noticia. Es una voz oculta, secreta, íntima, inexpresable, tenebrosa y luminosa a la vez, descubridora al mismo tiempo que ocultante; que hiere de amor y que sana, todo junto, pero que con la cura produce una herida mayor; que alimenta saciando, a la vez que causa más hambre; que apaga nostalgias, mientras mata de pena por ausencias, por no haber llegado del todo el Amado; y es tan secreta e inefable como luminosa y clara, de tal modo que hace olvidar como vacías a todas las otras voces y a todas las otras enseñanzas (Mt 23:8; Jn 14:26).

Clamor, o clamoreo, viene a ser un término que, con respecto a otros, indica intensidad dentro de una cierta gradación: susurro, rumor, voz, vocerío, clamoreo. Es que la voz del Esposo se va haciendo cada vez más fuerte, en intensidad y en claridad. Lo que viene a querer decir en donación de amor y en exigencia de reciprocidad. Por eso el salmo: *La voz del Señor hace estallar llamas de fuego... La voz del Señor sacude el desierto... La voz del Señor es poderosa... La voz del Señor rompe los cedros.*[33]

**"Se despertaron todas las vírgenes... Las necias dijeron a las prudentes: Dadnos aceite del vuestro... No, porque podría ser que no bastase..."**

Ante la llegada inminente del Esposo, se levantaron las vírgenes y se pusieron a preparar las lámparas. Fue entonces cuando las ne-

---

[33] Sal 29.

cias comprobaron, consternadas, que no tenían aceite suficiente, y acudieron a las prudentes en petición desesperada. Petición angustiosa, pero imposible de ser atendida. La respuesta de las vírgenes prudentes, cortés pero negativa, aunque pueda parecer egoísta, era en realidad la única posible dentro de lo que es razonable: no podemos olvidar que el evangelio llama prudentes a estas vírgenes. Porque, aunque es mucho lo que podemos hacer por los otros, la vida cristiana tiene que ser asumida personalmente, por cada uno: y en este sentido el aceite de las lámparas es intransferible.

Por ejemplo, podemos orar y sufrir por los demás. La oración de súplica, y el sufrimiento, tienen una importancia extraordinaria en la circulación de vida sobrenatural que tiene lugar dentro del Cuerpo Místico. Por el corazón del cristiano tendría que pasar todo el pecado del mundo, a semejanza de esos filtros que purifican constantemente el agua de un recipiente sin necesidad de cambiarla. Se trata de la compasión en Cristo y el sentimiento participado del horror al pecado. En realidad solamente Dios conoce lo que un justo puede lograr así: de hecho la Biblia nos cuenta el diálogo de Dios con Abraham, en el cual el patriarca va rebajando progresivamente el número de justos que sería necesario para perdonar a Sodoma;[34] Abraham se detuvo en el número de diez, pero aun por ellos, y seguramente por menos si los hubiera habido, Dios hubiera perdonado a la ciudad. La debilidad de Dios, ante el amor de un justo que se le entrega, es tan grande como su propio amor. No hubo en Sodoma diez justos, pero parece que en nuestro mundo tampoco sobran los que suplican de verdad por los demás. Hablamos de súplica verdadera; de aquella que, por proceder del amor y de la compasión en Cristo, está tan alejada de la rutina y del formulismo como próxima a la oración de impetración del Señor (Heb 5:7; cfr. Ro 8:26).

---

[34] Ge 18:23 y ss.

Pero, de todos modos, el camino de la vida cristiana tiene que ser recorrido luego por cada uno. Cada cual tendrá que llevar encendida su propia lámpara y proveerse de aceite para ello. El camino propio no puede ser andado por los otros. No se pueden transferir la propia lámpara o el propio aceite, y menos cuando los demás han desdeñado voluntariamente la tarea de procurárselos. Sería un intento tan inútil como vano: *Porque podría ser que no bastase para nosotras y vosotras*, dijeron las vírgenes prudentes a las necias.

No se trata, por ejemplo, de impedir que los demás sufran, sino de enseñarles a sufrir. En realidad ni siquiera el Señor privó del sufrimiento a los suyos: porque no se trataba de eso. Además, privar del sufrimiento, en este mundo, sería impedir la posibilidad de compartirlo con el Amado, lo que sería como privar del amor, que desea siempre compartirlo todo con aquel a quien ama; y en último término sería impedir la felicidad, pues no hay más fuente de la felicidad que el Amor. Con Cristo no ha desaparecido el sufrimiento, pero ha adquirido un sentido nuevo: desde ahora, no solamente es compatible con la felicidad, sino que es un ingrediente necesario de ella mientras se está en este mundo: *Bienaventurados los que lloran*.[35]

Lo mismo podría decirse de algunos padres, que no saben amar a sus hijos y tratan de evitarles el trabajo. No se trata de librar del trabajo, sino de enseñar a todos a descubrirle su sentido cristiano; por lo demás, el trabajo fue siempre connatural al hombre (Jb 5:7). Resolver a los hijos todos los problemas no es tan importante como enseñarles a que los vayan solucionando ellos.

Pero, sobre todo, es la decisión de entregarse al Señor la que ha de ser siempre una decisión personal, que nadie podrá tomar por otro. El aceite de la lámpara es aquí absolutamente intransferible. Por eso sería inútil crear un ambiente cristiano, más o menos autén-

---

[35] Mt 5:4; Lc 6: 21–23.

tico y en el que la gente se dejara llevar, pero en el que no se hubieran fomentado las decisiones personales. Toda la educación cristiana, en los diversos ámbitos en los que se desenvuelve (vida familiar, comunidades parroquiales, colegios confesionales, noviciados o seminarios, asociaciones de fieles, comunidades religiosas, etc.), está expuesta a este peligro; un clima colectivo, de mayor o menor fervor, puede ser engañoso si los educadores llegaran a olvidar que la vida cristiana es, en último término, algo que solamente puede fundamentarse en decisiones personales.

## "Pero mientras fueron a comprarlo llegó el esposo, y las que estaban prontas entraron con él a las bodas y se cerró la puerta"

Este versículo contiene tres ideas: que el Esposo llega en un momento "inoportuno;" que la puerta se cerró para las vírgenes que no estaban preparadas, las cuales no pudieron entrar a las bodas; y por último, que las vírgenes que estaban dispuestas entraron con el Esposo a las nupcias.

En efecto, el Esposo llegará siempre en un momento que es imprevisible. Hay aquí contenido un aviso que es, quizás, el nervio de la doctrina más importante que quiere darnos la parábola, al menos desde cierto punto de vista práctico. Pero esa imprevisibilidad hace que la llegada del Esposo desemboque en la inoportunidad, lo cual ocurre cuando los que tenían que haber esperado no han sabido hacerlo.

Hay que advertir, sin embargo, que en este caso la inoportunidad no lo ha sido por parte del que llega, sino de los que esperaban;

porque esperaron mal; o mejor, porque no esperaron, y por eso no se prepararon; y no esperaron porque no amaban, y quizás porque tampoco estaban muy convencidos de que el Esposo iba a llegar, o al menos lo olvidaron. Para las vírgenes prudentes, la llegada del Esposo no fue inoportuna; si acaso, les pareció que demorada en exceso, porque lo esperaban con ansia.

Fue inoportuna para las necias la llegada del Esposo. Ante todo porque, cuando llegó, no estaban donde tenían que haber estado: habían ido a la tienda, en busca del aceite. Y aquí debemos recordar la importancia que tiene el que, cuando llegue el Esposo, nos encuentre a cada uno donde debemos estar; es decir, en aquel estado, condición, e incluso lugar, en que Él quiso ponernos y en donde querrá encontrarnos cuando llegue. Pero también fue inoportuna para estas vírgenes la llegada del Esposo porque, llegado ese momento, no las encontró Él haciendo lo que tenían que hacer; estaban haciendo "otra cosa", que sin duda era buena, pero que no era lo suyo, o al menos era algo que tenía que haber sido hecho en otro momento. Inoportuna llegada, que determinó el que estas vírgenes trataran a la desesperada de recuperar un tiempo perdido, pero que no lo lograron.

Así fue como la puerta se cerró para las que no estaban preparadas, porque es imposible entrar con el Esposo a la intimidad del banquete nupcial si no se está preparado. O sea, sin haber muerto a uno mismo, pues el amor desemboca siempre en la pérdida de la propia vida para vivir la del Amado (Ga 2:20). No puede darse la intimidad de la entrega nupcial si no hay comunión de vidas, si son extrañas las existencias de los que tenían que haber sido, recíprocamente, amante y amado. De ahí que los dos versículos que siguen, y que cierran la parábola, contengan la sentencia inapelable del que tenía que haber sido el esposo: *Yo no os conozco.*[36]

\* \* \*

Y las vírgenes que estaban preparadas entraron con el Esposo a las bodas. Ya habíamos insistido en que esta parábola nos contaba una historia de amor. Pues bien, aquí se consuma la entrega mutua del Esposo y de la esposa. El libro del Cantar de los Cantares lo había dicho así:

> *Yo soy para mi amado,*
> *y a mí tienden todos sus anhelos.*
> *Ven, amado mío, vámonos al campo;*
> *haremos noche en las aldeas.*
> *Madrugaremos para ir a las viñas,*
> *veremos si brota ya la vid,*
> *si se entreabren las flores,*
> *si florecen los granados,*
> *y allí te daré mis amores.*
> *Ya dan su aroma las mandrágoras*
> *y abunda en nuestras huertas*
> *toda suerte de frutos exquisitos.*
> *Los nuevos, los añejos,*
> *que guardo, amado mío, para ti.*[37]

En estos versículos habla la esposa, la cual hace en el primero de ellos dos afirmaciones que son tan apasionantes como increíbles. La primera es:

---

[36] Cfr. también Mt 7:23 y Lc 13:25.
[37] Ca 7: 11–14.

*Yo soy para mi amado,*

Y es la confesión de la entrega y de la pertenencia totales al Esposo. Entrega que abarca a todo lo que es la persona de la esposa: cuerpo y alma; y ésta con todas sus facultades: pensamientos, imaginaciones, recuerdos y voliciones. Todo. Sí, porque ¿cómo puede quedar algo en nosotros que no sea del Esposo? Muchas veces, a lo largo del día, nuestros pensamientos, nuestra imaginación y nuestros deseos divagan, ocupados en demasiadas cosas; cuando todos ellos, absolutamente, no son acerca del Esposo y para el Esposo, nos estamos perdiendo, ya ahora mientras somos peregrinos, la alegría completa. Vivir ocupados todo el día en el Esposo —también con la mente y con el corazón— es vivir todo el día en el Amor (1 Jn 4:16), lo que quiere decir vivir todo el día en la Alegría. Suponer que esto es imposible para el hombre, sería suponer que sabemos hasta dónde es capaz de llegar el amor de ese océano sin riberas a quien llamamos Dios.

Pero la entrega de la esposa al Amado supone, a su vez, la entrega del Amado a la esposa. Ya antes la esposa lo había dicho por dos veces en el Cántico, y de las dos maneras, para indicar la perfecta reciprocidad: *Yo soy para mi amado y mi amado es para mí*;[38] y antes todavía: *Mi amado es para mí y yo soy para él.*[39] Posesión perfecta, recíproca entrega. Es el Amor del Padre por el Hijo y del Hijo por el Padre, que se ha hecho extensivo a la criatura, y se ha instalado y se ha consumado allí: Dios en el corazón de su criatura, la criatura en el corazón de su Dios (Jn 17: 21.23.26; 14:20; 2 Pe 1:4).[40] Por eso

---

[38] Ca 6:3.
[39] Ca 2:16.
[40] Cfr. P. Aubin, *Dieu: Père, Fils, Esprit,* Paris, 1975, págs. 57 y ss.

añade la esposa, hablando del Esposo, en la segunda afirmación del versículo:

*y a mí tienden todos sus anhelos.*

El amor de Dios por el hombre, y más aún por el hombre que se le entrega, es algo muy diferente de un amor abstracto e impersonal, por grande que se lo quiera afirmar. Es un amor concreto: dirigido a mí; y de una ternura e intensidad infinitas: con todos sus anhelos. En el que soy deseado totalmente, es decir, en toda mi persona, tal como es, con un amor que abarca todo en mí; y soy deseado y amado por Dios todo, infinitamente, hasta el fin (Jn 13:1).

Decir que son para mí todos los anhelos del Esposo es decir algo increíble: que Dios está enamorado de mí. Y advirtamos que este último vocablo ha de ser empleado con toda su carga de belleza, de bondad, de grandeza y de alegría: todo lo que lleva consigo, en el lenguaje que se refiere al amor humano, la palabra enamorado. Aunque teniendo presente al mismo tiempo que, si las palabras son siempre insuficientes, aquí lo son más que nunca: porque el amor humano no es sino una participación, aunque muy de lejos, del amor divino.

La afirmación de que Dios está enamorado de mí es tan increíble que ha de ser objeto de fe: *Los que hemos creído en el amor que Dios nos tiene*, decía San Juan.[41] Y esto es así, no sólo en el sentido de creer en el hecho en sí, delimitado en el terreno de las generalizaciones, sino también, y más aún, por lo que se refiere al ámbito de lo personal y experimental: Dios, siendo Él, se ha enamorado de mí, que soy yo, y que soy como soy. Pues Dios me ama, me desea, me anhela, me necesita, me busca, me espera, se me entrega, me pertenece y le pertenezco; y me lo dice y me lo quiere escuchar; pero,

---

[41] 1 Jn 4:16.

*Parábola de las Diez Vírgenes* 125

sobre todo, desea que yo crea en todo esto, que crea en su amor; que cuando lo experimente crea que es cierto, porque Él puede hacerlo posible, aunque tenga yo que suplir por la fe lo que el hecho tiene de increíble y de inenarrable, y pueda así abrirme plenamente a su amor.

*Los que hemos creído en el amor* Quizás sea éste el verdadero pecado de los hombres, el de no haber creído en su amor. Porque muchos habrá dispuestos a creer en los misterios de la fe, pero solamente los santos creerán que Dios nos puede amar de ese modo.

> *Ven, amado mío, vámonos al campo;*
> *haremos noche en las aldeas.*

Cuando la esposa ha experimentado el amor del Esposo, y cuando ya por fin ha creído en él, siente la alegría del Amor absoluto, la que viene del Amor infinito que es sólo y todo Amor. Comprende la relatividad de las cosas, que no son Dios. Desea estar a solas con el Amado: lejos del ruido; lejos de la ciudad; lejos de todo. Estar allí, donde sólo queda el amor.

Aquí la ciudad viene a ser todo aquello que no es Dios. En los momentos de la entrega amorosa —entrega del Esposo a la esposa y de la esposa al Esposo—, la esposa olvida el tiempo y el lugar: el dónde, el cuándo. Ya no hay sino amor:

> *en tanto que de rosas*
> *hacemos una piña,*
> *y no parezca nadie en la montiña*

decía San Juan de la Cruz.[42] Que no aparezca nadie en la montiña, para que nada turbe la entrega de amor del Esposo y la esposa.

---

[42] San Juan de la Cruz, *Cántico Espiritual.*

Claro que, cuando se va al campo, hay que volver luego a la ciudad. A hacer noche en el hogar, a la vida de siempre otra vez. Aun en los momentos de la entrega amorosa, la esposa no deja de darse cuenta de que tiene que volver de nuevo a la ciudad: otra vez a las cosas, a los hombres, a los problemas; otra vez a sentir la separación del Amado; sabe muy bien que su corazón no puede romperse todavía, como ella deseara, en el amor del Amado, y que la posesión no es completa, pues ha de volver a ser turbada; sabe que el Amado es todo de ella y ella toda del Amado, pero en prenda, en arras, en entrega que aún no es total porque sólo en la Patria puede ser consumada; sabe que tendrá que dejar el sosiego del campo para volver de nuevo a la ciudad... Lo sabe, pero anhela que llegue el momento en que ya no tenga que regresar a ella; ni siquiera a la noche, a buscar el descanso en el hogar, porque lo habrá encontrado ya para siempre con el Esposo, en el cielo:

*haremos noche en las aldeas.*

Quizás sea ese el anhelo que la esposa quiere expresar, el de que llegue ese momento; es decir, aquel en que no habrá ya que regresar ni separarse del Amado. Será aquel momento en que incluso podrá hacerse noche en las aldeas porque ya ni habrá tal noche: *La noche se iluminará como el día.*[43]

*Madrugaremos para ir a las viñas,*
*veremos si brota ya la vid,*
*si se entreabren las flores,*
*si florecen los granados,*
*y allí te daré mis amores.*

---

[43]Sal 139:12. Cfr. Ap 21:23.

Desea la esposa ir con el esposo a ver si brota ya la vid, si florecen los granados, si se entreabren las flores. Quizás esas flores, y el perfume que exhalan, se refieran a la vida que transcurre en una unión con el Esposo cada vez mayor. Son las flores de las virtudes cristianas, las cuales, cuando son auténticas, exhalan un aroma que encanta arrebatando y que es imposible desconocer. Es ese algo que descubre a los santos, que no es un halo luminoso, sino más bien la alegría que atrae, la sencillez que encanta, la bondad que enamora, la mirada limpia que hace soñar, la humildad que arrebata y que transmite felicidad; es todo aquello que habla de sobreabundancia de vida (Jn 10:10) y de cercanía de Dios. Porque la santidad es naturalidad sin artificio, sencillez virginal y espontánea, amor que brota como manantial de montaña: limpio, abundoso y fácil. La santidad es fuerte, y a la vez infantil; terrible, y a la vez seductora; seria, pero derramadora constante de alegría; anclada en la realidad y señaladora de la verdad, pero evocadora a la vez de sueños y de nostalgias, capaz de poner ante el horizonte del hombre, claramente y como en mañana fresca y sin brumas, todo lo bueno, lo hermoso y lo grande. La santidad nos devuelve a lo que somos de verdad nosotros mismos, a la vez que hace que nos olvidemos de nosotros, llevándonos a Dios. La santidad pone de nuevo ante nosotros la paz y la alegría de nuestra infancia, aquellas que creíamos definitivamente perdidas. La santidad y la belleza son la misma cosa.

El aroma de la auténtica santidad es el que embriaga al Esposo y encanta a los hombres. Y solamente en ese aroma, que es el que exhalan las virtudes cristianas, es posible la entrega de amor, según dice la esposa:

*y allí te daré mis amores.*

Es ya la unión consumada. La misma que tiene lugar en la entrega en el amor humano, pero aquí sobrenaturalizada, divinizada, elevada, transcendida, purificada. Nada de lo que tiene de bueno y de bello el amor humano es ajeno, como tal, al amor divino, o al amor divino–humano. Porque lo humano, en lo que tiene de amor —hemos de repetirlo—, no es más que una participación y figura del verdadero Amor (Ef 5: 25.32).

Esta consumación de amor, que tiene lugar ya aquí aunque sólo sea definitiva en la Patria, queda y permanece desconocida, lo mismo en su esencia que incluso en su misma existencia, si no se viven seriamente las virtudes cristianas. Las vírgenes necias no pudieron entrar a las bodas porque no tuvieron aceite para sus lámparas.

*Ya dan su aroma las mandrágoras*
*y abunda en nuestras huertas*
*toda suerte de frutos exquisitos.*
*Los nuevos, los añejos,*
*que guardo, amado mío, para ti.*

Antes habló la esposa de flores, ahora habla de frutos. Los frutos vienen después de las flores, y son su resultado. También en la vida cristiana, a las flores de las virtudes siguen los frutos. El amor divino–humano produce, como fruto exquisito, el apostolado eficaz: los hijos, y los hijos de los hijos; igual que en el amor humano, en donde a la entrega de amor consumada entre los esposos sigue el fruto de los hijos, que son el resultado de su amor. Sólo que en el amor divino–humano el resultado es tanto más abundante cuanto lo sobrenatural supera a lo natural: el ciento por uno (Mt 19:29), por decir algo, porque en realidad estamos ante la generosidad infinita del amor divino respondiendo a la entrega total del amor humano; una vida sacerdotal auténtica, por ejemplo, o cualquier amor del ser humano consagrado por entero a Dios, dejará tras de sí una estela de hijos que perdurará siempre, mientras haya mundo (Jn 15:16; cfr. 15: 5.8): el sacerdocio es eterno, como el amor y como fruto suyo que es.

Habla la esposa de frutos nuevos y frutos añejos. Porque los frutos pueden ser nuevos, aún enteros, casi agridulces, o bien pueden estar en sazón; o quizás se trata, en estos últimos, de esos frutos añejos que se guardan durante tiempo metidos en heno, o cosas semejantes, y luego son de un dulce paladar. Una vida entregada a Dios por amor, va viendo crecer a su alrededor los retoños: los ya maduros y en sazón, con el paladar exquisito que da el tiempo y la perseverancia de los años, son los hijos mayores; los otros son los nuevos, los hijos de los hijos, con el agridulce de la inexperiencia de una entrega primeriza, aún sin madurar, pero llena de promesas. También la vida de cada uno de nosotros, cuando ya esté para llegar a su final, será ella misma un fruto en sazón, un fruto añejo.

Todos ellos, los nuevos y los añejos, los ofrece la esposa al Esposo, haciendo así que los frutos del amor vengan a formar parte también de la entrega amorosa. Porque el amor se consume y se alimenta a la vez a sí mismo. Y no puede ser de otro modo, pues al final no queda sino solamente el amor.

Pero mientras llega esa consumación final, en la que ya todo es amor y en la que no hay sino amor, la esposa ha de sufrir de impaciencias y nostalgias. Por eso el grito final con el que se cierra el libro del Cantar de los Cantares:

> *Corre, amado mío,*
> *corre como la gacela o el cervatillo*
> *sobre los montes de las balsameras.*[44]

---

[44] Ca 8:14.

Por eso el grito final del Apocalipsis, con el que se cierra también toda la Biblia:

*Ven, Señor Jesús.*[45]

Extraña coincidencia, pues ambos libros vienen a expresar el mismo anhelo y la misma impaciencia. Como si la Biblia nos quisiera decir que, en realidad, no es más que eso: la impaciencia y el deseo porque llegue a consumarse el amor entre el amante y el Amado; o entre el amado y el Amante. Y eso es la Biblia: amor del Amor y espera anhelante del alma enamorada. Precisamente lo que hacían las vírgenes de la parábola: esperar y esperar. Y aunque llegaron a dormirse —también las prudentes, es verdad—, pero, al fin, al sentir la voz del Esposo, algunas se decidieron a prepararse y salir a su encuentro. Eran las verdaderas enamoradas, las que llegaron a entender que la vida se posee cuando es entregada (Mt 10:39), que la felicidad está más en dar que en recibir (Hech 20:35), y que la suprema alegría, la única verdadera, está en el olvido y en la superación de todo, para entrar así, algún día, en el banquete de bodas a recrearse con el Amado:

> *Quédeme y olvídeme,*
> *el rostro recliné sobre el Amado;*
> *cesó todo y déjeme,*
> *dejando mi cuidado*
> *entre las azucenas olvidado.*[46]

---

[45] Ap 22:20.
[46] San Juan de la Cruz, *Subida al Monte Carmelo*, canción 8.

# VIII

# LOS DISCÍPULOS DE EMAÚS

*En el mismo día, dos de ellos iban a una aldea, que dista de Jerusalén sesenta estadios, llamada Emaús, y hablaban entre sí de todos estos acontecimientos. Mientras iban hablando y razonando, el mismo Jesús se les acercó e iba con ellos, pero sus ojos no podían reconocerle. Y les dijo: ¿Qué discursos son estos que vais haciendo entre vosotros mientras camináis? Ellos se detuvieron entristecidos, y tomando la palabra uno de ellos por nombre Cleofás, le dijo: ¿Eres tú el único forastero en Jerusalén que no conoce los sucesos en ella ocurridos estos días? Él les dijo: ¿Cuáles? Contestáronle: Lo de Jesús Nazareno, varón profeta, poderoso en obras y palabras ante Dios y ante todo el pueblo; cómo le entregaron los príncipes de los sacerdotes y nuestros magistrados para que fuese condenado a muerte y crucificado. Nosotros esperábamos que sería Él quien rescataría a Israel: mas, con todo, van ya tres días desde que esto ha sucedido. Nos dejaron estupefactos ciertas mujeres de las nuestras que, yendo de madrugada al monumento, no encontraron su cuerpo, y vinieron diciendo que habían tenido una visión de ángeles que les dijeron que vivía. Algunos de los nuestros fueron al monumento y hallaron las cosas como las mujeres decían, pero a Él no le vieron.*

*Y Él les dijo: ¡Oh hombres sin inteligencia y tardos de corazón para creer todo lo que vaticinaron los profetas! ¿No era preciso que el Mesías padeciese esto y entrase en su gloria? Y comenzando por Moisés y por todos los profetas, les fue declarando cuanto a Él se refería en todas las Escrituras. Se acercaron a la aldea donde iban, y Él fingió seguir adelante. Obligáronle diciéndole: Quédate con nosotros, pues el día ya declina. Y entró para quedarse con ellos.*

*Puesto con ellos a la mesa, tomó el pan, lo bendijo, lo partió y se lo dio. Se les abrieron los ojos y le reconocieron, y desapareció de su presencia. Se dijeron unos a otros: ¿No ardían nuestros corazones dentro de nosotros mientras en el camino nos hablaba y nos declaraba las Escrituras? En el mismo instante se levantaron, y volvieron a Jerusalén y encontraron reunidos a los once y a sus compañeros, que les dijeron: El Señor en verdad ha resucitado y se ha aparecido a Simón. Y ellos contaron lo que les había pasado en el camino y cómo le reconocieron en la fracción del pan.*

(Lc 24: 13–35)

## "Pero sus ojos no podían reconocerle"

El evangelista achaca a defecto de los discípulos el que no reconocieran al Señor: *Sus ojos no podían reconocerle.*

El Señor quiso regalarnos su amor y su íntima amistad. Pero para eso es necesario que se nos muestre (Jn 14:21), pues no puede haber amor sin presencia del amado. A su vez la manifestación de su presencia y su amor son imposibles si nuestra vida es extraña a la suya; nuestros ojos no podrán reconocerle, y aunque Él esté allí y nos llame (Jn 11:28 *in fine*), ni podremos verle ni oírle. Porque es preciso que seamos conducidos por el Espíritu de Amor si queremos reconocer al Señor.

Tal vez por eso, en la aparición que tuvo lugar junto al mar de Tiberíades, fue el Discípulo Amado el primero en reconocerle:

*Estaban juntos Simón Pedro y Tomás, el llamado Dídimo, además de Natanael, y los de Zebedeo, y otros dos discípulos. Entonces dijo Simón:*

*—Voy a pescar.*

*—También vamos nosotros contigo —dijeron los otros.*

*Aquella noche no pescaron nada. Cuando llegó la mañana se hallaba Jesús en la playa, pero los discípulos no le reconocieron. Él les dijo:*

*—Muchachos, ¿no tenéis nada para comer?*

*—Nada tenemos —dijeron ellos.*

*—Echad la red a la derecha de la barca y encontraréis —les dijo el Señor.*

*Echaron la red y resultó que no podían arrastrarla, por la gran cantidad de peces. Entonces dijo el discípulo amado:*

*—¡Es el Señor...!*[1]

Ahora bien, puede ocurrir que no estemos tan incapacitados para ver, pues la gracia puede influirnos y proporcionarnos un cierto conocimiento y amor del Señor. Entonces el Señor es como adivinado y presentido, de un modo todavía muy obscuro (1 Cor 13:12), en un conocimiento todavía incipiente que nos va conduciendo a su amor. Este conocimiento y este amor aumentan juntos y se condicionan mutuamente. Y, a medida que aumentan, atormentan dulcemente al alma, pues crean en ella el hambre y la nostalgia de Dios.

También atormenta este deseo porque el hombre se da cuenta de que la insuficiencia proviene de él mismo, y no puede sino sufrir al comprender que la ausencia de Dios se debe a su propia culpa. Pero, sobre todo, el amor atormenta por sí mismo, mientras no posee plenamente al amado. Pues es como el fuego, que no descansa mientras no lo transforma todo en él: *El fuego nunca dice: Basta.*[2] Y de Dios dice el Deuteronomio que es *fuego abrasador*,[3] y la Carta a los Hebreos que es un *fuego devorador.*[4]

Pero si el hombre, que al fin y al cabo ha sido hecho para el amor, no lo posee, se ve obligado a buscarse sucedáneos. Esta es la razón de cosas como el sexo, las drogas, o la búsqueda enloquecida del

---

[1] Jn 21: 2–7.
[2] Pr 30:16.
[3] De 4:24.
[4] Heb 12:29.

poder. Estas caricaturas del amor producen también tormento en el hombre, pero de un signo completamente distinto al que produce el amor de Dios. El sexo o las drogas atormentan causando en el hombre un inmenso vacío, mientras que el amor verdadero lo atormenta conduciéndolo a la plenitud. El sexo o las drogas atormentan destruyendo; pero el amor atormenta construyendo, edificando y dando vida: *Yo he venido para que tengan vida, y la tengan abundante.*[5]

El sexo o las drogas llevan a la muerte, pero el amor va acercando a la vida: porque, cuando se está enamorado de Dios, el paso del tiempo hace que se viva cada vez con más intensidad; pues de la misma manera, paulatinamente, se va haciendo más fuerte el sentimiento de que se está más cerca de la Vida verdadera; y por fin porque, efectivamente, el auténtico amor acaba introduciendo al hombre en la fuente de toda vida, que es la vida divina.

San Pablo hablaba con emoción del tormento que causa el amor de Dios, cuando Dios no es aún poseído del todo: *Porque para mí la vida es Cristo, y la muerte, ganancia. Y aunque vivir en la carne es para mí trabajo fructuoso, todavía no sé qué elegir. Por ambas partes me siento apretado, pues de un lado deseo morir para estar con Cristo, que es mucho mejor...*[6]

Un libro ya antiguo contaba así el regreso de San Francisco de Asís, después de haber estado orando en el monte Auvernia. Es una bella página en la que se habla del amor de Dios y del amor a Dios:

"*¡Vivid en paz, hermanitos! ¡Adiós! Mi cuerpo se va, pero mi corazón se queda aquí. ¡Adiós a todos! ¡Y a ti también, hermosa montaña, buena y santa montaña de los Ángeles, adiós! ¡Adiós, árboles, plantas, rocas, pájaros! ¡A ti*

---

[5] Jn 10:10.
[6] Flp 1: 21–23.

*en particular, hermano halcón, compañero que me despertabas siempre con tu grito, adiós! ¡Adiós, piedra ante la cual he orado, adiós, pequeña capillita! ¡A ti, Madre de Dios, encomiendo a los hermanos y la montaña, a los que ya no volveré a ver!*

*Estaba sentado sobre su asno, las manos y los pies envueltos en vendas, a través de las cuales goteaba la sangre de las llagas en carne viva. ¡Las llagas! ¡Qué cándida y celestial alegría le producían y, a la vez, qué dolor más inhumano!*

*Bendijo a los hermanos, y León hizo avanzar el asno. Pero, en lugar de bajar, subían cada vez más arriba, de un monte a otro. Como si Francisco no pudiera arrancarse a aquellas santas alturas. Los hermanos que debían permanecer allí, se sentían como imantados y le seguían a la distancia de un tiro de ballesta. Hacia la tarde, habiendo por fin llegado al valle, Francisco quiso descender del asno, a pesar de sus sufrimientos. Lo cual tuvo que hacerse con mucho cuidado, debido a los clavos de puntas retorcidas que traspasaban los pies y manos. Cayó de rodillas, y con el rostro levantado hacia el monte, gritó:*

—*¡Seas bendita, santa montaña donde Dios se mostró! ¡Seas bendita...!"*[7]

Los que han sentido, de algún modo, la Presencia de Dios, sufren la nostalgia de su ausencia y experimentan el deseo de una posesión más plena. La única tristeza de los santos consiste en que Dios no es amado, ni por ellos ni por el mundo, como ellos desearían que fuera

---

[7] F. Timmermans, *La Harpe de Saint François*, Gante, 1933, pág. 227.

amado. Y el mayor castigo a la maldad del mundo está en esto: en que el mundo se quede sin Dios y ni siquiera llegue a ser consciente de su propia desgracia.

Si no vemos al Señor es por defecto o enfermedad de nuestros ojos, como les ocurría a los discípulos de Emaús. Y esa enfermedad puede hacer que todo sea tenebroso para nosotros: *Si tu ojo estuviere enfermo, todo tu cuerpo será tenebroso*, decía el Señor. Así es como un corazón que no posee el amor de Dios es tiniebla obscura, la cual es tan terrible que, aquel que la padece, ni siquiera se da cuenta de que está en ella: tiniebla tan tenebrosa que hasta a sí misma se oculta. Por eso añadía el Señor:

> *Pues si la luz que hay en ti es tinieblas, ¡cómo serán esas tinieblas!*[8]

Pero cuando los ojos del hombre llegan a conocer al Señor a través de la fe —lo que ocurre cuando la gracia impulsa y anima la generosidad humana—, las cosas son diferentes. Entonces el Espíritu del Señor patentiza su presencia en el hombre, incluso a través del cuerpo: *Si tu ojo estuviere sano, todo tu cuerpo será luminoso.*[9] Esta radiante luminosidad es la única que puede dar testimonio de Jesús, y tiene su fuente en el conocimiento del Señor, que se manifiesta a los que lo aman: *Hablamos de lo que sabemos y damos testimonio de lo que hemos visto.*[10] Por eso el auténtico testimonio de Jesús lo dan los santos, es decir, aquellos que, por ser limpios de corazón, han visto a Dios (Mt 5:8) y pueden hablar de Él: ellos son los que

---

[8] Mt 6:23.
[9] Mt 6:22.
[10] Jn 3:11. Cfr. 1 Jn 1: 1–3.

convencen, porque hablan de lo que saben y dan testimonio de lo que han visto.[11]

### "Ellos se detuvieron entristecidos"

Los viajeros de Emaús se detuvieron entristecidos ante la pregunta de aquel caminante desconocido. Estaban desanimados. Y todo porque las cosas no habían ocurrido como ellos las habían pensado:

> ...*Lo de Jesús Nazareno, varón profeta, poderoso en obras y palabras ante Dios y ante todo el pueblo; cómo le entregaron los príncipes de los sacerdotes y nuestros magistrados para que fuese condenado a muerte y crucificado. Nosotros esperábamos...*

En suma, que no habían comprendido aún el significado de la cruz.

No habían entendido cuál es el único camino por el que viene la Alegría a los hombres. Porque la Alegría va siempre de la mano del Amor, el cual supone siempre la entrega de uno mismo al amado. Ahora bien, en Cristo culmina esa entrega con su obediencia perfecta al Padre y con su amor total al Padre y a los hombres, llevados a

---

[11] Esta visión sólo puede darse, en este mundo, a través de la fe. El apóstol Santo Tomás mereció una grave advertencia del Señor, por pretender un conocimiento de Él a través de una visión puramente sensible y humana (Jn 20: 24–29). Hay que tener en cuenta el texto de Heb 11:1; pero advirtiendo que conocimiento por fe no es sinónimo de conocimiento difuso o inseguro, sino todo lo contrario. Von Balthasar dice que 'no se puede tampoco considerar simplemente la definición de fe de Heb 11:1, según se la suele explicar habitualmente, como la verdadera en sentido unívoco", en *La Gloire et la Croix*, t. I, Paris, 1965, pág. 261.

cabo en la cruz. Y en la presente economía no hay otro camino para el hombre (Jn 14:6), el cual, por lo tanto, no encontrará nunca la Alegría si no es a través de la entrega de sí mismo, que consiste en la abnegación y renuncia propias mediante la participación en la cruz del Señor.

La Alegría se ausenta de los hombres cuando éstos se buscan a sí mismos, en vez de recorrer los caminos del verdadero amor. La ausencia de Alegría se llama Tristeza. Los de Emaús no habían conocido aún los caminos de la verdadera Alegría, y por eso su tristeza y su sentimiento de fracaso, que es lo que les ha ocurrido a tantos hombres que han pensado y que piensan como ellos.

Según esto, la tristeza es también, en el fondo, ausencia de amor.

Pero hay dos clases de tristeza, aunque quizás sería mejor hablar de dos causas distintas determinantes de la tristeza. La primera comprende aquellos hechos y situaciones que dan lugar a los acontecimientos desagradables de la vida: fracasos, trabajos, enfermedades, pérdida de seres queridos... Si bien hay que decir que esta tristeza, como tal, puede ser superada desde la fe; el dolor cristiano es compatible con la Alegría (Mt 5:4). Por eso la verdadera y única tristeza, la que tendría que escribirse siempre con mayúscula, es la que nace del sentimiento de no ser santos, aquella que se produce en el alma por la ausencia de Dios y por no querer aceptar su voluntad.

Es muy difícil decir en qué consiste esta tristeza. Como concepto negativo que es, habría que comprender primero lo que es el gozo por la Presencia de Dios y lo que significa, por lo tanto, carecer de él; algo así como lo que ocurre con la ceguera, que solamente puede ser bien comprendida, en lo que tiene de desgracia, por los que gozan de la vista. Lo peor de la tristeza está en que ni siquiera se da a conocer, en todo lo que supone, a los que la padecen; solamente los santos la comprenden, que son precisamente los que se han librado de ella. Por eso, el mejor camino para conocerla es el de examinar la alegría de los santos; sólo entonces, al comprender que nosotros no la poseemos, es cuando vislumbraremos algo de aquello en que consiste la tristeza.

La tristeza vive en los hombres una existencia de parásito, mientras los corroe como la tiña. Chupa de ellos la savia de la Alegría, y hasta les hace creer que la angustia es la situación normal del hombre. Cuando San Pablo hablaba de los frutos del Espíritu Santo, colocaba como primero de ellos la caridad y, como segundo, la alegría.[12] De donde el amor y la alegría irían para él íntimamente unidos y como si la segunda fuera la consecuencia del primero. De ahí su consigna: *Estad siempre gozosos.*[13]

En el testimonio cristiano, y sobre todo en la predicación, se debería tener siempre en cuenta el texto de Isaías 52:7: *¡Qué hermosos son sobre los montes los pies del mensajero que anuncia la paz, que trae la felicidad, que pregona la salvación!*[14] La predicación cristiana es el anuncio de una Buena Nueva: *No tengáis miedo, os traigo una buena nueva, una gran alegría, que es para todo el pueblo.*[15] Sin perjuicio de que se prediquen todas y cada una de las verdades que integran el Mensaje de salvación, el apóstol ha de tener presente que el nuestro es un mundo angustiado y temeroso, que quizás no necesite tanto que lo amenacen con el castigo cuanto que le señalen los caminos de la salvación y le hagan notar la Alegría que contiene el Mensaje cristiano (Mt 12: 20–21). También habrá que predicar en forma de denuncia, como el Señor lo hizo en algunas ocasiones; pero teniendo en cuenta siempre que la nota dominante debe ser la

---

[12] Ga 5:22.
[13] 1 Te 5:16. Cfr. Flp 4:4, etc.
[14] San Pablo lo cita parcialmente en Ro 10:15.
[15] Lc 2:10.

## Los Discípulos de Emaús

de presentar el Mensaje como lo que es en su esencia: un Mensaje de salvación (Lc 4: 18–21). Y nunca debe hacerse la denuncia de tal modo que manipule el contenido de la Revelación; por ejemplo: poniendo de relieve algunas de sus exigencias mientras que se silencian o se falsifican otras. Como hace el marxismo, que pretende fundamentar en el evangelio una cierta justicia social a la vez que fomenta el odio y la lucha de clases, con lo que estamos en las antípodas de lo que es el cristianismo. Decía von Balthasar en uno de sus últimos libros: "Nada cambiarán los cristianos, en las relaciones entre los hombres, escribiendo sobre sus banderas 'Justicia social' en lugar de 'Imitación de Cristo', tal como hacen hoy día las órdenes religiosas; lo que tendrían que hacer es convertirse ellos mismos, para poder así cambiar los corazones de aquellos que pueden cambiar las relaciones sociales."[16] Pero sin duda que es más fácil hacer "denuncias proféticas" que presentar, de manera gozosa y auténtica, el contenido del Mensaje cristiano. Porque la "denuncia profética" solamente requiere el celo, que fácilmente puede mezclarse con el rencor o con el desahogo por el propio fracaso, además de prestarse a ser manejado por ideologías turbias; en cambio es imposible presentar de forma gozosa el evangelio si éste no se vive; y si, a pesar de todo, intenta hacerse de esa manera, la cosa suena a artificio y a teatro, produciendo efectos nulos cuando no contraproducentes. Porque es imposible hablar de manera convincente de la Alegría sin estar alegre; y es imposible estar alegre si no se ama; lo que requiere, a su vez, estar dispuesto a morir a uno mismo, siguiendo las enseñanzas del Señor, quien lo dijo con toda claridad:

—*Si guardareis mis preceptos permaneceréis en mi amor,*
*como yo guardé los preceptos de mi Padre y permanezco*

---

[16] U. Von Balthasar, *Catholique*, Paris, 1976, pág. 126.

*en su amor. Esto os lo digo para que yo me goce en vosotros y vuestro gozo sea cumplido.*[17]

Como vemos, el Señor hace depender la alegría del amor, y éste, a su vez, de la guarda de sus enseñanzas.

Del mismo modo quiere el Señor que los peregrinos de Emaús comprendan cuál es la causa de su melancolía. La cual proviene a la vez de la inteligencia y del corazón; de la primera porque no ha conocido los caminos de Dios; del segundo porque no ha dado cabida al amor, bloqueando así la entrada a la Alegría. Por eso les dice:

—*¡Oh hombres sin inteligencia y tardos de corazón para comprender todo lo que vaticinaron los profetas!*


## "¿Acaso no era preciso que el Mesías padeciese esto y entrase en su gloria?"
### El Sacerdocio de Cristo y nuestra participación en él

Este versículo contiene la clave de todo este bello episodio que nos cuenta San Lucas.[18] El Verbo tomó una naturaleza humana, y se hizo sacerdote, para mostrar su obediencia y su amor al Padre (Flp 2: 7–8) y su amor a nosotros. Pero lo propio del sacerdocio es ofrecer sacrificios a Dios (Heb 5:1), y el Señor ofreció y consumó el suyo mediante su propia muerte, siendo así sacerdote y víctima a la vez. Todos los sacrificios de la Antigua y de la Nueva Alianzas

---

[17] Jn 15: 10–11.

[18] Soeur Jeanne d'Arc, ''Un grand jeu d'inclusions dans les pèlerins d'Emmaüs'', *Nouvelle Revue Theologique*, 99 (1977) 62 ss. Para ella este versículo contiene la clave de toda la narración.

prefiguran o se refieren al sacrificio del Señor y toman de él su valor. Cristo nos redime con su ofrenda sacerdotal en la cruz, no en tanto que muere, sino en cuanto que, con su muerte, expresa su perfecto amor y su obediencia total al Padre, así como su amor a nosotros. Porque lo que redime no es lo terrible de la cruz y de la muerte, sino el amor que no teme llegar hasta ese punto y manifestarse y ofrecerse de ese modo.[19]

Nosotros hemos sido llamados a participar de todo lo que es Cristo y, por lo tanto, también de su Sacerdocio, que es lo mismo que decir de su sacrificio y de su muerte (Ro 6: 3–5). Participando, desde el bautismo, del Sacerdocio de Jesucristo (1 Pe 2: 5.9; Ap 1:6; 5:10; 20:6), estamos llamados a hacer de nuestra existencia, por amor, una oblación sacrificial u ofrenda de suave olor, como Él también lo hizo por amor (Ef 5:2), y como es también un acto de amor divino la llamada a que participemos del Sacerdocio de Jesucristo. San Pablo, hablando del amor de Cristo, que le llevó a ofrecerse por nosotros hasta la muerte, nos exhorta para que tengamos los mismos sentimientos (Flp 2:5); lo que significa que debemos ofrecernos también en oblación sacerdotal: *Os ruego, pues, hermanos, por la misericordia de Dios, que ofrezcáis vuestros cuerpos como hostia viva, santa, grata a Dios; éste es vuestro culto racional.*[20]

Y en otro texto nos exhorta también a que muramos a las cosas y vivamos solamente para Dios, para que hagamos así realidad aquella oblación: *Porque ninguno de nosotros vive para sí y ninguno de nosotros muere para sí; pues si vivimos, para el Señor vivimos; y si*

---

[19]Santo Tomás, *In Romanos*, c. V, lect. II. Cfr. el libro de P. Nau, *Le Mystère du Corps et du Sang du Seigneur*, Solesmes, 1976, pág. 40.

[20]Ro 12:1.

*morimos, para el Señor morimos. En fin, sea que vivamos, sea que muramos, del Señor somos.*[21]

Pero esto vale tanto para el sacerdocio ministerial como para el sacerdocio común de todos los cristianos. Pues, aunque el sacerdocio ministerial —distinto del sacerdocio común, tanto en grado como en esencia—[22] supone una participación más íntima y especial en el Sacerdocio de Jesucristo, sin embargo la invitación a la ofrenda sacrificial vale para todos.[23]

---

[21] Ro 14: 7–8. Cfr. también, en este mismo sentido de vivir el sacerdocio participando del Sacerdocio de Cristo, ofreciéndonos y muriendo con Él a las cosas y a nosotros mismos: Ro 6: 3.8.11; 2 Cor 5:15; Col 2:20; 3:3.

[22] Vaticano II. Cfr., por ejemplo, "Lumen Gentium", 10, 2.

[23] Es falso que la teología del sacerdocio ministerial esté aún sin elaborar —al menos en sus líneas fundamentales— y, por lo tanto, que pueda considerarse como fundada la llamada "crisis de identidad" del sacerdote, de la que tanto se ha hablado. El sacerdote posee elementos más que suficientes en la doctrina de la Iglesia —elaborada con los datos de la Escritura y de la Tradición— como para poder vivir con plena ilusión su vocación, sabiendo perfectamente en lo que ésta consiste. Pero sí que es cierto que aún queda bastante por profundizar en la teología del sacerdocio. Uno de los puntos en los que esa profundización está por hacerse es, precisamente, el de la diferencia de grado y de esencia entre el sacerdocio ministerial y el común. Quizás las vías que conduzcan al esclarecimiento de esta cuestión nos lleven a esto: que el sacerdocio ministerial es una participación especial en los oficios sacerdotales propios de Cristo Cabeza; es decir, que el sacerdocio ministerial constituye jerárquicamente a quien lo posee, cosa que no hace el sacerdocio común; atribuye, por lo tanto, una participación en los oficios de enseñar, santificar y gobernar que es peculiar y que no da el sacerdocio común; proporciona un poder especial sobre el Cuerpo sacramental de Cristo, y por lo tanto sobre su Cuerpo Místico (ambos se ordenan el uno al otro), que es específico de este sacerdocio. Los seglares pueden, por ejemplo, enseñar, pero no "ex officio", lo que quiere decir, ni más ni menos, que podrán ser teólogos —y buenos teólogos—, pero no predicadores. En cambio la oblación victimal, de la que venimos hablando, es propia de las dos maneras de sacerdocio, aunque el sacerdocio ministerial esté llamado a vivirla de una manera particularmente intensa (y aquí la mera diferencia de grado).

Esto es lo específico del sacerdocio, y también de la participación en el Sacrificio Eucarístico, el cual es el mismo sacrificio de la cruz, que es a su vez la consumación del Sacerdocio de Jesucristo. La victimación sacerdotal supone llevar a cabo en nuestra vida lo que dicen los textos de San Pablo antes aludidos,[24] así como también las enseñanzas del mismo Señor: *Si el grano de trigo no cae en la tierra y muere, quedará solo; pero si muere, llevará mucho fruto. Quien se ama a sí mismo, se pierde; y el que se odia a sí mismo en este mundo, se guarda para la vida eterna.*[25]

Desgraciadamente muchos confunden la vivencia del sacerdocio, y la participación en el Sacrificio Eucarístico, con cosas como la mera participación en las lecturas de la Misa. Ahora bien, una participación externa en la Misa, que no vaya acompañada de la ofrenda sacrificial de la propia vida, significa bien poco. De ahí que no parezcan tener mucho éxito ciertos intentos que hoy se hacen en los que, a base de introducir elementos extraños a la liturgia y dando cabida a no pocas libertades y hasta extravagancias, se pretende acercar más la Misa a los fieles. Quizás el mayor peligro que supone esto es el de confundir a los fieles, alejando de ellos la verdadera idea de lo que es la vivencia de su sacerdocio y su participación en el Sacrificio de Cristo. Las cuales no pueden consistir en otra cosa que en una ofrenda sacrificial, de suave olor, realizada en unión con el Señor a lo largo de toda la vida y concretada en el cumplimiento fiel de su voluntad en todo momento; todo ello expresado, consumado, y hecho posible, precisamente a través de la Santa Misa; la cual, a su vez, es la actualización o presencialización real del único Sacrificio de Cristo, muerto por nosotros una sola vez (Heb 7:27).

---

[24]Sobre todo Ro 12:1.
[25]Jn 12: 24–25.

Pero no cabe duda de que es más fácil hacer folklore que enseñar a vivir el sacerdocio como participación en el Sacrificio de Cristo, pues lo segundo exige necesariamente que los maestros lo vivan también. Hablando del carácter "kenótico" de la Iglesia, decía von Balthasar: "Así como el hombre Jesús permaneció oculto entre los hombres, así vive la 'Católica' entre las formas históricas. La carne encubre. Hace falta poseer una mirada iluminada por la gracia (*no es la carne ni la sangre quien te ha revelado eso*) para descubrir la grandeza a través de la forma del servidor (también a través de la forma del pecado). Son las gentes sencillas las que ven mejor esto, incluso aunque suceda que lo tengan que hacer a través de su folklore, de sus costumbres poco brillantes y del arte de mal gusto. Los sabios también pueden descubrirlo, con tal de que hayan sido purificados por los renunciamientos y las humillaciones. En cambio no lo ven los siete veces prudentes, los teólogos de la televisión, los vicarios sociológicos y, en general, todos aquellos que creen poder manipular a la catolicidad para hacerla más atrayente o más a su conveniencia."[26]

Era preciso que el Mesías padeciese y entrase en su gloria. Porque el pecado es un acto de desamor, y fue voluntad del Padre que fuera reparado por el amor. Había que mostrar que el amor, que es el ser, es infinitamente más fuerte que el desamor, que es el no–ser, Por eso quiso el Padre el Sacerdocio de su Hijo y su Sacrificio. Por lo que no puede haber para nosotros participación en el Sacerdocio de Jesucristo, y en la obra de la redención, sin participación en su muerte sacrificial (Heb 9:22). Vivir nuestro sacerdocio —sacerdocio común o sacerdocio ministerial— es vivir la ofrenda sacrificial, manifestando así nosotros también el amor hasta el fin.

---

[26] *Catholique*, o. c., pág. 128.

Por ello el Sacerdocio y lo que es su consecuencia, la ofrenda victimal, son una epifanía del amor. El Sacerdocio de Cristo tiene su origen en el amor del Padre, el cual quiso ese Sacerdocio también para nosotros: *Tanto amó Dios al mundo, que le dio su Hijo unigénito, para que todo el que crea en Él no perezca, sino que tenga la vida eterna;*[27] y en otro lugar se dice: *El amor de Dios hacia nosotros se manifestó en que Dios envió al mundo a su Hijo unigénito para que nosotros vivamos por Él;*[28] y todavía en otro: *Al llegar la plenitud de los tiempos, envió Dios a su Hijo, nacido de mujer, nacido bajo la Ley, para redimir a los que estaban bajo la Ley, para que recibiésemos la adopción.*[29] Igualmente Cristo, con su ofrenda sacerdotal, mostró su amor al Padre y también a nosotros, porque *nadie tiene mayor amor que éste de dar uno la vida por sus amigos.*[30]

Los peregrinos de Emaús no habían entendido que, si se suprimía la victimación sacerdotal, quedaba suprimido el amor, el cual ya no tendría forma de realizarse ni de manifestarse. Tampoco entendieron los judíos, en general, que si los rasgos del Siervo Doliente de Yavé dejaban de aplicarse al Mesías,[31] quedaba éste suprimido tal como era concebido en los designios del Padre: reparador del pecado y manifestador de su amor. Por eso el Señor tuvo que decir a los de

---

[27] Jn 3:16.

[28] 1 Jn 4:9.

[29] Ga 4: 4–5.

[30] Jn 15:13.

[31] Casi todos los autores están de acuerdo en que los pasajes de Isaías que se refieren al Siervo Doliente de Yavé, son: 42: 1–4; 49: 1–6; 50: 4–9; 52: 13–53: 12.

Emaús: *¿No era preciso que el Mesías padeciese esto...?*[32] También a nosotros nos cuesta comprender que la vivencia del sacerdocio —el sacrificio y la ofrenda de la vida— no es sino la otra cara del amor; y que si quitamos lo uno (el sacrificio), hemos quitado también lo otro (la posibilidad de que se despliegue el amor): *El que halla su vida, la perderá, y el que la perdiere por amor de mí, la hallará.*[33] De donde se desprende que, aquel que por falta de amor cultive su propio egoísmo, "habrá perdido su vida;" y conviene tener en cuenta todo el significado profundo que llevan consigo estas palabras.

Hay que insistir en que la teología del sacerdocio queda empobrecida si la catequesis se limita a presentarla como una participación en las ceremonias litúrgicas. Se corre así también el peligro de una clericalización de los seglares. Porque no es absolutamente preciso, para que los seglares vivan su sacerdocio, que lean en la misa o que administren la comunión, pero sí que vivan el sacerdocio según su vocación específica de seglares. Ellos han de vivir la victimación y la participación en el Sacrificio de Jesucristo a través de su vida ordinaria, en el desempeño de sus propios deberes y tareas y en

---

[32] El hombre que posee el ministerio sacerdotal no es un representante de la comunidad, ni es elegido por ella, ni puede serlo; pues, en este sentido, la comunidad no necesita representantes, ya que es toda ella un Pueblo de sacerdotes (1 Pe 2:9). Como participante en los oficios de Cristo Cabeza, el sacerdocio ministerial menos aún puede ser una representación de la comunidad, la cual, aunque integrada en Cristo, no lo está en sus funciones capitales (en las cuales el resto del Cuerpo se contrapone a su Cabeza: cfr. Ef 4: 15–16; Col 1:18; Ef 1:22), y en este sentido el sacerdocio ministerial solamente puede recibir su función jerárquica de la misma Cabeza. Cfr. la Declaración de la Sagrada Congregación para la Doctrina de la Fe, sobre la cuestión de la Admisión de Mujeres al Sacerdocio (de 15 de octubre de 1976, parágf. 5), con las citas del Vaticano II y de la Encíclica "Mediator Dei" que trae la nota 21; allí se dice que "sí el presbítero representa a la Iglesia es porque, ante todo, representa al mismo Cristo, Cabeza y Pastor de la Iglesia."

[33] Mt 10:39 y *loc. par.*

la fidelidad a la voluntad del Señor. En este sentido la catequesis al pueblo cristiano tiene mucho camino por andar. Porque la mera participación en las ceremonias litúrgicas —por legítima que sea—, que no va acompañada de la oblación de la propia vida, pronto se manifiesta vacía de contenido y da lugar a frustraciones. Además de que no todos podrán participar en las ceremonias litúrgicas. Todavía es más grave cuando se trata de ceremonias que se realizan al amparo de una pretendida "libertad del Espíritu", pero que no son sino extravagancias que intentan suplir, con fantasía y con imaginación, la falta de espíritu o la ausencia del Espíritu. El cual, aunque sopla donde quiere, jamás lo hace poniéndose al margen de la Iglesia (tampoco de la Iglesia institución) ni del misterio sacrificial de la cruz de Cristo. La teología del auténtico sacerdocio no puede ser sino la teología del misterio de la cruz (y esta última supone, entre otras cosas, la obediencia a la Iglesia institución y la aceptación de todo el contenido de la fe). Es cierto que la cruz ha sido siempre un escándalo (1 Cor 1: 17–18.23), por lo que nada tiene de extraño que algunos traten de inventarse un sacerdocio nuevo, menos trágico y más asequible al mundo, que siempre ha sido poco amante de sobresaltos. Ya en los primeros tiempos los gnósticos pretendieron fabricar un cristianismo más razonable, y desde entonces esta tentación no ha dejado de perseguir a la Iglesia; el neomodernismo que ahora estamos padeciendo no es sino el último, hasta ahora, de esos intentos. Y como las herejías son siempre lúgubres, aunque se disfracen de "racionalidad", si el gnosticismo moderno lograra sus propósitos —anular el misterio de la cruz—, habría suprimido también el amor y, con ello, la posibilidad de la Alegría. Hegel pretendió haber divinizado lo Racional, suprimiendo a Dios, el cual, según Nietzsche, había muerto; Feuerbach y Marx, discípulos de Hegel, terminaron de suprimir la religión porque era irracional, llevando así a su punto culminante los postulados de la Revolución Francesa; así el marxismo se presenta ahora como el único sistema verdaderamente científico y razonable. Pero lo cierto es que los países marxistas viven a la fuerza en el Sistema, con muros, alambradas y policías que son los que impiden que la gente se marche, al mismo tiempo que los rostros de toda esa gente reflejan la tristeza, la falta de libertad y el miedo al Goulag. Y es que la tristeza es siempre el sello de las herejías; por lo que bastaría estar siempre alegres para ser inmunes a su influencia (Flp 3:1).

Tampoco puede haber intimidad con el Señor sin participación en su Sacrificio. A dos que pretendían sentarse con Él en el Reino, uno a su derecha y otro a su izquierda, empieza el Señor por preguntarles: *Pero, podéis beber el cáliz que yo he de beber?*[34]

Un fruto maravilloso del Sacrificio de Cristo es la Eucaristía, memorial y actualización perenne de ese Sacrificio. La Eucaristía, en la cual se nos entrega el Señor, es un fruto del amor. Y nos es dada también para el amor: porque con ella se espera de nosotros la reciprocidad; pues se nos da para que amemos a nuestros hermanos; y porque en ella experimentamos realmente el amor. Pero ha sido el Sacrificio el que ha hecho posible esta donación (en el sentido de regalo que se nos hace y en el de entrega de Dios a nosotros), haciendo así realidad la com–penetración, el estar–en–el–otro, y la común–unión (tanto con respecto a Dios como con respecto a nuestros hermanos).

De donde la huida del sacrificio y la tristeza ante él no tienen sentido. Porque sin el Sacrificio de Cristo, y sin nuestra participación en él, el Amor no descendería hasta nosotros. El Señor lo dijo claramente:

---

[34] Mt 20:22.

*Los Discípulos de Emaús* 151

> —*Porque os hablé estas cosas, vuestro corazón se ha llenado de tristeza. Pero os digo la verdad: os conviene que yo me vaya. Porque, si no me fuere, el Abogado no vendrá a vosotros; pero, si me fuere, os lo enviaré.*[35]

*Si no me fuere, el Abogado no vendrá a vosotros...* Siempre la necesidad del sacrificio para que venga el Amor. Por eso el que huye de entregar su vida huye del Amor, como el grano de trigo que no cae en la tierra y muere, que se queda para siempre solo, porque sin entrega y sin amor no hay fecundidad.

*Os conviene que yo me vaya... ¿Acaso no era necesario que el Mesías padeciese esto y entrase en su gloria...?* Los peregrinos de Emaús lo habían olvidado.

Nosotros lo olvidamos también, cada vez que huimos para no entregar nuestra vida, sin tener en cuenta que hemos sido llamados a participar del Sacerdocio de Jesús y, por lo tanto, de su ofrenda victimal.

Y añade el Señor:

> —*Y cuando venga el Abogado, amonestará al mundo sobre el pecado, la justicia y el juicio. De pecado, porque no creyeron en mí...*

Acusará, pues, al mundo de pecado. Porque al rechazar a Cristo, en el cual no ha creído, se ha quedado sin su Espíritu y, como consecuencia, se ha quedado sin Amor. Es por eso por lo que en nuestro mundo reina el desamor.

Continúa el Señor:

> —*De justicia, porque voy al Padre y no me veréis más...*

---

[35] Jn 16: 6–7.

También amonestará al mundo sobre la justicia. Es decir, dándole aquello que ha elegido: el no ver más al Señor. Y aun los mismos discípulos sólo podrán verlo a través del velo y de las pruebas de la fe, compartiendo así los sufrimientos de Cristo y su rechazo por parte del mundo.

Y por último:

*—De juicio, porque el príncipe de este mundo ha sido ya juzgado.*

Por lo tanto argüirá al mundo con un juicio. Porque el príncipe de este mundo ya está juzgado, y en el juicio el Amor ha vencido al mal.

Por eso el mundo odia al Amor, al Espíritu, que lo acusa y lo pone en evidencia.

## "Y comenzando por Moisés y por todos los profetas, les fue declarando cuanto a Él se refería en todas las Escrituras." La Oración

Fue el Señor mismo quien les iba declarando el sentido de las Escrituras, mientras sus mentes se llenaban de asombro y sus corazones de amor. Así es la oración. Una conversación amorosa con Dios en la que Él lleva la iniciativa.

Muchas veces se ha dicho que la oración es hablar con Dios. Cierto. Pero, en realidad, la oración consiste más en escuchar a Dios que en hablarle.

Es conveniente que digamos, ya desde ahora, que la oración no puede consistir en una simple relación de peticiones que se presentan a alguien para que las despache. La oración no es una relación interesada, casi impersonal, que solicita favores o reivindica derechos. *Pedís y no recibís, porque pedís mal, para dar satisfacción a vuestras pasiones.*[36]

Tampoco es un examen de conciencia. Pues muchos la convierten en una tediosa lista de faltas y pecados, que son casi siempre los mismos, donde más parece haber un deseo de justificarse que de encontrar a Dios.

Ni siquiera es una simple conversación, como puede serlo en la vida ordinaria la charla entre dos o más personas, que hablan de cualquier cosa, por más que el tema pueda ser interesante.

La oración es la entrega mutua del corazón hecha entre dos amantes. Es más que nada una entrega de amor, en cuya llama ambos se abrasan. Así lo sintieron los dos caminantes de Emaús, pues luego comentaban: ¿Acaso no ardían nuestros corazones mientras Él nos hablaba en el camino?

Es cierto que también puede darse en la oración todo lo demás, y de hecho se da casi siempre: petición, acción de gracias, arrepentimiento y conversación. Pero, sobre todo, la oración es una entrega de amor.

Y en esa entrega y en esa conversación amorosas Dios lleva siempre la iniciativa: *Mira que estoy a la puerta y llamo; si alguno escucha mi voz y abre la puerta, yo entraré a él y cenaré con él y él conmigo.*[37]

*Si alguno escucha mi voz...* Se trata, por lo tanto, según venimos diciendo, de oír la voz del Señor. También es Él quien llega a la puerta, y Él también el que llama. A nosotros nos corresponde oír su voz, escucharle, y también "abrir la puerta;" es decir, abrir

---

[36] San 4:3.
[37] Ap 3:20.

generosamente nuestro corazón; así podrá Él "entrar a nosotros" (a Él, como Esposo, le corresponde la parte más activa en esta entrega de amor) y darnos la intimidad de su amor. Intimidad que se expresa con el símbolo de la cena, en el cual se contiene también otra importante enseñanza, la de la reciprocidad en el amor; pues el texto no dice "cenaremos juntos", sino más bien: *Yo cenaré con él y él cenará conmigo*.[38] De lo que se deduce que nuestra actitud en la oración tampoco es pasiva, lo que ha de tenerse muy en cuenta.

En el capítulo diez del evangelio de San Juan, en la alegoría del Buen Pastor, se viene a decir lo mismo: que en la oración se trata, más que nada, de oír la voz del Esposo.[39] Hay allí un conjunto de ideas que es muy paralelo a las del texto que acabamos de ver.

Se dice, por ejemplo, que el portero abre la puerta al Pastor. También que las ovejas oyen la voz del Pastor, e incluso que la conocen; esto último hace suponer que las ovejas están acostumbradas a oír esa voz, precisamente porque la oyen con frecuencia. Más aún: no solamente se dice que el Pastor dirige su voz a las ovejas, sino también que las llama por su nombre; lo que hace pensar en la intimidad y ternura con las que el hombre es tratado por Dios en la oración. Aún se contiene otra enseñanza no menos importante, pues se dice que las ovejas siguen al Pastor porque conocen su voz; de donde parece que el hecho de oír la voz del Pastor, y conocerla, se pone en función de causalidad con respecto a que las ovejas se decidan a seguirlo. Es decir, que las ovejas encuentran ánimos para seguir al Pastor, a través de ásperos caminos (entiéndase la cruz), precisamente porque están acostumbradas a oír su voz, porque le escuchan en la intimidad de la entrega amorosa que es la oración;

---

[38] Algunas versiones modernas, que quieren poner el texto al día y expresarlo en un castellano mejor, lo que hacen en realidad es desvirtuarlo.

[39] Jn 10: 2–5.

ahí es donde encuentran alas para volar tras Él. Y por fin, según el texto, aquel cuya voz no conocen las ovejas resulta para ellas un extraño, por lo cual no le seguirán, antes bien huirán de él; de donde puede pensarse que, sin la costumbre de oír a menudo la voz cariñosa del Buen Pastor, lo que es decir sin la frecuencia de la escucha amorosa de la oración, el mismo Señor resultará un extraño y será imposible su seguimiento.

Como se puede ver, estamos lejos de aquella oración que se reduce a cumplir un expediente, o de la que se queda en una mera exposición de súplicas, o de la que se limita a ser una relación de faltas y pecados. En cambio este modo de entender la oración no puede llegar a comprenderse sin tener en cuenta las palabras del Señor: *Ya no os llamo siervos, sino amigos.*[40] Es decir, si no se comprende que Dios nos ha llamado a su amistad y quiere volcar sobre nosotros la infinita ternura de su corazón. No es extraño que los dos caminantes de Emaús, después de haber estado un buen rato junto al Señor y de haberle escuchado, comprendieran cómo habían sentido arder sus corazones.

Sin embargo son muchos los hombres que han pasado por la existencia sin saber que Dios no deseaba de ellos otra cosa que su amistad. Sin comprender que habían nacido para gozar de la intimidad del mismo Amor y, por lo tanto, para ser felices, ya en esta vida. Pues el hombre procede del Amor, y nació para ser feliz amando; es decir, consumiéndose en el fuego de la mutua donación y entrega, que es en lo que consiste la misma vida divina. El Señor llegó a decir en una ocasión que éste era el objeto de su venida: *Yo he venido a la tierra a traer fuego.*[41] Así se comprenden mejor unas misteriosas palabras del Bautista:

---

[40] Jn 15:15.
[41] Lc 12:49.

> —*Yo os bautizo con agua; pero viene uno que es más poderoso que yo, a quien no merezco desatar la correa de sus sandalias: ése os bautizará en Espíritu Santo y fuego.*[42]

El Bautista contrapone su humilde bautismo de agua al bautismo en el Espíritu Santo y fuego. En este último se trata también de una inmersión total, pero ahora en el Espíritu Santo, en el abismo infinito de un fuego de amor que es la Persona del Espíritu. Por eso, y para que no quede duda, habla también del bautismo en fuego, expresión que seguramente no es más que una aposición, pues el bautismo en fuego no puede ser otra cosa sino la inmersión completa en aquel Fuego infinito que sella la entrega mutua del Padre y del Hijo. Es este Fuego infinito, Espíritu de Amor, el que nos es dado también a nosotros:

> —*Yo he venido a la tierra a traer fuego.*[43]

O bien:

> —*Cuando venga el Abogado, que yo os enviaré de parte del Padre, el Espíritu de verdad, que procede del Padre...*[44]

O también:

> —*Para que el Amor con que tú me has amado, Padre, esté en ellos y yo en ellos.*[45]

---

[42] Lc 3:16 y *loc. par.*
[43] Lc 12:49.
[44] Jn 15:26; cfr. Jn 14: 16–17; 16: 6–7; 16: 13–14.
[45] Jn 17:26.

Por eso dice un salmo, en una expresión que tendría que aplicarse también a nosotros, que Yavé... *tiene por ministros llamas de fuego.*[46]

\* \* \*

Hemos dicho que la oración es una conversación amorosa entre Dios y el hombre, una mutua entrega de amor, pero llevando Dios la iniciativa, y que a nosotros nos cabe adoptar una actitud dócil para poder escuchar su voz.

Pero sabemos por experiencia que no siempre es fácil oír esa voz. Con demasiada frecuencia nos sentimos solos en la oración y no oímos a nadie, además de tener que luchar con la imaginación y las distracciones, las tentaciones, el cansancio físico o moral, y hasta con el sueño. Si la oración es lo que venimos diciendo, ¿por qué a menudo resulta tan difícil y por qué nos sentimos en ella solos tantas veces?

Para responder a esto podemos empezar diciendo que, en general, las razones por las que no oímos a Dios son las mismas que nos impiden oír la voz de un amigo y gozar de su amistad. San Juan nos ha transmitido estas palabras del Señor:

> —*El que recibe mis preceptos y los guarda, ése es el que me ama; el que me ama a mí será amado de mi Padre, y yo le amaré y me manifestaré a él.*[47]

De donde el Señor está dispuesto a manifestársenos, pero lo subordina a que lo amemos, y hace constar, de paso, que aquel lo ama que cumple sus enseñanzas. He ahí cómo una vida extraña a la suya,

---

[46] Sal 104:4.
[47] Jn 14:21.

ajena a su Espíritu, hace imposible escuchar su voz.[48] Y ésta es la primera y fundamental condición para que la escuchemos.

Volvamos ahora a los discípulos de Emaús y examinemos cuáles fueron las condiciones en las que tuvo lugar su diálogo con el Señor. Primero hablan ellos, pero guardan enseguida un silencio total y se dedican a escuchar al Señor. También concurren otras circunstancias que sin duda son buenas para que el diálogo se lleve a cabo fácilmente: se hallan en la soledad de un camino, lejos del ruido, en la serena paz de la caída de la tarde...

En efecto, cuando vamos a orar, es necesario que nos olvidemos de la barahúnda de las cosas y nos pongamos tranquilamente a escuchar. Nuestro espíritu está acosado por demasiados ruidos y demasiadas preocupaciones. Y es necesario que el Señor nos importe más que todas las cosas, sin lo cual no conseguiremos hacer callar a la inmensa batahola de problemas cuando llegue el momento de la oración. Si se tiene en cuenta, además, que la oración debe llegar a ser habitual y constante (1 Te 5:17; Lc 18:1), hasta convertirse en un espíritu de oración, la preocupación por controlar la imaginación debe ser también constante, si no se quiere, por otra parte, que el tránsito al momento de la oración sea demasiado brusco y entonces se fracase.

También es importante que no tratemos de imponerle al Señor los temas de conversación en la oración. Esto ha de entenderse sin perjuicio de que se preparen de antemano, de algún modo, ciertos temas sobre los cuales orar; en realidad la prudencia y la humildad parecen aconsejarlo así, sobre todo en los principiantes; y nadie debe darse demasiada prisa en pensar que ya ha dejado de ser principiante. Pero, aparte esto, es preciso que demos libertad al Espíritu, que

---

[48]Cfr, también, por ejemplo, Jn 18:37 *in fine*.

es el verdadero Maestro y Guía espiritual. El Señor lo dijo en la conversación con Nicodemo:

—*El Espíritu sopla donde quiere, y oyes su voz, pero no sabes de dónde viene ni adónde va.*[49]

El Espíritu es soberanamente libre y causa eficiente de toda libertad (2 Cor 3:17; 1 Cor 12:11; cfr. Ro 8:15). Sopla donde quiere, como quiere y cuando quiere, y no queda otra cosa sino dejarse guiar por Él. Se oye su voz (de nuevo la alusión al hecho de que la oración es un ponerse a la escucha de Dios), pero no se sabe de dónde viene ni adónde va. Porque, siendo el hombre un ser finito, no puede abarcar los pensamientos y los caminos de Dios (Is 55: 8–9), el cual, por eso mismo, es siempre imprevisible para el hombre. No es posible imaginar de antemano lo que Dios puede decir o pedir, ni lo que puede dar, ni adonde puede ir a parar, pues es inconmensurable para nosotros ("si intelligis non est Deus"). Por eso no se puede "planificar" de antemano la oración, porque no se le pueden poner cauces al Amor infinito, ni se puede prever el cuánto, ni el cómo, ni el modo de ese Amor.

Menos aún se le pueden imponer a Dios respuestas o soluciones a nuestros problemas, aunque esas soluciones nos parezcan razonables, lógicas y las únicas posibles. Aquí no hay lugar para las respuestas de filosofía naturalista, propias de los oráculos de la Antigüedad, fundadas en el "conócete a ti mismo;" pues aquí la Sabiduría que habla no procede del interior del hombre, sino de fuera de él y le transciende por completo.

En el pasaje de San Lucas que venimos comentando, el tema de la conversación lo impuso el Señor: *¿Qué discursos son los que vais haciendo entre vosotros mientras camináis?*

---

[49] Jn 3:8.

Después sucedería que la respuesta a las ansiedades y perplejidades de los discípulos sería completamente inesperada, y por supuesto que hubiera sido inimaginable de antemano.

*　*　*

Un obstáculo importante en la oración —en realidad casi es el único— es el miedo a la cruz. Pero sin mortificación no puede ir adelante la intimidad con el Señor. San Pedro recomendaba la sobriedad con vistas a la oración (1 Pe 4:7), y es conocida la anécdota que se cuenta del Cura de Ars, ante otro sacerdote que se quejaba de la indiferencia de su comunidad y le preguntaba lo que tenía que hacer. El Cura de Ars le contestó:

*—Veamos: ¿Usted solamente ha rezado y ha predicado? ¿Ha ayunado usted? ¿Ha dormido en el suelo? ¿Se ha flagelado?*

El amor a la cruz es tan importante en la oración como necesario para que el apostolado resulte eficaz. Para el apostolado son necesarias la oración y la mortificación, sin las cuales no pueden ser expulsados los demonios, según el Señor (Mt 17:21), quien añadía que si el grano de trigo no cae en la tierra y muere no puede dar fruto (Jn 12:24). Hay que entregarse, por lo tanto, generosamente a la mortificación, aunque siempre bajo el control de una buena dirección espiritual; solamente así se podrá "obligar" al Señor, cuando parece que no se quiere mostrar, o que quiere como pasar de largo a nuestro lado: *Cuando Él fingió seguir adelante, le obligaron diciéndole...*

Una mortificación reducida al mínimo, quizás un pacto tácito con uno mismo para no hacerse la vida demasiado difícil, y se hace imposible todo progreso en la amistad con el Señor. Esa actitud manifiesta un escaso amor, y ya hemos dicho que el amor es un fuego que necesita alimentarse con el combustible del amor mismo: sin amor no hay amor. El amor es siempre entrega y donación recíprocas, y espera siempre ser correspondido. Es cierto que Dios nos amó primero (1 Jn 4:19), incluso cuando éramos todavía pecadores (Ro 5:8), pero no se puede dudar de que se trataba de un amor que esperaba también ser correspondido (1 Jn 4:19).

Otro peligro que se presenta con demasiada frecuencia en la vida de oración es el de buscarse a uno mismo, en lugar de buscar a Dios. Así ocurre cuando se va buscando el fervor sensible. Y aunque es bueno, e inevitable, sentir la alegría por la presencia del Amado —¿y cómo podría ser de otra manera?—, no se debe poner en eso la afición o el apetito —según decían nuestros clásicos—, porque entonces ya no se busca a Dios por Él sólo. Dios se retiraría entonces, al menos hasta que la oración se purificara.

Este defecto exige lucha para ser desarraigado. Requiere paciencia y estar dispuestos a aceptar la obscuridad y la aparente ausencia del Señor. Por eso hay que ejercitarse en la aceptación gustosa de la voluntad de Dios, y buscarlo a Él solo, venga como venga. De este modo, la alegría por su presencia, qué es buena, es superada por la paciencia humilde y por la lucha constante con la obscuridad, con las tentaciones, o con el cansancio; y esto es lo más seguro.

\* \* \*

Una prueba de que, en la oración, corresponde a Dios la iniciativa y la parte más activa, la tenemos en el Cantar de los Cantares, diálogo de amor entre Dios y el alma enamorada, en el que la mayor parte del diálogo, así como los más bellos requiebros, corresponden al Esposo. Veamos éstos, por ejemplo:

> *Eres, amada mía, hermosa como Tirsa,*
> *bella como Jerusalén,*
> *terrible como escuadrón ordenado en batalla.*
> *Aparta ya de mí tus ojos,*
> *que me matan de amor.*
> *Es tu cabellera rebañito de cabras*
> *que ondulan al subir por el monte de Galad.*
> *Tus dientes, cual rebaño de ovejas de esquila*
> *que suben del lavadero,*
> *todas con crías gemelas,*
> *sin que entre ellas haya estéril.*
> *Son mitades de granada tus mejillas,*
> *a través de tu velo.*
> *Sesenta son las reinas, ochenta las concubinas,*
> *y las doncellas son sin número.*
> *Pero es única mi paloma, mi perfecta...*[50]

Puesto que Él es la fuente primera del amor, y el Maestro, y el Guía, y la Voz que ansiamos escuchar. Una Voz que esperamos siempre

> *Yo duermo, pero mi corazón vela.*
> *Es la voz del Amado, que me llama;*[51]

no tenemos que preocuparnos demasiado por hablar nosotros, como nos lo recomendaba el Señor:

> —*Cuando oréis, no seáis habladores, como los gentiles,*
> *que piensan ser escuchados por su mucho hablar.*[52]

---

[50] Ca 6: 4–9.
[51] Ca 5:2.
[52] Mt 6:7.

Además el hablar no es la única forma de comunicarse, y algunas veces ni siquiera la mejor; hay ocasiones en que dice más una mirada, como ocurre con los que se aman: el Apocalipsis, por ejemplo, dice que los ojos del Señor son como llamas de fuego.[53] También dice que su voz es como la voz de muchas aguas.[54] Pero las muchas aguas pueden producir, o el rumor de las olas tranquilas y suaves en una serena mañana de verano; o el ruido atemorizador y fuerte del mar bravío, o del torrente impetuoso que corre cerca de nosotros; o puede ser la suave y monótona evocación de una cascada, que oímos a través de la fronda. Pues así como el ruido que producen las muchas aguas puede ser tan distinto, y evocar en nosotros sentimientos tan diferentes, así también la voz del Señor puede hablarnos de muchas maneras. Pero su voz, aunque pueda parecer airada o incluso silenciosa, nos habla siempre de lo mismo: nos habla de su amor.

Porque la voz del Señor puede ser una voz silenciosa. También puede hablarnos a través de su silencio. Porque cuando estamos con Él y parece como si nuestra buena voluntad y nuestro esfuerzo no sirvieran de nada; cuando, a pesar de eso, Él nada nos dice y sólo escuchamos el silencio, o a nosotros mismos; cuando ocurre eso, no es momento de desesperanzas ni de abandonos: es que Él nos está hablando de paciencia, de humildad y de confianza; sin duda porque es lo que más necesitamos.

---

[53] Ap 2:18.
[54] Ap 1:15.

## "Quédate con nosotros, pues el día ya declina"
## La Oración (continuación)

Los discípulos de Emaús pronunciaron esta frase, una de las más bellas del evangelio, después de haber oído hablar al Señor. Se sentían contentos, distintos y totalmente transformados. Antes estaban tristes, desanimados, con su manera de pensar puramente humana, con sus ojos que no pudieron reconocer al Señor. Pero ahora, el fuego que ha ardido en su corazón los ha transformado —*¿No ardían nuestros corazones dentro de nosotros mientras nos hablaba en el camino?*— y se sienten alegres, llenos de ilusión, abiertos a los nuevos horizontes que se presentan ante ellos, con una mejor y más correcta comprensión de las cosas.

Así ocurre siempre en la oración, después de habernos puesto en contacto con el Señor. Porque aunque nos sintamos llenos de maldad, desanimados, tentados, o agobiados por un ambiente adverso, siempre que nos ponemos en contacto con la santidad —incluso aunque se presente en un puro hombre—, nos sentimos distintos. ¿Qué ocurrirá si nos acercamos al que es la Bondad, la Verdad, la Belleza y el Amor? Sin duda alguna que acabaremos siendo unos hombres diferentes.

El evangelio nos cuenta la transformación que se produjo en ciertos hombres que se pusieron en contacto con el Señor y hablaron con Él. De una de ellas, la del ciego de nacimiento, nos habla San Juan:[55]

> *Vieron al pasar a un ciego de nacimiento, y los discípulos le preguntaron:*
>
> *—Maestro, ¿quién pecó, éste o sus padres?*

---

[55] Jn 9: 1–38.

*—Ni pecó él ni sus padres —contestó el Señor—, sino
que esto ha ocurrido para que se manifiesten en él las
obras de Dios.*

*Entonces hizo un poco de barro con saliva, untó los ojos
del ciego y le ordenó:*

*—Ve y lávate en la piscina de Siloé.*

Así lo hizo el ciego y volvió con vista. Con lo cual se produjo un gran revuelo en la gente, que le preguntaba si era o no era él, y cómo había recobrado la vista. Él decía:

*—Ese hombre llamado Jesús hizo barro, me untó los ojos
y me mandó a lavarme a la piscina de Siloé; y ahora veo.*

Pero era sábado aquel día y había sido roto el descanso; aquello no parecía muy ortodoxo, y a alguien se le ocurrió que era preciso llevar al ex–ciego a la presencia de los fariseos. Comenzaron los interrogatorios judiciales. Pero el antiguo ciego decía siempre lo mismo:

*—Me puso barro en los ojos, me lavé y ahora veo.*

Se produjo el escándalo y discutían entre sí los fariseos. Aunque en algo sí que estaban de acuerdo:

*—Este hombre que no guarda el sábado no puede ser de
Dios. O quizás no hay tal milagro, y este infeliz que está
aquí no es el ciego de nacimiento.*

Las averiguaciones continuaron y se llamó a los padres para que declarasen si aquél era, o no era, su hijo. Llegaron dos miserables ancianos, muy asustados, y eludieron la pregunta como pudieron:

> —Sí, éste es nuestro hijo, y nació ciego. Pero cómo es que ahora ve, no lo sabemos; preguntádselo a él, que edad tiene.

Nuevo interrogatorio al ex–ciego, ahora más perentorio, y con preguntas que sólo esperaban una respuesta:

> —¡Da gloria a Dios! ¡Nosotros sabemos que ese hombre es un pecador! ¡Reconoce que él no te pudo curar!

Pero el infeliz mendigo, el antiguo ciego, se sentía otro hombre. Estaba transformado, y se sabía seguro y valiente; todo le importaba poco ahora, menos traicionar a aquel desconocido hacia el que se sentía tan agradecido. Sus respuestas tenían por eso la sencillez y la contundencia del sentido común:

> —Si es pecador no lo sé. Lo único que sé es que yo antes era ciego y ahora veo.

Y los fariseos, de nuevo a la carga:

> —¿Qué fue lo que te hizo? ¿Cómo te abrió los ojos?

El mendigo empezó a impacientarse:

> —¿Cuántas veces voy a tener que decirlo? ¿O es que queréis haceros sus discípulos?

Indignación, gritos e insultos. Le dijeron:

> —¡Hazte tú si quieres! Nosotros somos discípulos de Moisés, del cual sabemos que Dios le habló; pero de éste no sabemos ni de dónde viene.

## Los Discípulos de Emaús

Pero aquel hombre estaba cambiado. No le importaba llegar hasta el final, y la indignación que sentía le empujaba a hablar claro:

*—Pues eso sí que es maravilla: que vosotros no sepáis de dónde viene, habiéndome abierto los ojos. Dios no oye a los pecadores, pero si alguien hace su voluntad, a ése le oye. Nunca se ha oído decir que nadie haya abierto los ojos a un ciego de nacimiento. Si éste no fuera de Dios, no podría haberlo hecho.*

La indignación de los fariseos llegó al colmo:

*—No eres sino pecado desde que naciste ¿y vas a enseñarnos a nosotros?*

Le echaron a la calle.

Se lo encontró Jesús y le preguntó:

*—¿Crees tú en el Hijo del Hombre?*

Momento emocionante. Aquel hombre había adquirido la visión corporal y se sentía agradecido y valiente; ahora se trataba de que adquiriera también la visión interior. El título de Hijo del Hombre era el que asignaba con más claridad un carácter divino al Mesías, de entre todos los otros con los que era conocido.[56] Esta pregunta contenía, por lo tanto, una interpelación muy directa a la fe. Pero el mendigo, que ya había sido tocado en su corazón, se rindió y se entregó:

*—Creo, Señor.*

*Y se arrodilló ante Él.*

\* \* \*

---

[56]Según la profecía de Daniel: 7: 13–14.

Los dos de Emaús se sentían tan contentos, después de haber escuchado al Señor, que no deseaban que aquello terminara. Por eso *le obligaron diciéndole: Quédate con nosotros, pues el día ya declina.* Le fuerzan suavemente. La invocación de que se hacía tarde era un puro pretexto; algo había que decir para que aquel hombre se quedara.

Eso es lo que ha de ocurrir normalmente en la oración. En ella el Espíritu descubre el mundo de los secretos divinos, que es inaccesible para la gente pero que Dios entrega a los que lo aman: *Dios nos ha revelado por su Espíritu, que el Espíritu todo lo escudriña, hasta las profundidades de Dios. Pues ¿qué hombre conoce lo que hay en el hombre sino el espíritu del hombre, que en él está? Así también las cosas de Dios nadie las conoce sino el Espíritu de Dios. Y nosotros no hemos recibido el espíritu del mundo, sino el Espíritu de Dios, para que conozcamos los dones que Dios nos ha concedido.*[57] Gracias al Espíritu, que vive en nosotros, podemos conocer los dones de Dios; de los cuales el más importante, y el que los contiene a todos, es el de su amor. Ese Amor nos resultaría desconocido si Él mismo no nos lo revelara y nos lo hiciera sentir. Pero, si lo hace, nuestra alegría es entonces completa (Jn 15:11; 16:24; 17:13). Cuando en la oración se ha puesto buena voluntad se obtienen siempre la alegría y la paz. No importa que haya sido difícil o que haya estado sometida a la prueba: era la voz de Dios, que nos hablaba desde el silencio de su aparente ausencia. Allí estaba Él, escondido más bien que ausente, proporcionándonos la serenidad en el sufrimiento, infundiéndonos la paz y la alegría a pesar de nuestras lágrimas y a pesar, quizás, de que no habíamos sabido interpretar sus caminos.

De la narración se desprende claramente que el Señor tenía aún mayores deseos de quedarse que los discípulos de retenerlo. Lo su-

---

[57] 1 Cor 2: 10–12.

giere el texto al decir que *Él fingió seguir adelante*. Él deseaba que se lo pidieran porque, en realidad, el amor no puede hacer otra cosa: necesita que se le abra voluntariamente la puerta. Por eso Dios solicita humildemente nuestro amor y espera con ansias que le dejemos amarnos. La única razón por la que no se vuelca sobre nosotros, con caricias de amor, es porque se lo impedimos; tal vez porque lo rechazamos abiertamente; o tal vez porque nuestra locura nos hace creer que merecemos sus dones, poniendo el gusto en ellos más bien que en Él mismo.

## Conclusión

Los dos peregrinos de Emaús reconocieron al Señor en la fracción del pan. La fracción del pan es nuestra Misa. Haciéndola vida en nosotros, participando de la victimación sacrificial del Señor, es como llegaremos también nosotros a reconocerle. El conocimiento de Jesús supone un largo camino, en el cual se desarrolla nuestra Misa, que es lo mismo que decir la oblación de nuestra vida: comienza en el bautismo, cuando fuimos sepultados con Él para participar en su muerte; llega a su punto culminante con nuestra propia muerte, participación consumada de la suya; y fructifica gloriosamente en la eternidad, cuando seamos glorificados participando de su resurrección. Pero reconocerlo en esta vida supone vivir realmente la Misa, en todo lo que ella es: Sacrificio de la Cabeza, actualizado siempre para que los miembros puedan participar de él. El que se hurta a la cruz jamás llega a conocer al Señor. Hoy se escriben muchos libros y artículos de alta especulación teológica, pero siguen siendo los hombres pobres y los pequeños los que mejor llegan a conocer al Señor;

hoy como ayer. Porque la ciencia sola hincha, mientras que lo que realmente edifica es la caridad. No puede ser de otro modo porque, si Dios es amor, ¿quién podrá llegar a reconocerle sino los que aman? ¿Quién sino aquellos que salieron de su egoísmo para darlo todo? Y éstos suelen ser los pobres y los pequeños, nunca los sabios ni los que detentan los poderes de este mundo.

Hubo una mujer pobre que se olvidó de sí misma y lo dio todo por Dios. Se llamó a sí misma la Esclava, la Sierva del Señor, y su sí a Dios fue tan rotundo y pleno que vino a ser el arquetipo del sí de toda la Iglesia. Nadie lo ha pronunciado jamás como ella, y por eso ha venido a ser la Maestra de toda respuesta afirmativa y generosa que se da a Dios. Cuando nosotros intentemos dar nuestro sí, nada podremos hacer mejor que acogernos a ella, para que nos ayude. Es que, además de Maestra, es también nuestra Madre.

# IX

# CON LAS LÁMPARAS PREPARADAS

*Entonces el reino de los cielos será semejante a diez vírgenes que, tomando sus lámparas, salieron al encuentro del esposo. Cinco de ellas eran necias y cinco prudentes; las necias, al tomar las lámparas, no tomaron consigo aceite, mientras que las prudentes tomaron aceite en las alcuzas juntamente con sus lámparas. Como el esposo tardaba, se adormilaron todas y se durmieron. A la media noche se oyó un clamoreo: Ahí está el esposo, salid a su encuentro. Se despertaron entonces todas las vírgenes y se pusieron a preparar sus lámparas. Las necias dijeron a las prudentes: Dadnos aceite del vuestro, porque se nos apagan las lámparas. Pero las prudentes respondieron: No, porque podría ser que no bastase para nosotras y vosotras; id más bien a la tienda y compradlo. Pero mientras fueron comprarlo llegó el esposo, y las que estaban prontas entraron con él a las bodas y se cerró la puerta. Llegaron más tarde las otras vírgenes, diciendo: Señor, señor, ábrenos. Pero él respondió: En verdad os digo que no os conozco. Velad, pues que no sabéis el día ni la hora.*

(Mt 25: 1–13)

El Señor nos habla a menudo en parábolas. La parábola viene a ser lo que nosotros llamamos un ejemplo. Nos pone ante hechos y costumbres de la vida sencilla y ordinaria, y, a través de ellos, nos invita a que descubramos una o varias lecciones que son de importancia capital para nosotros. Algunas veces el Maestro añade a la parábola una explicación detallada; otras, como ocurre en la de hoy, la cierra con alguna frase en la que se encuentra la clave principal para entenderla. Pero, con todo, la parábola contiene siempre un mundo maravilloso de posibilidades y de sugerencias para los hombres y sus circunstancias de todos los tiempos. Por eso la parábola es siempre un desafío a nuestra inteligencia y a nuestra imaginación. Ante ella palpamos de un modo especial algo que ocurre siempre con el evangelio: para su intelección es necesario, de una parte, amar a los hombres del propio tiempo, aquellos con quienes se convive, y de ese modo conocer sus problemas; de otra, hay que abrirse también a la luz del Espíritu, único que puede guiarnos en la interpretación de aquellas palabras. Y cuando se hace así, se ve entonces cómo todo encaja: los hombres, sus problemas, sus sufrimientos y sus alegrías; y para todo ello la Palabra, que es siempre Espíritu y Vida, según dijo el mismo Maestro (Jn 6:63), para todo aquel que la quiera escuchar.

Quizás la lección importante que nos quiere dar la parábola de hoy sea ésta: que las lámparas han de estar siempre provistas y preparadas. Y que no valdrán excusas, por justificadas que puedan, parecer: ni la tardanza del Esposo, ni la inseguridad del momento de su llegada, ni el sueño o el cansancio, ni las dificultades para proveerse de aceite, ni la creencia de que siempre se lo podrá adquirir en un momento posterior... Las lámparas se hicieron para lucir y tienen que estar siempre preparadas. Nadie pone una lámpara debajo del celemín, sino sobre el candelero, para que alumbre a todos los que entran en la casa (Mt 5:15). Y siendo nosotros, según dijo también el Maestro, además de sal de la tierra, luz del mundo, hemos de estar siempre con las lámparas encendidas (Lc 12: 35–36).

Somos pues, como dijo el Apóstol (Ef 5:8), luz en el Señor. Ahora bien, es necesario saber también que, si nunca fue fácil para el cristiano esa tarea, ahora lo es menos que nunca. En efecto, hoy no es fácil ser una lámpara preparada y encendida que alumbre ante el mundo, con llama intensa y no vacilante, el testimonio de Jesucristo. Y pienso que es importante que tengamos una conciencia clara de esto.

El Espíritu del Mal, o Demonio, es espíritu de confusión y desatino. Y siendo quizás hoy mayor que nunca su poder, es lógico que haya conseguido extender por todas partes la confusión. Por supuesto, ya sabéis que me estoy refiriendo a la propia Iglesia. Por consiguiente: cuando vayáis a dar vuestro testimonio de Jesucristo, un testimonio claro, vibrante y valiente, os vais a encontrar con tan tremenda confusión de las mentes que vuestra labor se va a hacer muy ardua. Es cierto que ese confusionismo se ha hecho posible porque ha encontrado una serie de complicidades de las que hablaremos después. Pero el hecho está ahí: tremendo como una muralla ante la que se estrellará vuestra voz y se volverá de vacío; o como un cierzo gélido, que puede apagar la luz de vuestra lámpara y dejaros también a vosotros en la obscuridad.

Es verdad que el cristiano vive de la Esperanza. Pero nadie ha dicho que esa virtud nos exima de la tarea de ser realistas y de conocer el mundo que nos rodea. Esos hechos no nos van a justificar: nuestras lámparas tienen que estar preparadas y ardiendo; como sea, pero tienen que arder.

Por ejemplo: cuando ante ese problema de nuestro tiempo que es el marxismo queráis iluminar con criterios claros, os vais a encontrar enseguida con la triste realidad de la confusión de la gente. De nada valdrá que vosotros veáis claro, ni que habléis del ateísmo de esa ideología, ni de que destruye al hombre, ni de las tácticas engañosas que emplea. Ni siquiera valdrá, aunque sea por demás evidente, que hagáis ver los hechos que están ahí, con toda su realidad y monstruosidad: países enteros esclavizados, opresión de los cuerpos y de las mentes, olvido de todo lo que significa la dignidad humana e incluso la opresión de una clase (la obrera) a la que de una manera especial se le había prometido la liberación. Cuando queráis exponer todo esto, siempre encontraréis quien os diga que hoy estamos en la época del diálogo, que el Concilio Vaticano II no quiso condenar a nadie, que no seáis reaccionarios, que se puede encontrar una base común sobre la que montar la plataforma de unas justas reivindicaciones sociales, que de momento podemos dejar de lado los principios (en realidad el marxismo nunca los ha dejado) para luchar juntos. Hasta os dirán que el marxismo es la única realización verdadera del cristianismo. Hace muy pocos días se vio aparecer en un coloquio de TV, como representante de la parte católica, un cierto personaje que se autodenominaba nada menos que "filósofo–católico–marxista." Pero si lográis reponeros del asombro y pretendéis manifestar vuestro estupor, no solamente os hablarán entonces del silencio de una parte de la Jerarquía, sino que os dirán también que algunos pastores tienen un papel activo de militancia dentro del marxismo.

Cuando, alarmados por la oleada de horizontalismo y de naturalismo que se ha extendido entre los católicos, queráis insistir en las realidades sobrenaturales, os saldrán al paso inmediatamente. Os dirán que hay que hacer una religión "para los hombres" y sus auténticas necesidades (como si la verdadera religión no fuera para los hombres); entendiéndose, además, que los hombres no tienen más necesidades que las de esta tierra (las otras se rechazan). Os acusarán de que os encerráis en una piedad egoísta que os separa de los demás, y os dirán, por ejemplo, que la auténtica oración es el trabajo por los otros.

Cuando queráis ser fieles a la Iglesia, y celebrar y vivir el acto más importante del culto cristiano, que es el Santo Sacrificio de la Misa, según las normas y enseñanzas de la liturgia y del dogma católicos, os opondrán las mil excentricidades de ceremonias "eucarísticas" que pretenden por su cuenta ser una auténtica "religión viva" para los católicos de hoy. Esas celebraciones dejan mal parado el contenido de la fe en no pocas ocasiones. Pero, si pretendéis reaccionar, utilizarán contra vosotros otros argumentos de los que después hablaremos.

Claro que siempre podréis acogeros a las enseñanzas del Magisterio para desenmascarar a los mentirosos. Pero no os imaginéis que va a ser fácil, pues también eso está previsto: no son pocos los teólogos de nota, moviéndose con soltura dentro del redil católico, que se dedican a poner en duda la fuerza vinculante de sus enseñanzas doctrinales, e insisten constantemente ante los fieles que lo que decide es la conciencia personal.

Podríamos seguir poniendo ejemplos, pero no vale la pena. En realidad no trataba de enumeraros ahora, ni siquiera de pasada, los problemas más graves que aquejan a la Iglesia. Trataba solamente de ilustraros, con algunos hechos concretos, lo que antes os dije: que hoy existe en la Iglesia una gran confusión y que no es fácil iluminar, como lámparas ardientes, en un mundo que se empeña en ser tenebroso. Tampoco tengo la intención de refutar esos errores, que vosotros conocéis bien, porque no es este el lugar para hacerlo. Pero sí quiero llamar vuestra atención sobre algo que es mucho más grave y que es lo que los ha hecho posibles.

Esos errores, y tantos otros, serían fácilmente refutables. El problema, para unos cristianos que tienen que arder como lámparas en medio del mundo —y necesariamente y sin excusa, como nos enseña la parábola de hoy—, es más complicado. Antes os lo he insinuado, y viene a plantearse así:

La confusión no se hubiera extendido sin los silencios y complicidades de muchos. Tenéis que contar con eso en vuestras tareas de apostolado. Hoy no se ve bien que se haga una presentación clara, diáfana, congruente y simple del Mensaje evangélico. Se tiende más bien a presentarlo de una manera que los filósofos dialécticos modernos llamarían algo así como "mediada." En efecto, la presentación del evangelio está hoy mediada por muchas cosas. Quiero decir que está hoy condicionada, en no pocas ocasiones, a intereses políticos, sociales, económicos e incluso religiosos (!?), a los cuales se piensa que hay que salvaguardar y a los que la predicación honesta del evangelio podría perjudicar. No me preguntéis cómo es posible que alguien pueda pensar que las verdades evangélicas y los intereses de los hombres puedan ser incompatibles. El hecho está ahí y no puede negarse.

Hoy se habla mucho del diálogo y de la mano tendida y se practica la política de lo que llaman consenso. Pero los diálogos, cuando no van bien encaminados, y más aún los consensos, se prestan a las ingenuidades de los menos avisados, y también a que se ceda en los principios cuando no se está muy firme en ellos. Alguna Conferencia Episcopal puede no pronunciarse en contra de una nueva Constitución, laica, atea y disgregadora de la familia, porque así lo aconseja el momento político. En la política religiosa que se ha seguido con ciertos países se ha tenido en cuenta el pensamiento de sus respectivos gobiernos, pero de tal manera que quizás se han matizado demasiado lo que hubieran sido las límpidas conclusiones del evangelio, adoptándose decisiones que no siempre se han demostrado acertadas. A muchos teólogos se les permite propalar libremente las más escandalosas herejías, con la buena intención, sin duda, de no crear ante el mundo la impresión de que se persigue a la libertad. Hoy nadie pone en duda el hecho de que algunas decisiones o maneras de hablar (en sí, correctas) de alguna parte de la Jerarquía dieron pie para que algunos pudieran llevar fácilmente las aguas a sus molinos: pensad, por ejemplo, en lo que ocurrió en la Conferencia de Medellín y en cómo supieron sacar partido las teologías de la liberación o de la revolución, cuando quizás hubiera sido suficiente con que se hubiera expresado más valientemente cuál es el auténtico contenido del evangelio y cuál es la verdadera misión de la Iglesia.

Debemos recordar que no nos corresponde a nosotros juzgar las intenciones de nadie, y que seguramente nos equivocamos al señalar como ejemplo algún hecho concreto, pues no conocemos con seguridad todos los datos del problema y por otras razones. Pero eso no impide que a los cristianos sencillos nos duela que tantos y tantos problemas obstaculicen la predicación clara y sencilla de la verdad. ¿Son realmente mejores el uso de la táctica y el empleo de la prudencia humana que la presentación simple y consecuente de la Palabra? Es cierto que ha pasado ya mucho tiempo, por ejemplo, desde que San Juan Evangelista desdeñaba hablar con el hereje Marción y le rechazaba en las termas, negándose a tratar con él. Sin embargo no pasa nunca el tiempo de los mártires, es decir, de aquellos que dan valientemente su vida por el evangelio con todas sus implicaciones.

Además se ha llegado a tolerar el descrédito de las auténticas fidelidades. Porque aquellos que han querido seguir siendo fieles a su fe, a la Iglesia y al Magisterio, han sido señalados como reaccionarios y gentes que están fuera de su época. ¿Cómo no nos va a doler en el alma el que la Palabra de Dios pueda estar encadenada? (cfr. 2 Tim 2:9).

En el fondo de estas actitudes pueden estar implicadas cuestiones muy graves que a nosotros no nos toca examinar. Se trata del problema de la opción por lo que se considera que es el mal menor y de una cierta tolerancia; y de cómo se puede poner todo eso de acuerdo con las exigencias de la revelación y con las de una prudencia y una sabiduría, no solamente humanas, sino también sobrenaturales. Esto equivale a preguntar si la predicación del evangelio y las necesidades de los hombres admiten o no tácticas, dilaciones, silencios y matices oportunistas. O dicho también con otras palabras: ¿tiene o no sentido poner entre paréntesis, siquiera como método cartesiano, ciertas verdades indiscutibles de la revelación porque no son convenientes para el actual momento socio–político?

Pero lo que yo quiero hoy haceros notar es que, cuando queráis ser luz entre los hombres, no va a ser fácil vuestra labor, pues os vais a encontrar con un ambiente de rechazo total. Lo que quiere decir que los resultados de vuestro testimonio se van a ver sometidos a una prueba muy dura cuando tratéis de dar doctrina. Habrá que acudir entonces a otros medios porque, de todos modos, vuestras lámparas tendrán que arder.

Y que nadie vaya a entender que quiero decir con esto que será inútil hablar. Habrá que hablar, y más que nunca: ¿qué estamos haciendo ahora sino dando doctrina? Lo que quiero decir es esto: que en el momento presente es esencial que acudamos, además y sobre todo, a los medios que siempre se han demostrado como eficaces. El Maestro mismo nos ha dicho con claridad cuáles son esos medios: *De tal modo ha de lucir vuestra luz ante los hombres que, viendo vuestras buenas obras, glorifiquen a vuestro Padre que está en los cielos* (Mt 5:16).

Según esto, la luz de vuestras lámparas será eficaz cuando sirva para alumbrar, más que nada, a vuestras buenas obras. Vuestras obras, vuestra vida misma: he ahí lo que los hombres tendrán que admitir y ante lo que nada podrá la confusión. Llegamos así a una conclusión que ya conocemos, pero que ahora adquiere especial relieve: tendréis que alumbrar con las obras más que con las palabras. Ante la desvalorización del lenguaje, ante la falta de respaldo con la que a menudo os encontraréis, y ante las manipulaciones a que hoy se somete a la verdad, tendréis que responder con algo incontestable: con el testimonio de vuestra propia vida.

Ese es el aceite que puede hacer posible que las lámparas de las vírgenes prudentes cristianas sigan ardiendo de todos modos. Una vez más queda patente el valor insustituible de la santidad. Ante ella nada pueden las murallas ni los vientos helados del invierno del mundo.

No olvidéis que, según la parábola de hoy, también las vírgenes necias tuvieron sus lámparas. Pero esas lámparas nunca llegaron a arder, porque nunca tuvieron aceite, y fueron inútiles por lo tanto. Así ha ocurrido siempre en la Iglesia, en la que cada uno tiene su oficio: unos son Pastores y otros son rebaño; cada uno recibe su correspondiente carisma; unos reciben una vocación y otros reciben otra. Pero no hay vocación, carisma ni oficio que valga demasiado sin la santidad. Llegó un momento en que las vírgenes necias, poseyendo sus lámparas pero desprovistas de aceite, tuvieron que escuchar aquellas tristes palabras que les dirigió el Esposo: *De verdad os digo que no os conozco.*

Y aún podríamos apuntar otra sugerencia que nos hace la parábola. No cabe duda de que se insinúa en ella un soterrado enfrentamiento entre las vírgenes necias y las prudentes. Hay ante todo una diferencia de actitudes, y luego un angustiado dirigirse de las vírgenes necias a las prudentes: habían comprendido demasiado tarde la necesidad del aceite. Pero las prudentes les dicen que no se lo pueden dar; de una manera correcta, pero firme. Advirtamos una inversión de las denominaciones: las vírgenes necias y prudentes se llamaron así, pero al final. Seguramente ante los ojos del mundo las necias pasaron primeramente por prudentes, y éstas por necias. Lo que trajo consigo, entre otras cosas, que las vírgenes necias (o prudentes, según el mundo) pasaran por ser las que realmente sabían lo que tenían que hacer; en cambio las prudentes (prudentes según Dios) pasaron ante el mundo por locas y extraviadas.

Este enfrentamiento entre las vírgenes necias y las prudentes es el mismo, en definitiva, que el que se produce entre el bien y el mal, entre Dios y el demonio, entre la caridad y el odio, entre la santidad y la mediocridad. Pero en el enfrentamiento las vírgenes prudentes tendrán que seguir el mismo camino que el Maestro, y ninguna salida les quedará sino la de la ofrenda de la propia vida: *Él era la luz de los hombres, y la luz luce en las tinieblas, pero las tinieblas no la acogieron* (Jn 1: 4–5). Lucir y dar calor: he ahí la tarea encomendada a las vírgenes de la parábola. Y luego, ya se sabe: la mecha de la lámpara, por haber ardido, acaba consumiéndose.

La parábola de las diez vírgenes es quizás de las más bellas que nos trae el evangelio. En ella se habla de vírgenes que no supieron cumplir con su cometido, de esperas y tardanzas, y de aquello a lo que puede conducir la estulticia humana. Pero también se habla de vírgenes diligentes, de fiestas nupciales, de Esposos que saben llegar en el momento inesperado y, sobre todo, del amor del Esposo y de la esposa evocando el Cantar. Al final las vírgenes prudentes entran con el Esposo a las nupcias: son de verdad la novia, la esposa del Cordero (Ap 21:9), que habiendo recibido, y dado, y cumplido una palabra, entran ahora con Él al banquete eterno que les ofrece el Amor increado.

# X

# EL TRABAJO CRISTIANO

*Porque es como si uno, al emprender un viaje, llama a sus siervos y les entrega su hacienda, dando a uno cinco talentos, a otro dos y a otro uno, a cada cual según su capacidad, y se va. Luego, el que había recibido cinco talentos se fue y negoció con ellos y ganó otros cinco. Asimismo el de los dos ganó otros dos. Pero el que había recibido uno se fue, hizo un hoyo en la tierra y escondió el dinero de su amo. Pasado mucho tiempo, vuelve el amo de aquellos siervos y les toma cuentas, y llegando el que había recibido los cinco talentos, presentó otros cinco, diciendo: Señor, tú me has dado cinco talentos; mira, pues, otros cinco que he ganado. Y su amo le dice: Muy bien, siervo bueno y fiel; has sido fiel en lo poco; te constituiré sobre lo mucho; entra en el gozo de tu Señor. Llegó el de los dos talentos y dijo: Señor, dos talentos me has dado; mira otros dos que he ganado. Díjole su amo: Muy bien, siervo bueno y fiel; has sido fiel en lo poco; te constituiré sobre lo mucho; entra en el gozo de tu Señor. Se acercó también el que había recibido un solo talento y dijo: Señor, tuve cuenta que eres hombre duro, que quieres cosechar donde no sembraste y recoger donde no esparciste, y temiendo, me fui y escondí tu talento en la tierra; aquí lo tienes. Respondióle su amo: Siervo malo y haragán, ¿conque sabías que yo quiero cosechar donde no sembré y recoger donde no esparcí? Debías, pues, haber entregado mi dinero a los banqueros, para que a mi vuelta recibiese lo mío con los intereses. Quitadle el talento y dádselo al que tiene diez, porque al que tiene se le dará y abundará; pero a quien no tiene, aun lo que tiene se le quitará; y a ese siervo inútil echadle a las tinieblas exteriores; allí habrá llanto y crujir de dientes.*

(Mt 25: 14–30)

Como todas las parábolas, ésta contiene también varias enseñanzas, una de las cuales es la principal. Pues bien, a mí me parece que la lección principal que nos da esta parábola es la siguiente: que hay que trabajar.

El trabajo es una de las cosas de las que más se habla hoy, y, en un sentido o en otro, de las que más preocupan. Por lo que no tiene nada de particular que en el mundo embrollado en que vivimos, la idea del trabajo sea también una de las más conflictivas. Parece que no tendría que ser así, pues el trabajo es un asunto simple, y las cosas simples no son complicadas. Pero así somos los hombres.

Por un lado el trabajo es exaltado desconsideradamente. Para el marxismo, por ejemplo, el trabajo es lo que hace al hombre; no hace falta que os recuerde esos tópicos de "el mundo del trabajo", o "la clase trabajadora", o "la realización del hombre mediante el trabajo" y muchos más. Al mismo tiempo, y mientras se habla de todo eso, la gente desea trabajar cada vez menos; trabajar menos y ganar más: he ahí lo que todo el mundo exige. Las reivindicaciones parecen contradictorias: derecho al trabajo, por un lado; derecho a no trabajar, o a trabajar menos, o a trabajar muy poco, por otro.

Incongruencias aparte, el hecho es que la gente cada vez trabaja menos; al menos eso es lo que vemos en nuestra patria. No me refiero ahora al fenómeno del paro, motivado también a su vez por la falta de rendimiento en el trabajo (aunque no sea esa la única causa). Me refiero al hecho de que la gente no quiere trabajar. Añadamos a esto el problema de las jubilaciones tempranas, el del tiempo libre y, relacionado con esto último, ese fenómeno que a mí me resulta tan extraño, de los fines de semana de cuarenta y ocho horas.

Así que nos encontramos con el problema social de que no hay trabajo y con el problema social, aparentemente contradictorio, de que no se quiere trabajar. En realidad no hay incongruencias, y cualquiera medianamente avisado podría darnos una sencilla explicación de todo eso: bastaría hablar de tácticas políticas para hundir la economía de un país, aunque, sobre todo, habría que hablar de la pérdida del sentido de la moralidad. La gente se deja engañar y no quiere trabajar porque, habiendo perdido la idea de la transcendencia, piensa que el trabajo es una desgracia o por lo menos un mal menor.

Pero no nos vamos a detener en esas explicaciones. Para nosotros el trabajo es un don del Señor, y ya hemos dicho antes que la lección principal que nos da la parábola de hoy es la de que tenemos que trabajar. El trabajo fue concebido por Dios como algo hermoso y bueno para el hombre. El trabajo acerca el hombre a Jesucristo y lo hace más semejante a Dios. *Mi Padre sigue obrando todavía y por eso obro yo también* (Jn 5:17): por el trabajo se hace el hombre colaborador de Dios en la obra de la creación. Dios puso al hombre en el paraíso *para que lo trabajara* (Gen 2:15), o sea, para que, por medio del trabajo, lo hiciera más paraíso todavía. Y por eso negarse al trabajo es, en último término, rechazar la obra de la creación, volverse de espaldas al amor de Dios que en ella se manifiesta, desear la nada más bien que el ser. En el fondo, la negativa al trabajo significa el odio a Dios.

Ahora bien: no vayáis a pensar que el trabajo es hermoso solamente porque, por medio de él, el hombre se hace colaborador de Dios en la obra de la creación natural. Hay algo mucho más importante. Pues Dios quiso también que el hombre trabajara con Él en la edificación de su Reino sobrenatural. Y así es como nos encontramos con este hecho maravilloso: la edificación del Reino de Dios —que

*El Trabajo Cristiano* 187

empieza en la tierra y se consuma en los cielos— depende también de nosotros. La parábola lo dice con claridad: *Les entregó su hacienda*; y en el pasaje paralelo de San Lucas, en forma imperativa: *¡Negociad mientras vuelvo!* (Lc 19:13); igualmente en otro lugar de San Mateo, con apremiante urgencia: *¿Cómo es que estáis aquí ociosos todo el día...? ¡Id también vosotros a trabajar a mi viña!* (Mt 20: 6–7). A mí me recuerda todo esto aquel pasaje del Cantar (Ca 8:11):

> *Una viña tenía Salomón en Baal–Hamón,*
> *la entregó a sus guardas,*
> *que habían de traerle por sus frutos*
> *mil siclos de plata.*

Pero así como el trabajo divino, que es la creación, es obra del amor, así también en nosotros el trabajo es obra de amor. Por eso el trabajo se desnaturaliza si se separa del amor. Y por eso el cansancio que es consecuencia del trabajo es signo del amor. De ahí que sólo los verdaderamente cansados son los que pueden encontrarse con el Señor: *Venid a mí todos los que estáis fatigados y cargados, que yo os aliviaré* (Mt 11:28). Pues el cansancio es un título muy especial que nos habilita para acercarnos al Señor. Y así es como tendríamos que llegar al final de la vida habiendo consumido todas nuestras energías. En realidad las energías recibidas no pueden quedar sin consumirse: seríamos castigados, como le ocurrió en la parábola al que recibió un talento y lo guardó para devolverlo luego a su Señor. Lo que quiere decir que para nosotros la muerte sólo tiene sentido por agotamiento, o, si queréis, en acto de servicio, pero nunca tras una honrosa jubilación. Y claro que llegará también para nosotros el descanso; pero después, cuando estemos en la Patria definitiva (Flp 3:20; 2 Cor 5:2).

Las cosas grandes no se pueden comprender ni conseguir si no es a través del trabajo, del cansancio y del sufrimiento. Y no olvidéis que lo más grande es el Amor. De ahí la tragedia de la juventud de nuestro tiempo: ha sido apartada del trabajo y del cansancio y ahora se le hace muy difícil encontrar a Dios. Pero sin el cansancio nada se puede comprender, sin él viene el tedio y el vacío interior, y tampoco se puede llegar a querer a los demás. Jesús inicia su diálogo con la samaritana cuando se encontraba *fatigado del camino* (Jn 4:6), y toda su vida fue un cansancio que se fue haciendo cada vez más grande entre el polvo de los caminos de Palestina y los apretujones de las masas que no le dejaban tiempo ni para comer (Mc 3:20).

El cansancio viene a ser la indefensión en que queda el que ha gastado todas sus fuerzas y ha entregado todo lo que poseía. La indigencia del que no puede ya seguir viviendo porque ha dado todo lo que tenía para vivir (Mc 12:44). La situación del que lo ha intentado todo durante toda una vida, incluso sin fruto al parecer, y luego, en el último momento, intenta la prueba decisiva en un esfuerzo supremo, confiando en el Señor (Lc 5:5). El cansancio es condición indispensable para recibir el premio, sin que importe demasiado el que, aparentemente, se haya recogido poco *aunque has sido fiel en lo poco...*

Ahora que todo el mundo piensa en trabajar menos, Cristo no habla de quitarnos el yugo, sino al contrario (Mt 11: 28–30). Lo que sí promete es hacerlo ligero y suave. Que no está el descanso en trabajar menos, sino en trabajar más, siempre que se haga por amor. Poned mucha atención a las palabras del Señor: llama ante todo a los cansados y cargados. No les dice que dejen la tarea, sino que tomen su yugo, para que descubran que la tarea es blanda y ligera y para que encuentren el verdadero descanso para sus almas.

## El Trabajo Cristiano

El cansancio ocasionado por el trabajo hecho por amor produce amor. Y el amor es la única alegría. Así es como el cansancio, a través de los frutos del esfuerzo, conduce a la alegría (Jn 4:36). Por lo tanto la fatiga es obra del amor, y el amor es fruto de la fatiga. Por eso hemos dicho antes que los jóvenes de la sociedad de consumo, la del trabajo fácil y las horas libres, desconocedores como son del verdadero cansancio, se encuentran con graves dificultades para conocer el amor (pues ya sabéis que lo que ellos entienden por eso no es sino una caricatura). La sociedad materialista les ha hecho una mala faena al privarlos de la cruz, pues es lo cierto que, en este mundo, el amor verdadero está siempre marcado por ella. De ahí que los jóvenes de la vida fácil son los jóvenes del erotismo y de la droga: porque no pueden pasar sin el amor, para el que habían sido creados.

El cansancio por amor lleva a situaciones singulares. Por ejemplo a ésta: cuando pasan los años y el cuerpo se va desmoronando, se siente más profundamente la alegría. No una nostalgia que mira hacia atrás con pena, hacia los años y las cosas perdidos ya para siempre, sino una nostalgia que mira hacia adelante, hacia el Amado al que se presiente ya más próximo, hacia la Alegría de la cual se saborean ya las primicias. El cansancio por amor nos lleva a la extraña maravilla de una vejez sentida como la plenitud de una vida que ha ido madurando en el amor. Y de ahí que ese cansancio es lo único que conserva en la verdadera juventud, porque impide mirar hacia atrás con nostalgia, a la vez que nos hace sentir la alegría del amor presente y el deseo de lo que se presiente que va a llegar como plenitud de un futuro ya cercano.

Cuando hagáis proselitismo no insistáis demasiado con los que son perezosos para el trabajo. El Señor trata muy duramente en esta parábola al siervo que no quiso hacer producir su talento, pues lo llama malo, haragán e inútil: palabras mayores. Y como la experiencia nos dice que es muy difícil hacer cambiar a los que son así, creo que podéis pensar tranquilamente, cuando os encontréis con ellos, que nada perdéis si encamináis por otros rumbos vuestras ansias de apostolado. Y hacedlo cuanto antes.

Podrían creer algunos que no es abundoso el fruto allegado en el cansancio de una vida consagrada al Amor: el que había recibido cinco talentos presentó otros cinco, y el que había recibido dos presentó otros dos. Pero esto sería suponer que los talentos recibidos eran poca cosa, cuando la verdad es que Dios se volvió loco con nosotros en su generosidad. Y fijaos en esto: si es verdad que Dios se ha volcado sobre nosotros, también lo es, según la enseñanza de la parábola, que nosotros le devolvemos tanto como hemos recibido: cinco talentos por cinco talentos; dos por dos. Y ni aun esto es exacto. En realidad le devolvemos más, pues en la entrega va el capital con las ganancias: diez talentos por cinco talentos recibidos; cuatro por dos que fueron la entrega inicial. O sea, que le devolvemos exactamente el doble. La cual maravilla creo yo que quiere decir lo siguiente: hemos recibido su Amor y ahora le devolvemos, además, el nuestro; hemos recibido su Alegría y ahora le devolvemos, además, la nuestra; nos ha entregado su vida y ahora nosotros se la devolvemos, pero añadiendo además la nuestra como regalo y expresión de nuestro amor. Así somos ahora ya amor por participación, amor respondiendo y amando al Amor. La locura de amor de Dios por nosotros le ha llevado a regalarnos la capacidad de devolverle más de lo que nos dio. Pues nos entregó su Amor y ahora se ha encontrado, por eso mismo, con la respuesta del nuestro (Ca 8:12):

> *Mi viña la tengo ante mis ojos.*
> *Para ti, Salomón, esos mil siclos,*
> *y doscientos más para los que la guardan.*

## XI

## SAN JUAN BAUTISTA

*Principio del evangelio de Jesucristo, Hijo de Dios. Como está escrito en el profeta Isaías: "He aquí que envío delante de ti mi ángel, que preparará tu camino. Voz de quien grita en el desierto: Preparad el camino del Señor, enderezad sus senderos."*

*Apareció en el desierto Juan el Bautista, predicando el bautismo de penitencia para remisión de los pecados. Acudían a él de toda la región de Judea, todos los moradores de Jerusalén, y se hacían bautizar por él en el río Jordán, confesando sus pecados. Llevaba Juan un vestido de pelos de camello, y un cinturón de cuero ceñía sus lomos, y se alimentaba de saltamontes y miel silvestre. En su predicación les decía: Tras de mí viene uno más fuerte que yo, ante quien no soy digno de postrarme para desatar la correa de sus sandalias. Yo os bautizo en agua, pero Él os bautizará en el Espíritu Santo.*

(Mc 1: 1–8)

El evangelio de hoy nos presenta la figura de San Juan Bautista, el Precursor. Su aspecto impone: va vestido con pieles de camello y se ciñe con un cinturón de cuero; además se alimenta con saltamontes y miel silvestre, y viene del desierto predicando, con voces terribles, la conversión y la penitencia.

Pero no os fijéis demasiado en su aspecto porque pensaréis equivocadamente sobre el Bautista. El Bautista era un santo —el mayor de los nacidos de mujer, dijo Jesús—, y ya se sabe que los santos son siempre niños. Y esto es más real que la dureza de sus gritos, de sus reconvenciones y de sus vestidos. Yo me imagino sus ojos, que serían, como son siempre los de los santos, igual que los de un niño que aún no ha aprendido a mentir: totalmente transparentes, descubriendo en su fondo la belleza de los mares azules y sin orillas, la belleza terrible de Dios. De vez en cuando hasta se aturde y tiembla y no sabe qué hacer: *Soy yo quien debe ser bautizado por ti, ¿y tú vienes a mí?* Y forcejeaba con Jesús (Mt 3:14). Alguna vez sus dudas y temores fueron grandes, como cuando envió desde la cárcel a algunos de sus discípulos a preguntarle a Jesús *¿Eres tú el que ha de venir o tenemos que esperar a otro?* Igual que nos ocurre a nosotros, que unas veces vemos las cosas con mucha claridad, y otras, en cambio, obscuramente; a veces nos sentimos muy seguros y, lo mismo que el Bautista, señalamos a los hombres con decisión el paso de Jesús; pero otras nos sentimos angustiados, aun en medio de la seguridad de la fe, y tenemos que acudir a Jesús para gritarle con el corazón y con la boca si es Él verdaderamente y no tenemos que esperar a otro. Por lo tanto no os dejéis engañar por los gritos autoritarios del Bautista, pues también a veces sus gritos fueron de angustia, tal como nos ocurre a nosotros. Aunque es bueno que el evangelio nos hable de cómo está tejida la tela de la verdadera santidad; pues al mismo tiempo que así no nos desanimamos, podemos alegrarnos también al comprobar la humanidad de los santos: ¿Y cómo podrían ser santos si no fueran humanos?

Pero hay algo que nos habla mucho mejor de la humanidad del Bautista. Pues debéis saber que el Bautista es el santo de la Alegría perfecta. Ni siquiera tuvo paciencia para esperar a nacer y empezar a sentirse feliz, pues ya en el vientre de su madre dio saltos de alegría al oír la voz de la Virgen. Podríamos decir de él que fue saltimbanqui aprovechado e impaciente por la felicidad. Nosotros tuvimos que nacer llorando, pero él ya sabía de risas y de saltos de júbilo antes de haber nacido. Y luego, ya de mayor, él mismo habló bien claramente de su alegría: *El amigo del esposo, que le acompaña y le oye, se alegra grandemente de oír la voz del esposo; por eso mi alegría es completa.* Lo cual no contradice a lo que hemos dicho antes, pues ya conocéis esa paradoja de la vida interior que hermana el sufrimiento con la paz profunda y la alegría del alma en aquellos que aman a Dios.

El Bautista es el hombre de la Alegría perfecta porque tiene todas las condiciones necesarias para poseerla. Ha pasado su vida en la soledad del desierto, donde, lejos de los hombres, ha estado en continuo diálogo con Dios; además es el santo de la penitencia, como nos lo indica el evangelio al describirnos su figura y su forma de vida; y tuvo también la humildad verdadera, que es algo esencial para la Alegría. Insistamos en esto último: aceptó su misión de ser una simple voz clamando en el desierto; pensaba que era necesario que él disminuyera para que Cristo creciera, e insistía ante todo el mundo en que no se consideraba digno de agacharse para desatar la correa de las sandalias del Señor. Se encontró situado en la línea divisoria entre

*San Juan Bautista* 195

el Antiguo y el Nuevo Testamento, y tuvo por misión la de señalar a los hombres la presencia de Jesús, pero desde lejos, avisando de su paso e indicándolo a sus discípulos, que por eso lo abandonaban y se iban con el Mesías. Supo desaparecer en el momento preciso, después de haber tenido que conformarse con sentir a Jesús solamente desde lejos y entre ausencias que, sólo de vez en cuando, se hacían breves presencias.

Diálogo con Dios, vida de penitencia y una gran humildad. Ahí tenéis los ingredientes necesarios para eso tan maravilloso que es la Alegría, aunque yo quisiera insistiros todavía más en el último de ellos, o sea, en la humildad. El saber desaparecer, tal como lo hizo el Bautista, tiene exactamente la importancia de ofrecerle al Amor lo que tenemos. El que está enamorado lo da todo, y de ahí la pobreza voluntaria, que abandona todo lo que no sea el Amado. De donde la humildad lleva a la pobreza, ésta al amor, y el amor a la Alegría. Aceptar nuestra desaparición, o la muerte de nosotros mismos, no solamente no nos priva de nada, sino que nos lleva a la Alegría. En realidad el morir a uno mismo no es tanto un despojarse ni un sacrificio como el situarse en el camino del Amor y, por lo tanto, de la Alegría perfecta. Ya sé que alguno podría pensar que todo esto son palabras, pero yo os diría, si queréis que hable con el corazón, que me siento feliz cuando veo que Dios, en su bondad, me ha concedido que yo no sea nada. No se trata de la alegría de una resignación aceptada, sino del gozo de lo que se siente como un regalo maravilloso, de increíble valor, y al que de ningún modo se querría renunciar. Sabéis que, por una serie de circunstancias, no puedo predicar, y así es como me paso la mayor parte del año y así ha transcurrido la mayor parte de mi vida sacerdotal. A veces me he preguntado sobre los motivos que pueden existir para que a un sacerdote se le impida predicar, aunque os confieso que la cosa no me preocupa demasiado. Lo realmente importante sería el posible hecho de que Dios nos hubiera regalado algo y que nosotros, sin embargo, se lo ofreciéramos de nuevo. Sería demasiado hermoso que Dios nos hubiera regalado alguna cosa con la única intención de que la guardáramos para Él sólo. Y, después de todo, Dios no necesita nuestra palabrería, sino nuestro amor. Él querría ver en nosotros, mucho más que nuestros triunfos, la renuncia a nosotros mismos por amor. Y creo que eso le agrada tanto, que no espera al cielo para darnos también su Amor, y con él la Alegría perfecta.

He intentado presentaros al Bautista como un ser muy humano y poseedor de la Alegría, y también os he hablado de lo que hace falta para que nos sea concedida. Pero no sé si os habéis dado cuenta de que hemos dado vueltas en torno al tema de la alegría del Bautista y no hemos dicho en lo que consiste esa Alegría. Pues bien, no lo hemos dicho porque es imposible hacerlo. Para hablar de la Alegría es absolutamente necesario sentirla, lo que viene a ser lo mismo que decir que hay que estar enamorado. Un sordo, por ejemplo, no nos podrá hablar de la música, puesto que él nunca la ha oído; tampoco un ciego podrá contarnos cómo son los colores, ni hablarnos de la belleza de una noche estrellada de verano. Pero es que incluso, aunque yo hubiera sentido la Alegría, tampoco os podría hablar de ella si vosotros no la habéis sentido también; pongamos el ejemplo de antes, pero al revés: no le podemos explicar a un sordo cómo es la música, ni le podemos hacer comprender a un ciego la belleza de las noches estrelladas o de un amanecer de primavera. Solamente el que está enamorado puede hablar del amor y solamente él puede conocer la alegría de amar y de ser amado.

Esto es lo que explica el que casi siempre tengamos que ir dando rodeos sobre este tema. Por eso nos resulta tan difícil a los sacerdotes hablar de Dios, o del amor de Dios (que es lo mismo, pues Dios es

Amor), cuando en realidad era de lo único de lo que teníamos que hablar. Pero, como no sabemos hacerlo, con frecuencia la predicación se degrada, y ya no se habla de Él, ni siquiera de los medios que conducen hasta Él, ni mucho menos de los obstáculos que nos pueden apartar de Él. Perdido de vista el Amor, se queda todo en un hablar de este mundo, en tomar partido por cualquiera de las cominerías de los hombres. Y cuando ya no se habla del Amor increado se ha perdido para siempre la Alegría, quedando solamente el contribuir a ahondar más el vacío de los hombres y el hacerles creer que no tiene remedio su tristeza y que ella es su destino.

Y ya veis cómo otra vez nos hemos apartado del tema, que era el de tratar de explicar en qué consistía la Alegría del Bautista. ¿Cuál era el fondo del que surgía esa Alegría? Creo que él mismo nos indicó la clave de su secreto cuando dijo: *El que tiene esposa es el esposo; el amigo del esposo, que le acompaña y le oye, se alegra grandemente al oír la voz del esposo; pues así mi alegría es completa.* Así que su alegría es completa porque oye la voz del esposo, porque le acompaña y porque es su amigo. Se trata, por lo tanto, de escuchar la voz del esposo, de hablar con él, de estar en su compañía, de ser su amigo. O sea, que se trata de la intimidad de amor, de oírse y de decirse, de estar juntos, y de intercambiar vidas. En último término se trata de la entrega total de amor y por amor (y por eso se emplea la figura de la entrega nupcial), de donación completa al esposo (*el que tiene esposa es el esposo*), y de recibirlo a su vez a él en posesión. He ahí el secreto de la Alegría del Bautista: que se sentía enamorado del amor y se sabía correspondido por Él.

Pero el amor del Bautista podemos sentirlo más cercano a nosotros si caemos en la cuenta de que recuerda, en cierto modo, la historia de nuestros amores con Dios. En efecto, es un amor de intimidades y presencias, como todo amor (*el amigo del esposo, que le acompaña y le oye...*), pero a la vez también de ausencias y de lejanías. El Bautista tuvo que limitarse a señalar a Jesús desde lejos, y sólo en contadas ocasiones se encontró cara a cara con Él. Sus corazones estuvieron siempre presentes el uno al otro desde aquel día de su primer encuentro, cuando ambos estaban todavía en el claustro materno; pero luego sus breves encuentros fueron más bien fugaces, e incluso parece algunas veces como si el Precursor no hubiera estado muy seguro de la presencia o de la identidad del Amado (Mt 11: 2–6). No os extrañéis de esto, pues la cruz y nuestra miseria, que siempre nos tienen que acompañar en este mundo, consiguen a menudo que Dios se nos haga huidizo, inasible, algo así como si sólo lo pudiéramos ver a través de un velo o con los rasgos fragmentarios e incompletos que nos permite una celosía (Ca 2:9):

> *Es mi amado como la gacela o el cervatillo,*
> *Vedle que está ya detrás de nuestros muros,*
> *mirando por las ventanas,*
> *atisbando por entre las celosías.*

Huidizo, inasible, incompleto y velado por la obscuridad de la fe. Todo eso y mucho más. Pero es suficiente para la Alegría. Porque aunque detrás del muro, o de la ventana, o de la celosía, pero Él está ahí. Y eso, por ahora, como una primicia de amor (y más que primicia), es suficiente para el que ama. Pues el que ama no busca tanto la alegría de verse colmado cuanto la presencia del Amado, y esa es precisamente la Alegría que le colma. Por lo demás, presencia completa o incompleta, clara u obscura, reposada o fugaz, no importa mucho para el amante, que sabe bien que, antes de la entrega, tiene que compartir la cruz del Amado y recorrer sus caminos. Así la entrega de amor será luego más verdadera: el esposo se entrega, pero también lo recibe todo de la esposa. Y es que el amor no puede existir sin entrega y donación mutuas: del uno al otro, del otro al uno, pues eso es precisamente el Amor. Pero es que, además, la posesión incompleta del Amado no es obstáculo para la Alegría; por la razón de que sabemos bien que esa entrega, que ahora se realiza sólo en arras o en primicias, produce en el Amado más impaciencia y más hambre de amor que en nosotros. Pues Él nos desea mucho más que nosotros a Él. Y Él es sobre todo el que busca, y nosotros los buscados. No sé si os habéis fijado en que es Él quien mira con impaciencia por las ventanas y las celosías. No viene con paso mesurado, sino corriendo y saltando por entre montes y collados. No, no somos nosotros los que más suspiramos devorados por impaciencia de amor (Ca 2: 8–9):

> ¡La voz de mi amado!
> Vedle que llega
> saltando por los montes,
> triscando por los collados.
> Es mi amado como la gacela o el cervatillo.
> Vedle que está ya detrás de nuestros muros,
> mirando por las ventanas,
> atisbando por entre las celosías.

¿Y cómo no vamos a sentir la Alegría perfecta cuando sabemos (sentimos) que somos celosamente deseados, impaciente y locamente buscados, ansiosamente esperados por el Amor?

Y ya veis, en fin, que es imposible hablar del secreto de la Alegría del Bautista. Pues habría que ser, a la vez, niños, poetas y santos; aunque quizás bastaría con estar enamorados, seguramente porque estar enamorados de Dios supondría ya, exactamente, ser santos, poetas y niños. No es fácil, porque aunque alguna vez sintamos nuestro amor a Él, nos resulta casi imposible convencernos del suyo por nosotros. En la oración cometemos el error de hablar demasiado de nosotros mismos: nos abruman nuestros problemas y menudencias y llegamos a creer que eso es lo importante. Pero la verdad es que es poco lo que podemos decir de nosotros, mientras que la conversación con Él mismo por tema no se agotaría nunca. Ganaríamos mucho si le pidiéramos que nos hablara de Él. Aprenderíamos muchas cosas, por ejemplo ésta: que no es que Él sea bueno ni muy bueno, sino que es la Bondad esencial; lo mismo podríamos decir de la hermosura, porque comprenderíamos que Él es la Belleza misma. Y no digo que aprenderíamos eso de un modo meramente especulativo, sino que lo *"veríamos"* y lo "sentiríamos", aunque fuera a través de las celosías y de los muros de la fe. Pues, como os dije antes, no se trata ni de la visión ni de la posesión completa, aunque sí de las primicias y arras, pero que es suficiente para la Alegría. Ya que ver y sentir a la Belleza misma y a la Bondad misma, aunque sea a través del velo de la fe, es más que la posesión de todos los bienes de este mundo.

Así que, aunque no haya podido hablaros del secreto de la Alegría del Bautista, os he indicado sin embargo el camino: el diálogo con Dios en la soledad, la vida de penitencia y, por último, la verdadera humildad. Era lo que yo podía hacer. Y como él, yo también habré de limitarme a señalaros a Jesús con el dedo para ver luego cómo os vais marchando tras el Maestro. Mi misión de sacerdote se parece en eso a la del Bautista: señalar caminos y allanarlos. La vuestra es la de recorrerlos, con Él, por supuesto, puesto que Él es el camino, para encontrarlo por fin plenamente al final: a la caída de la tarde de vuestra vida, después de haber sentido cómo ardía vuestro corazón de amor por Él y después de haberle rogado, como los de Emaús, que se quedara para siempre con vosotros: *Maestro, quédate con nosotros, pues el día ya declina...*

# XII

# TESTIGOS DEL AMOR DE DIOS

*Hubo un hombre enviado de Dios, cuyo nombre era Juan. Vino a dar testimonio de la luz, para testificar de ella y que todos creyeran por él. No era él la luz, sino que vino para dar testimonio de la luz.*

*Este es el testimonio de Juan cuando los judíos, desde Jerusalén, le enviaron sacerdotes y levitas para preguntarle: Tú, ¿quién eres? Él confesó y no negó; confesó: No soy el Mesías. Le preguntaron: Entonces, ¿qué? ¿Eres Elías? Él dijo: No soy. ¿Eres el Profeta? Y contestó: No. Dijéronle, pues: ¿Quién eres?, para que podamos dar respuesta a los que nos han enviado. ¿Qué dices de ti mismo? Dijo: Yo soy la voz del que clama en el desierto: "Enderezad el camino del Señor", según dijo el profeta Isaías. Los enviados eran fariseos, y le preguntaron, diciendo: Pues ¿por qué bautizas, si no eres el Mesías, ni Elías, ni el Profeta? Juan les contestó, diciendo: Yo bautizo en agua, pero en medio de vosotros está uno a quien vosotros no conocéis, que viene en pos de mí, a quien no soy digno de desatar la correa de la sandalia. Esto sucedió en Betania, al otro lado del Jordán, donde Juan bautizaba.*

(Jn 1: 6–8.19–28)

El Bautista vino para ser testigo de la luz. Ser testigo de la luz es mostrarla ante los hombres, sobre todo con la manifestación de la propia vida, a fin de que los hombres la vean y crean. Lo que supone que el testigo está completamente lleno e inundado de la luz. Para el Bautista, ser testigo de la luz significó mostrarla ante los hombres, de manera que éstos vieron que él no era la luz ("no era él la luz"), al mismo tiempo que pudieron comprender, por la manifestación de su vida, lo que era la luz ("vino para dar testimonio de la luz"). La luz está hecha para ser vista, y estaba dispuesto que, viendo al Bautista, los hombres vinieran a la fe ("para que todos creyeran por él").

Esto tiene importancia, no tanto como alabanza del Bautista, cuanto por el hecho de que su papel, con respecto a Jesús, es en ese sentido igual al nuestro. Pues también nosotros estamos llamados a manifestar a Jesús con nuestra vida. Es cierto que la fe viene por el oído (Ro 10:17), pero lo que se viene a decir aquí es que también tiene que entrar por los ojos. Los hombres tienen que oír la palabra para recibir la fe (Ro 10:14), pero luego esa palabra tiene que hacerse carne y vida en el apóstol para parecer verdadera. La perfecta conjunción de ambas cosas se da en Cristo, la Palabra hecha carne (Jn 1:14), quien a la vez hacía y enseñaba (Hech 1:1; cfr. Mt 5:19; 11:4). De todos modos el texto de hoy nos insiste más en lo que ha de ser la manifestación iluminadora de nuestra propia vida. Pues, en efecto, el apóstol está llamado a ser, mediante la simple presentación de su vida, una manifestación de la luz y un testigo de ella. La demostración de Jesucristo que ha de hacer el apóstol tiene que ser en realidad una mostración.

No cabe duda de que el Bautista cumplía bien la misión de ser testigo de la luz y de llevar los hombres a la fe. El evangelio de hoy nos habla de que su presencia impresionaba y arrastraba a las muchedumbres, de modo que los principales de los judíos le enviaron a algunos para preguntarle si era o no el Mesías. Así es como la manifestación de nuestra propia vida tendría que ser suficiente para mostrarles a los hombres la luz verdadera, tal como dicen que predicaba algunas veces San Francisco, caminando por las calles y plazas de tal o cual ciudad sin pronunciar una palabra. A veces se ha creído que se podría llevar los hombres a la fe mediante bien elaboradas, y a veces complicadas, "técnicas" de apostolado; lo que es una ingenuidad que puede acarrear graves consecuencias, pues casi siempre desemboca en el vacío y en la decepción. En realidad la cosa es, a la vez, mucho más sencilla y mucho más difícil: lo que hay que hacer es que nuestra vida sea luminosa, de tal manera que los hombres vean en ella a Jesús.

Alguno puede pensar en que mal podemos ser testigos de la luz cuando somos en realidad tinieblas. Pero lo cierto es que, aunque somos débiles y pecadores, con la gracia podemos luchar y seguir al Señor. Recordemos sus palabras: *El que me sigue no anda en tinieblas* (Jn 8:12); de donde no es verdad que no seamos más que tinieblas. Y aún nos dijo más *Vosotros sois la luz del mundo* (Mt 5:14); añadiendo también, como para insistirnos en que hemos de ser testigos de la luz: *No se enciende una lámpara y se la pone debajo del celemín, sino sobre el candelero, para que alumbre a todos los que hay en la casa. Así ha de lucir vuestra luz ante los hombres, para que, viendo vuestras buenas obras, glorifiquen a vuestro Padre, que está en los cielos* (Mt 5: 15–16).

Decir que hemos de ser testigos de la luz es lo mismo que decir que la vida de Jesús tiene que resplandecer en la nuestra, hasta

*Testigos del Amor de Dios*

el punto de que estemos enteramente poseídos por Él (Ga 2:20). Podemos intentar concretar y preguntarnos cómo hemos de mostrar a Cristo a través de nuestra vida; de qué manera habremos de ser sus testigos, y qué es exactamente lo que tienen que ver en nosotros los hombres. Ahora bien no olvidemos que en Jesús se ha mostrado de una forma singular el amor de Dios, y que Dios es amor. Por lo tanto podemos pensar que aquello que los hombres han de ver en nosotros es el amor de Dios, un Amor que desconocen los hombres y en el que no creen (Jn 14:17). Y todavía podemos concretar más y decir que los hombres han de ver en nosotros esto: que estamos enamorados de Dios y que Dios está enamorado de nosotros. Y no trivialicemos esta cuestión creyendo que se trata de hacer frases. Lo que os quiero decir es que nuestras relaciones con Dios tendrían que andar muy lejos de la mediocridad y de la tibieza, y en general de lo que podríamos llamar unas relaciones convencionales, pues lo que Dios quiso es que se pudiera escribir una hermosa historia que relatara su aventura de amor con cada uno de nosotros.

Aunque antes de seguir adelante es conveniente que os aclare una cuestión que hoy tiene actualidad y que encierra seguramente un error grave. Cuando hoy se habla de las obligaciones de un cristiano se pone énfasis en lo que se llama el compromiso temporal. El cristiano, suele decirse, ha de mostrarse comprometido con los hombres. Lo que sería correcto si no encerrara la oculta intención de darle a la fe un contenido puramente terreno y horizontalista. Pues, aunque es cierto que el cristiano ha de estar comprometido con sus hermanos los hombres, lo verdaderamente importante es que se vea que está comprometido con Dios. Dejando aparte el hecho de que el compromiso temporal, por sí solo, no es más que un juego de palabras, cuando no la expresión de consignas marxistas, la verdad es que aquello que los hombres necesitan ver en nosotros es que hemos creído de verdad en el amor de Dios. Es decir, que en nosotros eso es una realidad, puesto que nos hemos dejado querer por Dios como sólo Él sabe hacerlo, y nosotros le correspondemos de la manera adecuada. Lo que tiene una importancia mayor cuando se trata de un sacerdote. Pues, digan lo que quieran él o los demás, la figura del sacerdote "comprometido" o politizado, exclusivamente preocupado por los problemas temporales de los hombres, es la figura del sacerdote frustrado en el verdadero amor; las angustiosas y exclusivas preocupaciones que en él se dan por las injusticias que padecen los hombres no son otra cosa, con bastante frecuencia, que el deseo de disimular y de callar las ansias de un corazón que había sido especialmente llamado por el Amor y que ahora se ha quedado vacío; con el agravante de que nunca se podrá amar de verdad a los hombres cuando uno se ha vuelto de espaldas al Amor, y de que nunca se arreglarán las injusticias cuando, ya desde el comienzo, se ha cometido la injusticia de rechazar al Amor. Claro que los que han seguido esos caminos oponen a esto un gran aparato de argumentos; conozco esos argumentos, pero yo insistiría en que deben recordar que todos vamos a ser juzgados precisamente del Amor; y si se me dice que no hay amor verdadero que no sea el de la entrega a los hombres, yo me limitaría por ahora a responder que es peligroso buscarse una coartada para olvidar el hecho de que no se ha querido amar al Amor.

Por nuestra parte vamos a seguir pensando que es importante que resplandezca en nuestras vidas el Amor de Dios. Que se vea que Dios está enamorado de nosotros y que nosotros estamos enamorados de Dios. Que se vea, en efecto, porque, si no se tiene ese amor, es inútil hablar de él; y, si se tiene, ya no es necesario hablar de él porque es cosa patente. Pero no olvidéis que es preciso, para que el hombre pueda enamorarse de Dios, que crea primero en el amor de Dios por él; pues el amor, si es perfecto, es siempre cosa de dos que se corresponden mutuamente, de un yo y un tú que *se dicen* mutuamente su amor; el amor tiende siempre a ser correspondido, e igualmente a la entrega mutua y total de amante y amado.

Pero nos resulta difícil creer que Dios está enamorado de nosotros; si acaso, llegamos a creer que Dios nos ama, entendiendo por tal cosa el convencimiento de que estamos incluidos, de una manera general y un tanto abstracta, en esa dilección que Dios tiene por todos los hombres y que se manifestó en la creación y en la redención. Sin embargo eso está muy lejos del sentimiento experimentado de que Dios está enamorado de nuestro yo singular. Y si buscáis una explicación sobre esto, la tenéis en el estado de miseria en que nos han puesto nuestra naturaleza caída y nuestros propios pecados personales. El hecho es que Dios nos ama, y además como Él sabe y puede hacerlo. Y es necesario que creamos en ese amor y lo correspondamos, para que entonces pueda manifestarse en nuestra vida. Porque se trata de un amor único, singular, loco, tierno, confiado, inmensamente feliz, que se entrega todo, que no deja nada para sí, que no espera nada sino solamente ser correspondido, que existe desde siempre, que se hace voluntariamente niño y desvalido para necesitar de nosotros, y que se hace, en fin, como nosotros para poder vivir así el diálogo indecible en el que un yo y un tú se dan mutuamente el uno al otro. Sería suficiente pensar en la encarnación del Verbo, en la muerte de Jesús en la cruz y en la eucaristía, para creer en ese amor que Dios tiene por cada uno de nosotros. Y podríamos leer, además, todo el Cantar de los Cantares, y detenernos en aquella estrofa (Ca 4:9):

> *Prendiste mi corazón, hermana, esposa,*
> *prendiste mi corazón en una de tus miradas,*
> *en una de las perlas de tu collar.*

O en ésta, en la que dice el Esposo (Ca 6:5):

> *Aparta ya de mí tus ojos,*
> *que me matan de amor.*

Pienso que ese amor de Dios hacia mí exige que yo lo ame sin reservas. Pero sin reservas no quiere decir que se lo entregue todo, pues eso se da por descontado y como cosa que ya quedó atrás, ya que entre el amante y el Amado no existe nada propio que no haya sido entregado al otro. Aquí se trata de otra cosa, es decir, de que yo ame a ese Amor creyendo de verdad que Él me ama de esa manera: hasta haber prendido yo su corazón, hasta tener que apartar de mí sus miradas porque le matan de amor.

Pues pienso que, si no creo que el Amor puede amarme a mí de ese modo, aun siendo como soy, entonces es que no creo en el Amor. Dios no me ama por mis méritos, sino por Amor. Lo que hace que Dios me ame a mí con ese amor no son mis méritos, sino mi sí a su amor. Un sí que es fruto de su Amor, pero que ese Amor ha hecho que sea también verdaderamente mío, porque sólo de ese modo podía ser yo un *tú* para el Yo divino, y Él un *tú* para mi yo humano. Es un sí que no puede aportar nada, pero al que le ha sido concedido que pueda aportarse a sí mismo como sí, lo cual es suficiente e incluso lo es todo. Ese sí enloquece a Dios, pues con él yo he creído en su Amor teniendo el poder de reservarme el corazón que realmente me había sido dado, he preferido sin embargo dárselo a Él porque lo he amado más que a mí mismo. Por eso tiene que llegar un momento en vuestra vida en que ya ni siquiera os importe ser buenos o malos, sino solamente estar enamorados de Dios. Incluso llegaréis a saber que siempre seréis malos, pero que eso no impedirá que el Amor os ame y que vosotros améis al Amor: y eso será lo único que os importará.

Llegaréis a comprender que nada podéis dar, como no sea vuestro sí al Amor y el dejaros invadir por Él. Y entonces, cuando sepáis que sois deseados y requeridos por el Amor, os daréis cuenta, por primera vez en vuestra vida, de que tenéis un valor infinito: cuando veáis claramente que se os ha dado el terrible poder de abriros al Amor y de corresponderle, de amarlo y dejaros amar por Él, de darlo todo y de recibirlo todo. Vuestra historia de amor con Dios tendrá que escribirse —como se escribe siempre toda historia de amor— en términos de tú a tú. Entonces vuestra nada se habrá convertido en algo inmensamente grande y hermoso, pues Dios os habrá dado su propio corazón para que le podáis amar con su mismo Amor. No os extrañe eso, ya que si Dios desea entregarse del todo a vosotros, es precisamente su corazón lo que más desea daros; o mejor aún: como Dios es totalmente corazón, ya que es totalmente Amor, eso es lo que os dará cuando se os entregue por entero.

Aquello en que consistirá de verdad vuestro amor con el Amor no lo podréis contar nunca. Es como si —por decir algo— os ponéis a hablar de un amanecer de primavera, del que podréis decir lo que es, pero del que no podréis decir lo que se siente. Vuestras relaciones de amor con el Amor quedarán para siempre entre el Amor y vosotros. Claro que los demás verán que amáis y que sois amados, tal como hemos dicho antes, pero no podrán ver en lo que consiste ese mutuo Amor (Ap 2:17), pues el amor perfecto se da siempre y solamente entre dos: así ocurre en la Trinidad, donde la Persona del Espíritu Santo es el Amor mutuo del Padre y del Hijo, y así ocurre también en los amores divino–humanos, donde cada hombre es un uno para Dios. Después, eso sí, como el Amor es fuego devorante, abrasará también a todos los que se pongan a su alcance, pero eso no será sino la prolongación y los efectos de un amor que se dio y se consumó entre el amante y el Amado. Y sus llamas se extenderán por todas partes y prenderán en otros, haciendo de esa manera que puedan escribirse otras tantas historias de amor entre Dios y los hombres. Así es como ese Fuego devorante, igual que el de la zarza ardiente que vio Moisés, abrasa sin destruir, y por eso es dulce y terrible, pues pone en el hombre el deseo de ser consumido por él y de morir de amor (Ca 2:5):

> *Confortadme con pasas,*
> *recreadme con manzanas,*
> *que desfallezco de amor.*

Que muero porque no muero, decía Santa Teresa. La esposa del Cantar busca ser confortada con algo, pues ve que se muere de amor; en último término ella sabe que tendrá que ser confortada por el mismo Amor a fin de no ser aplastada y abrasada por el peso y el fuego de ese mismo Amor. La esposa del Cantar desfallece de amor precisamente porque posee al Amor y se siente abrasada por Él, pero a la vez porque no lo tiene del todo y por eso no es consumida enteramente por Él. Y así es como mata el Amor, porque se posee y, a la vez, porque no se posee del todo. Algo así como si dijéramos que, porque se tiene, quema; y, porque no se tiene plenamente, quema más todavía. La verdad es que el Amor se da por entero, pero nosotros no podemos hacerlo por ahora del mismo modo, y por eso la unión no es aún completa. De ahí que, mientras dura esta vida, la historia de amor que tiene lugar entre Dios y nosotros es una historia de presencias y de ausencias a la vez: las presencias las pone Él, y las ausencias las ponemos nosotros, pues somos la causa de que esa presencia en nuestro mutuo amor, que para Él es constante, no lo sea también para nosotros. San Juan de la Cruz nos diría que el leño tiene que crepitar y perder todas sus impurezas antes de identificarse totalmente con el fuego. Pero las ausencias hacen luego posible las presencias, pues aquellas nos hacen sentir la nostalgia y el deseo del Amado, y ya sabéis cuánto gusta el Amor de ser esperado y deseado (por eso las vírgenes necias de la parábola nunca lograron entrar con el Esposo), e incluso de ser llamado; o, si lo queréis así, aún gusta más de ser Él quien llame (después de haber sido buscado y esperado) y que entonces se le abra prontamente la puerta (Ap 3:20; Lc 12:36; cfr. también Ca 5: 2–8).

En suma, que la misión a la que habéis sido llamados no es la de denunciar injusticias, ni la de hacer un mundo mejor, ni la de conseguir unos hombres mejores. Todo eso puede venir después, si es que vosotros sabéis comprender el sentido de vuestra misión y ser fieles a ella. El Bautista vino para dar testimonio de la luz, para que por él todos creyeran. Vosotros habéis venido para ser testigos del Amor de Dios, de tal manera que los hombres crean en ese Amor. Las injusticias —o mejor, el pecado— no son sino las consecuencias del desamor, es decir, del hecho de que los hombres se volvieron de espaldas al Amor y lo rechazaron. Vosotros tenéis que mostrarlo de nuevo. Y puesto que los hombres se han tomado muy en serio ese desamor y su no a Dios ha sido demasiado rotundo, vosotros tendréis que tomaros muy en serio al Amor y darle un sí igualmente rotundo. No seáis tontos: en estos tiempos nuestros, los apóstoles de las componendas no tienen nada que hacer, como no sea el ridículo. El nutrido ejército de los eclesiásticos "políticos" (en todos los sentidos del término), de los sacerdotes y religiosos que no quieren aparecer como distanciados del mundo, de los seglares que entienden el apostolado como un ejercicio de técnicas o como un compromiso socio–político, todos esos no harán demasiado; como no sea contribuir a que se haga más densa la sensación de vacío por todas partes. Muchos de ellos son testigos falsos, puesto que testifican de un Dios al que nunca han conocido porque nunca lo han amado *(El que no ama no conoce a Dios, porque Dios es amor:* 1 Jn 4:8), y por eso su testimonio es ineficaz. Pero a vosotros se os ha encomendado la tarea de mostrar, a un mundo que no cree en el Amor (porque solamente se ama a sí mismo, y eso es precisamente lo contrario del amor), que vosotros sí habéis creído en ese Amor y que estáis enamorados de Él (1 Jn 4:16). O sea, que es vuestra misión la de mostrar que estáis enamorados de Dios, que habéis tomado en serio al Amor. Y vosotros, los que habéis sentido la ilusión de una vocación sacerdotal: si acaso pensáis que habéis recibido la misión de ser unos apóstoles comprometidos, diligentes, celosos, correctos, cumplidores, angustiados por el hombre, sabed que no habéis llegado al fondo de lo que Dios quería para vosotros, Pues Él solamente os quería para que le dierais lo más secreto de vuestro corazón, aquello que los hombres se reservan casi siempre para sí mismos; y para que le entregarais por entero esa vida que a veces os empeñáis en vivir como vuestra; en fin, para que escribierais juntamente con Él una gran historia de amor. Por lo tanto, cuando vuestra vida transcurra por los cauces de la corrección y de la normalidad —yo diría de la cordura—, es que no estáis en el buen camino. Pues los vuestros han de ser caminos de locura: primero porque los hombres, en su mezquindad, os tomarán por locos; y luego, porque seguramente lo estaréis de verdad: locos por el Amor y locos de amor. Lo que será cierto en el sentido mismo en que el Amor es incompatible con lo que ordinariamente entienden los hombres por lucidez de juicio: *Porque la locura de Dios es más sabia que los hombres, y la flaqueza de Dios es más poderosa que ellos* (1 Cor 1:25).

# XIII

# LA ESPERANZA, VIRTUD DE LA ALEGRÍA DESBORDANTE

Estamos en el día de Año Nuevo, lo que quiere decir que ha finalizado un año y comienza otro. Esta fiesta nos hace recordar el problema del tiempo, dentro del cual va transcurriendo nuestra vida. Aunque para nosotros, hablar del tiempo como sucesión de las cosas y de nuestra existencia es hablar de espera, pues no sé si habéis pensado bien que nuestra vida no es sino una larga espera, un aguardar ansioso a alguien que llega, que es precisamente Jesús. Y esto es lo que me parece a mí que significa la virtud de la esperanza, a la cual, por lo tanto, podríamos llamar la virtud de la Espera. Y como esa espera de Jesús produce en el alma enamorada grandes ansias por Él, y esas ansias, a la vez que matan de amor, llevan también consigo una increíble alegría, por eso a esta virtud de la Espera la podemos llamar también la virtud de la Alegría Desbordante. Pues la ausencia del Amado produce la nostalgia y el deseo de su presencia, que son también amor (aunque sea un amor imperfecto y no consumado, que tiende por naturaleza a su perfección), y ya sabéis que el amor lleva siempre consigo la Alegría. La Espera es ansiosa por ser enamorada, y tanto más espera y tanto más ansiosa cuanto más enamorada está; de otro modo no es ansiosa, y ni siquiera es espera, pues nada va a esperar aquel que no desea lo que podía haber sido objeto de su amor. Por eso la Espera como virtud supone el estar enamorado de Dios, lo que equivale a decir que esta virtud, que es una de las tres grandes o teologales, va siempre acompañada de las otras dos, sobre todo de la caridad. De ahí que hablar de la virtud de la Espera es hablar de ansias incontenibles e incontenidas, así como de nostalgias ardientes y gozos indecibles, cosas todas que se refieren a un Todo que se desea y que se sabe que se va a poseer y del que ya se ha conocido y gustado algo en forma de primicias. En realidad esa alegría por la parte ya poseída, y el ansia por ese Todo que se sabe que se va a poseer, son la misma cosa y componen juntas esa Alegría Desbordante en que consiste la virtud de la Espera. De modo que esta virtud nada tiene que ver, o muy poco, con esa vaga confianza en que se llegarán a alcanzar unos premios futuros, los cuales siguen siendo, para muchos de los que se limitan a pensar así, completamente desconocidos. De lo cual debemos advertir que una virtud de la esperanza, vivida o presentada de esa manera, no interesa a nadie. Por el contrario, la auténtica virtud de la Espera es virtud de enamorados (y de ahí que dependa tanto de la caridad, hasta el punto de desaparecer cuando cesa esta última), que es tanto como decir de impacientes (porque esperan poseer al Todo), y también de felices (porque han conocido al Amor y han comprendido que ya nada tiene sentido como no sea dentro de la respuesta afirmativa a ese Amor). Por eso la virtud de la Espera es, al mismo tiempo, posesión y carencia, gozo de lo que se tiene y alegría por la seguridad de llegar a poseer lo que falta, de tal modo que las ansias incontenibles por el Amado que ha de llegar producen, a su vez, más ansias y más alegría al excitar y encender más el amor, preparando así el camino para hacer luego posible y más perfecta la entrega. Así es como la virtud de la Espera hace mirar al futuro e impide mirar hacia el pasado, haciendo perpetuamente jóvenes a los que la poseen. Y, cuando falta, aparece enseguida la vejez de espíritu, en la que ya nada hay que esperar, como no sean, quizás los recuerdos nostálgicos de un pasado que ya no tiene sentido, puesto que ese pasado ya no existe y además tampoco volverá. E igualmente aparecen el vacío y el aburrimiento, pues la vida deja de tener sentido cuando nada se espera de ella como no sea un abocamiento a la nada más o menos disfrazado: pues ciertas ideologías hablan, como sabéis, de una perennidad del individuo a través de su integración en la perpetuación de la especie o Humanidad, o a través de un futuro paraíso de una sociedad sin clases y sin Estado, que gozarán otros, y por el que vale la pena de sacrificarse ahora; pero es dudoso que esto pueda engañar a cualquiera que sea honesto consigo mismo, a lo que debemos añadir, además, que los existencialismos consecuentes han sido en esto mucho más sinceros. De ese modo, una sociedad que ya no espera nada, porque se ha convencido a sí misma de que Dios ha muerto y no vendrá nunca, se ha convertido en la sociedad de la angustia y de la huida. Y así es como un catolicismo que se ha hecho horizontalista (acercándose al marxismo) y ha pretendido olvidar la divinidad de Jesucristo (acercándose al protestantismo racionalista y liberal), se ha convertido en un catolicismo frío y sin alegría, que ya ni aguarda ni desea al Amor y sólo tiene esperanzas terrenas.

La virtud de la Espera, entendida de este modo, es decir, como espera enamorada y, por lo tanto, ansiosa y feliz, ha de constituir la actitud normal del cristiano. El Señor lo viene a decir así en la parábola de las diez vírgenes que aguardaban la llegada del Esposo. Y aún lo dice con más energía en otro lugar: *Sed como hombres que esperan a su amo de vuelta de las bodas, para que al llegar él y llamar, al instante le abran* (Lc 12:36). Y debo advertiros que corremos el peligro de leer los textos de la Sagrada Escritura de manera rápida y superficial; en éste, por ejemplo, tendemos a poner el acento en la advertencia de que hemos de abrir pronto, pero se nos pasa por alto la actitud de espera anhelante. Por lo tanto, según el Señor, la espera ansiosa e impaciente, motivada por la ausencia de Aquel que desea nuestro corazón, debe ser nuestra actitud normal; lo mismo que el sediento espera con ansia el beber, el hambriento el comer, el enfermo el curarse, y el enamorado aquello que ama su corazón: *Sed como hombres que esperan...*

Pero decir espera es decir ausencia, o, si queréis, carencia. Pues se aguarda a alguien que aún no ha llegado o se desea algo que aún no se tiene. Y eso es lo que hace patente la virtud de la Espera, pues hace consciente en nosotros la ausencia de Jesús y nos excita el deseo de su venida, provocándonos así nostalgias del Amado y ansias de amor por Él. Y como hoy celebramos una fiesta de la Virgen, la de Santa María Madre de Dios, nada mejor que acudir a ella para que nos hable de todo esto, pues nadie ha sentido jamás tantas ansias por Jesús como ella las sintió. Esas ansias tuvieron que ser en ella particularmente vivas, por ejemplo, después de la Anunciación, y tendrían entonces como notas características la expectativa, el silencio y el recogimiento: fueron ansias contenidas, cuya discreción la llevó a ocultar el misterio al mismo San José, y a la vez incontenibles, y por eso las reveló a su prima Isabel; lo que nos hace comprender que los misterios maravillosos de Dios, comunicados a los hombres, llevan consigo el pudor discreto —que es señal tanto de lo inefable como de lo auténtico— y a la vez son incontenibles, pues Dios se goza en manifestar su propia gloria cuando quiere y como quiere. En cambio pienso que las ansias de la Virgen buscando a su Hijo de doce años que se había perdido fueron de otro signo, pues éstas tuvieron que ser ansias de angustia; y en efecto, la angustia por la ausencia del Amado, alimentada además por el sentimiento de la propia culpabilidad, puede llegar a ser terrible e insoportable. Pensad también en las ansias de la Virgen cuando buscaba a su Hijo, ya mayor, por calles y plazas mientras Él cumplía su misión, que hasta motivaron alguna vez una respuesta aparentemente displicente por parte de Jesús (Mc 3: 31–35); creo que estas ansias tuvieron que ser serenas aunque impacientes, y su nota característica fue seguramente la perplejidad: ¿Por qué se marchaba Jesús? ¿Por qué se ocultaba? ¿Qué extraños designios lo apartaban de junto a su corazón y la privaban del gozo de su presencia...? Y, por último, las ansias de la Virgen por reunirse definitivamente con su Hijo, después de la Ascensión, fueron de otro orden, pues éstas lo eran ya de plenitud: aquí todo se entendía ya y no había sino esperar; todo era ya aceptado, incluso la voluntad del Amado de que la espera se prolongara; y la virtud de la Espera, por el incendio de la caridad, casi ya no era tal espera, porque casi se había transformado en caridad y en posesión plena (1 Cor 13: 8.13). Espera llena de expectativas y recogimiento, espera angustiada, espera incansable y perpleja, espera en plenitud que casi se ha transformado en amor... Pero siempre, y mientras caminamos en este mundo, ahí está ante nosotros la virtud de la Espera. Es curioso comprobar que las diferentes fases de esa virtud en la Virgen María recuerdan, de algún modo, lo que nos pasa también a nosotros. Por eso, cuando nos sintamos agobiados por los ímpetus y las angustias ocasionados por la espera de Jesús, podemos acudir a ella para que nos cuente, porque nadie ha vivido jamás como esta Mujer la angustia de un corazón que se siente malherido de amor aguardando la presencia del Señor.

Pero tened cuidado y no os engañéis. Porque si hemos hablado de ansiedades, de angustias, de búsquedas incansables y de perplejidades, y es cierto que todo eso es propio de la virtud de la Espera, no es, sin embargo, lo esencial. Pues la Espera de que aquí hablamos es una espera enamorada. De ahí que lo esencial de ella sea la Alegría Desbordante ocasionada por las ansias de amor por la posesión del Amado. Y así es como nos encontramos de nuevo con las misteriosas paradojas de la vida sobrenatural, pues esas ansias de Alegría Desbordante son a la vez ansias que matan, puesto que matan de amor deseando la presencia del Amado y deseando ansiarla con mayores ansias todavía: ansias del Amado, ansias de amor, ansias de más ansias, ansias de morir de amor. La virtud de la Espera mata de amor de una doble manera: haciendo insoportable el anhelo de lo que aún falta en la posesión del Amado, y haciendo insoportable la Alegría por lo que ya se tiene en la posesión de Él. Ambas cosas matan de amor: el anhelo por la unión completa, que aún no se tiene, y la Alegría por las primicias de Amor que ya ha entregado el Esposo. De este modo es como el estado de muerte en vida es lo propio del cristiano, y así es como deben ser entendidas también expresiones como ésta: *Si el grano de trigo no cae en la tierra y muere, quedará solo; pero si muere, llevará mucho fruto* (Jn 12:24). Por eso la única vida que tiene sentido, y que es realmente vida, es aquella que transcurre en muerte de amor. Y debéis tener en cuenta que, cuando hablamos de todo esto, estamos haciendo algo mucho más serio que emplear metáforas, a menos que no creamos en el sentido real y verdadero de las palabras del Apóstol: *El amor de Cristo nos urge, persuadidos como estamos de que si uno murió por todos, luego todos son muertos; y murió por todos para que los que viven no vivan ya para sí, sino para aquel que por ellos murió y resucitó* (2 Cor 5: 14–15). Ninguno de nosotros vive para sí (Ro 14:7), pues ya no tenemos la propia vida (Ga 2:20), lo que significa que hemos muerto, o mejor, que vivimos en muerte de amor. Estamos en los antípodas del dicho existencialista del hombre como ser–para–la–muerte. La muerte de que aquí hablamos es vida, e incluso la única vida, la cual nos fue dada por Jesús (Jn 10:10). Por eso haber elegido el Amor es haber elegido el salir de uno mismo para entregarse al Amado, renunciando a la propia vida para vivir solamente la de Él, y llegando así a comprender que la vida no puede ser tal vida si no es un morir de amor y por amor. En cambio el que ha elegido amarse a sí mismo intenta complacerse en la autoposesión y en la contemplación de sí, lo cual no es amor sino desamor. Pues la Alegría Desbordante del Amor consiste siempre en la contemplación del otro y en la entrega al otro (y solamente Dios puede amarse a sí mismo como *otro*, en la profundidad del misterio trinitario). Pero el que se ha elegido a sí mismo se ha quedado sin el amor, puesto que el amor es esencialmente diálogo y entrega amorosos, los cuales requieren siempre un yo y un tú. La Alegría Desbordante no puede consistir para nosotros sino en darnos, en salir fuera de nosotros (Hech 20:35), pues esa Alegría no es sino el ímpetu incontenible hacia el Bien sin más, el cual no somos nosotros. La Alegría está en la contemplación del otro como otro, que es contemplación de amor, y se convierte en la Alegría total cuando el otro es el Totalmente Otro. Algo de eso se quiere decir cuando se habla de que la felicidad suprema del cielo es visión. En efecto, es la contemplación embebida del Otro, en la dicha de un rostro que contempla al otro rostro, en la mirada de amor que se cruza y se confunde con la otra mirada de amor. Pues la contemplación del otro como otro es esencial para el amor, lo cual se expresa con propiedad cuando se habla de contemplar el rostro, pues se entiende en nuestra manera de hablar que ahí está contenido todo el ser amado, y por eso el Esposo le dice a la esposa en el Cantar (2:14):

*Dame a ver tu rostro;*

y aún más concretamente los ojos, porque es la mirada para nosotros lo que mejor expresa el amor, y por eso el Esposo le dice también a la esposa (4:1; 1:15):

*Son palomas tus ojos a través de tu velo;*

y también en otro lugar (4:9):

> *Prendiste mi corazón en una de tus miradas;*

y en otro lugar todavía (6:5):

> *Aparta ya de mí tus ojos,*
> *que me matan de amor,*

donde está claro que no quiere decir que los aparte, sino que, por el contrario, lo mire más todavía, según el lenguaje de los enamorados, para mejor sentir el tormento de amor. Y tened en cuenta que esta contemplación de los ojos del ser amado es tan importante en cuanto que no bastaría la contemplación del rostro del otro, pues esa contemplación ha de ser la de un rostro que se ha vuelto hacia mí, que también me contempla a su vez. Lo que trato de deciros es que, para que sea contemplación de amor, el rostro ha de ser contemplado, no solamente como belleza y como bondad, sino como belleza y como bondad "que se me entregan;" y de esa misma manera me tiene que contemplar a mí el otro, pues ya sabemos que el amor es la alegría de la entrega recíproca. De ahí que debamos insistir en que el narcisismo es el antiamor, pues excluye la contemplación del rostro y de los ojos del otro como otro, y como ser amado y como ser que se me entrega. Y ésta es la razón de que la oración contemplativa lleve consigo la contemplación (o, si queréis, el conocimiento) del rostro de Jesús, lo que vamos a tratar de decir ahora de alguna manera.

Según lo que venimos diciendo, el amor lleva consigo la contemplación del rostro del Amado, para hacer así posible y más perfecto el diálogo de amor. Tenemos que admitir esto si queremos llamar a las cosas por su nombre y tomarlas como son, a menos que prefiramos pensar que el Amor de Dios se queda en el terreno de las ideas o de las abstracciones y generalidades, y teniendo en cuenta que esto último nos llevaría a la absurda conclusión de que el amor tiene sus caminos y sus exigencias propias, menos cuando se trata del Amor mismo. Por lo tanto la contemplación, ya desde ahora, del rostro de Jesús puede entrar dentro de los caminos del Amor de Dios, si bien debemos advertir enseguida que se trata de una visión por fe (1 Cor 13:12) y no por los sentidos, y sin que esto último reste nada a lo que hemos dicho. Un texto importante en este sentido me parece a mí que es el de 2 Cor 4:6, que dice así: *En efecto, el Dios que dijo: "Brille la luz del seno de las tinieblas", es Aquél que ha resplandecido en nuestros corazones para hacer brillar el conocimiento de la gloria de Dios que está sobre la faz de Cristo*[1]. De donde, según esto, Dios puede darnos la luz (lo ha hecho y lo está haciendo: observad que no se emplea el futuro) a fin de que lleguemos a tener un cierto conocimiento del rostro de Cristo y de la gloria de Dios que brilla en él. Y debemos aclarar acerca de esto que es por eso por lo que no tendría sentido hablar de una visión corporal del rostro de Cristo ahora por nosotros, pues, como nos ha dicho el Apóstol, en él resplandece la divinidad (cfr. también Col 2:9), la cual, por decirlo así, "asoma" en su rostro de hombre; por lo que nunca podríamos ver ahora su verdadero rostro (en plenitud de gloria, quiero decir, y por lo tanto en plenitud simplemente, pues la visión de la divinidad es imposible para nosotros en el estado de vida terrena, y aun en el cielo es necesaria la elevación del "lumen gloriæ"), e incluso resulta inimaginable para nosotros (siempre lo imaginaríamos de un modo puramente humano, cuando en realidad, como hemos dicho, el rostro de Jesús irradia además la gloria de la divinidad). Sin embargo no es inaccesible ese rostro en el ámbito de la elevación por la gracia,

---

[1] Traducido literalmente de *La Bible de Jérusalem* (Cerf, Paris, 1973), que parece el mejor texto. Su traducción en la versión española de esa misma Biblia es demasiado libre.

aunque siempre, como hemos dicho, dentro del claroscuro de la fe en el estado presente de vida terrena, y dando por supuestos, además, la limpieza de corazón (Mt 5:8) y la configuración con la vida y con la muerte de Jesús. Entonces es cuando, a través del velo absolutamente obscuro de la fe, "sentiríamos" la presencia de Jesús, de modo que en la "ceguera" de la noche de nuestra fe "veríamos" sus ojos posarse sobre los nuestros, y sabríamos bien que detrás de aquel velo estaba Él, confundiendo su mirada con la nuestra, entregándose a nosotros y recibiendo también nuestro amor. Porque el velo de la fe es obstáculo para los ojos corporales, pero no para el entendimiento elevado por la gracia, haciéndose así posible que nuestros ojos, ciegos ahora para ver, presientan también sin embargo la presencia del Amado y queden embellecidos por esa misma presencia. El velo es velo para nosotros, pero no para Dios, que percibe la belleza de los ojos que lo contemplan embebidos y que Él mismo ha hermoseado; por eso el Esposo dice a la esposa (Ca 4:1):

*Tus ojos son palomas, a través de tu velo.*

Y tampoco el velo puede con nuestro corazón, pues este puede penetrarlo y volar impetuosamente hasta el Amado dejando atrás al entendimiento y a la imaginación. Los ojos del rostro del Amado son inaccesibles a la curiosidad humana o a cualquier género de soberbia, pero allí están para los pobres, los sencillos y los limpios de corazón (Mt 11: 25–26), mostrándose a ellos, no ya como ojos de una gran bondad y de una gran belleza, sino como los ojos de la Bondad y de la Belleza, y además ofrecidas y no simplemente mostradas. Por lo demás, si el Esposo pide a la esposa que le deje ver su rostro (Ca 2:14), hemos de pensar que esta súplica ofrece la reciprocidad, como ocurre siempre en las relaciones de amor, y si es que somos capaces de creer de verdad en el Amor de Dios por el hombre: *El que me ama será amado de mi Padre, y yo le amaré y me manifestaré a él* (Jn 14:21).

Ojos deseados del Amado, que decía San Juan de la Cruz, ojos ansiados y esperados por nosotros. Con esto retornamos a nuestro tema de hoy, la virtud de la esperanza, a la que hemos convenido en llamar la virtud de la Espera, y a la que hemos puesto como otro apelativo la virtud de la Alegría Desbordante, puesto que nos lleva, siempre de la mano de la caridad y de la fe, a las ansias gozosas por el encuentro con el Señor. Algunas veces, cuando leo ciertas cosas sobre la esperanza y que a mí me parecen demasiado científicas y asépticas, se me ocurre pensar en lo que pasaría si intentáramos describir la belleza de un cuerpo humano hablando del esqueleto; pues sin duda que el esqueleto forma parte del cuerpo, pero ni es todo el cuerpo ni es la belleza del cuerpo. La esperanza es la virtud del ansia y de la alegría, y sólo puede ser comprendida en su propia vivencia, lo mismo que el amor sólo puede ser entendido por quien está enamorado. Y es esa ansia gozosa la que nos pone en la actitud tensa de la espera anhelante, actitud a la que se refería Jesús cuando decía: *Tened ceñidos vuestros lomos y encendidas las lámparas* (Lc 12:35), lo mismo que cuando exponía la parábola de las diez vírgenes.

Esa parábola (Mt 25: 1–13) es precisamente la parábola de la virtud de la Espera. Las vírgenes aguardaban la llegada del Esposo, y el pecado de las necias consistió en que no supieron esperar, quizás porque no estaban suficientemente enamoradas. Por eso no prepararon el aceite, y luego, además, se quedaron dormidas. El evangelio las llama necias, para distinguirlas de las que sí prepararon el aceite y a las que llama prudentes. Pero, si leéis con cuidado la parábola, observaréis un hecho curioso, y es que en realidad las vírgenes prudentes también se durmieron. ¿Qué significa eso y dónde está entonces la verdadera diferencia entre unas y otras? A mí me parece que, en el fondo, la parábola contiene un reproche para todas las vírgenes, aunque el reproche sea mucho más grave para las necias. Las prudentes, en efecto, esperaron, pero de un modo con el que se hicieron acreedoras al título de prudentes. Es decir, que si nos atrevemos a interpretar esa palabra en sentido peyorativo, tendremos que decir entonces que su pecado consistió en que esperaron, en efecto, pero sin ansiedad, sin vehemencia alguna; su amor no fue tan grande como para impedir que se durmieran, cuando tenían que haber esperado y amado con locura, que es la única manera de amar y de esperar. El ansia incontenible y de locura por el encuentro con el Esposo las hubiera mantenido despiertas, pues el amor, si es verdadero, es fuego incontenible que con nada se aquieta y duerme sino con la presencia del Amado.

La ausencia de una auténtica virtud de la Espera es la que priva de la Alegría Desbordante. De ahí la tristeza de tantos cristianos, los cuales, sin embargo, habían sido llamados a la Alegría. El Señor vincula claramente la Alegría a la virtud de la Espera: *Dichosos los siervos a quienes su amo hallare en vela* (Lc 12:37); donde podemos ver que el Señor no promete esa felicidad para el futuro, sino al contrario, la coloca en tiempo presente: dichosos son aquellos siervos. La condición que pone es la de que sean encontrados velando, es decir, esperando. Y eso es precisamente lo esencial: velar, esperar, ansiar, sentir la nostalgia de la ausencia, anhelar la presencia. De tal manera que entonces es ya indiferente el momento —siempre imprevisible— de la llegada del Amado, pues lo que realmente cuenta es el ansia incontenible del amor: *Y ya llegue a la segunda vigilia, ya a la tercera, si los encuentra así, dichosos ellos* (Lc 12:38).

Hoy celebramos la fiesta del Año Nuevo. Yo no sé si habéis pensado seriamente en el modo que tiene la gente de celebrar fiestas como ésta. Pero podríamos tomar ocasión para darnos cuenta de cómo hemos de amar a Jesús y de cómo hemos de dejarnos amar por Él. Porque tendríamos que amarlo con la intensidad sumada con la que tendría que amarlo toda esa gente que celebra el Año Nuevo; y tendríamos que dejarnos amar por Él con el Amor todo que Él hubiera querido dar a todos los hombres juntos. O dicho de otro modo: se trata de amar entregándonos totalmente al Amor, de amar dejándonos invadir totalmente por Él.

Alguien que no fuera uno de vosotros podría pensar, como siempre, que todo esto es demasiado elevado. Pero eso sería una tontería semejante a la de decir que Dios está demasiado elevado: Dios está en su sitio, y somos nosotros los que estamos demasiado bajos. ¿Habéis caído alguna vez en la cuenta, por ejemplo, de lo que ocurre en una oración seria con respecto al problema, nunca resuelto, de las distracciones que tanto nos molestan en ella? Pues bien, hay un texto del Cantar, que yo os confieso que estuve muchos años sin comprender, que dice así (2:7):

> *Os conjuro, hijas de Jerusalén,*
> *por las gacelas y las cabras monteses,*
> *que no despertéis ni inquietéis a la amada*
> *hasta que ella quiera.*

Si llegamos junto al Señor cargados de problemas e invadidos por los mil pequeños tormentos de nuestra pobre imaginación, Él puede hacer que todo se aquiete y que a su conjuro todo se olvide, quedando solamente el amor. San Juan de la Cruz parafraseaba ese texto de un modo que vosotros recordáis bien:

> *A las aves ligeras,*
> *leones, ciervos, gamos saltadores,*
> *montes, valles, riberas,*
> *aguas, aires, ardores*
> *y miedos de las noches veladores:*
> *por las amenas liras*
> *y canto de sirenas, os conjuro*
> *que cesen vuestras iras*
> *y no toquéis al muro,*
> *por que la esposa duerma más seguro.*

La virtud de la Espera es la virtud de la Alegría Desbordante, pero no por lo que tiene de espera, sino porque está aguardando al Amor. Anhelar al Amor es ya amar, y es hacerlo ya presente de algún modo, en forma de arras, y por eso el ya de la Alegría Desbordante. Después vendrá el Amor en la totalidad de su presencia, y con Él la otra Alegría, de la cual yo ya no os puedo hablar. Os pido perdón por haberme atrevido a intentar hablaros de la primera cuando sólo os he podido ofrecer balbuceos. Es que, como sabéis vosotros, si el Amor de Dios tuviera algo de malo, sería precisamente eso: que no se puede hablar de él; y si no obstante se intenta, entonces se comprende mejor lo que decían de Dios los antiguos teólogos: que es mucho más verdadero lo que callamos de Él que lo que decimos. Me hubiera gustado tener corazón para saberlo amar y labios para hablaros de ese amor. Ya os he dicho, sin embargo, que la nostalgia forma parte de la virtud de la esperanza, y esa nostalgia nos acompañará durante toda nuestra vida. Lo que no quita para que tenga que llorar como un niño por no haberos sabido hablar del Amor de Dios, aunque sé que me perdonaréis, y mientras tanto yo seguiré pensando en ese Amor al que nunca he sabido corresponder. Felices aquellos que supieron decir que sí: cuando los encontréis vosotros decídmelo enseguida, a fin de que pueda yo acudir a ellos, como pobre mendigo, y me enseñen a mí a hacer lo mismo. Hablamos de demasiadas cosas, cuando solamente tendríamos que hablar del Amor de Dios, y ¿quién nos quitará la inmensa tristeza de no haberlo hecho? ¡Qué Verdad, tan antigua, y tan nueva, decía San Agustín, cuan tarde te conocí, cuan tarde te amé...! San Agustín la conoció tarde, pero serán muchos los hombres que no la conocerán nunca. ¿O acaso sí? Todo estará en que la Verdad y el Amor de Dios se vean en nosotros. Por eso yo os diría que vuestra misión no es otra que la de recorrer los caminos del mundo como trovadores del Amor; pero tendréis que hacerlo bien, a fin de que las gentes se dejen seducir por el son de vuestras músicas y la poesía de las gestas que cantaréis: pues cantaréis las gestas del Amor de Dios. Las palabras se hicieron para hablar con los hombres, y las palabras de fuego para hablar del Amor y con el Amor. Desaparecerán todos los problemas, y quedarán reducidos a uno solo: si nos hemos dejado invadir, o no, por el Amor. Por eso quisiera dirigirme a vosotros, los que sois niños de corazón, los que aún creéis en la poesía, los que nunca os habéis acordado de vosotros mismos, los que habéis elegido la pobreza porque habéis sabido amar y lo habéis dado todo... Vosotros, dondequiera que estéis, sois los que habéis hecho que siga ardiendo entre los hombres la llama de la Alegría, los que habéis impedido que Dios se marchara de nuestro lado, pues con vosotros se ha quedado para siempre su Amor. Nosotros no hemos sabido hacerlo así, pero, mientras lo aprendemos también, llamaremos a nuestro lado a la virtud de la Espera y también a Aquella que es nuestra esperanza, la Virgen Santa María, para que nos ayuden y pongan en nuestros labios el grito postrero del libro del Apocalipsis. *Ven, Señor Jesús...* (Ap 22:20).

# XIV

# CAMINOS AL VERDADERO AMOR

*De vez en cuando el evangelio nos habla de enfrentamientos de Jesús con el demonio. Al vencerlo, el Señor nos dio la posibilidad de vencerlo también, de manera que, aunque seamos tentados, podemos salir siempre victoriosos (1 Cor 10:13; Heb 2:18). Pues el demonio intenta de muchas maneras apartarnos de Dios. Por ejemplo, haciéndonos cobardes.*

## La cobardía como obstáculo al Amor

Y podéis estar seguros de que, si lo consigue, lo hemos perdido todo. Como Dios nos invita a ser santos, que es lo mismo que decir a amarlo en serio, el demonio lo hará todo a fin de asustarnos e impedirlo. ¿Os acordáis de tantas y tantas palabras del evangelio con las que Jesús nos llama a la entrega y a morir a nosotros mismos? Pues bien: el demonio procurará que nos den miedo, y lo conseguirá con demasiada frecuencia. Cuando llegue el momento de concretar y de hablar de cosas como, por ejemplo, el trabajo serio, la limpieza de corazón, o el desapego de esto o de aquello, nos sentiremos incapaces de afrontarlas. Nos dará miedo la entrega; y todo porque habremos dejado que se deslicen en nuestra alma dos sutiles tentaciones a las que sucumbimos: Por un lado esas cosas nos parecerán demasiado difíciles, y en todo caso sólo adecuadas para un escogido grupo de cristianos al cual no nos sentimos pertenecer; y por otro estaremos convencidos de que, si las damos, nos volveremos desgraciados y tristes, porque eso es violentar nuestra naturaleza y privarnos de la felicidad que nos proporcionan. Con todo lo cual olvidamos algo importante: que el demonio es el padre de la mentira y que siempre dice mentira, según lo advirtió ya el mismo Jesús: *Vosotros tenéis por padre al diablo, y queréis hacer los deseos de vuestro padre. Él es homicida desde el principio y no se mantuvo en la verdad, porque la verdad no estaba en él. Cuando habla la mentira, habla de lo suyo propio, porque él es mentiroso y padre de la mentira* (Jn 8:44).

En efecto, cuando nos proponen exigencias serias de vida cristiana, o cuando nos enteramos de las mortificaciones de los santos, nos asustamos y nos parecen cosas demasiado difíciles. Lo que ocurre porque padecemos un error de perspectiva. Porque si miramos el problema desde abajo, desde la dificultad y nada más, con visión simplemente humana, entonces nos asusta, y con razón: tenemos motivos para ello; pero si lo miramos desde arriba, desde el punto de vista del amor divino, entonces podemos verlo como algo que nos va a lanzar al corazón de Dios y, por lo tanto, como algo que nos va a proporcionar la perfecta Alegría. Experimentada la cual, resulta que el morir a nosotros mismos ya no nos parece tan difícil; y hasta ocurrirá que ahora nos dará miedo lo contrario, es decir, la posibilidad de que podamos hurtarnos a la entrega. De ahí que, el morir a nosotros mismos, además de no tener sentido alguno sino desde el Amor de Dios, es algo que solamente puede llevarse a cabo con ese mismo Amor. Pero entonces, morir a nosotros mismos, ya no aparece como una exigencia, sino como algo que nos lleva hasta el Amor y que nos hace felices.

Es la cobardía la que hace posible la tibieza. Decía el Tiberio de 'Las campanas tocan solas", que la fe de los tibios es una cobardía, como la penumbra, que quiere justificarse por su falta de sol. Por eso dice el Apocalipsis: *Ojalá fueras frío o caliente; mas porque eres tibio y no eres caliente ni frío, estoy para vomitarte de mi boca* (Ap 3: 15–16). Pues el cobarde tiene miedo del Amor; se asusta ante la inmensidad del mar, y prefiere quedarse en la tranquilidad de la charca. Tiene miedo de las cosas grandes, y hasta, si hubiera podido, habría hecho un mundo replegado en sí mismo en el que cada cual solamente tendría que pensar en sí. El cobarde ha aprendido a poner la palabra "exageración" como etiqueta de todo lo que sobrepasa la medida que él ha establecido para las cosas; y, como esa medida siempre es pequeña, resulta que para él nunca existen cosas grandes: si acaso, exageradas, o fuera de tono. También tiene miedo de ser amado, pues sabe que entonces será requerido para la entrega, cuando él prefiere quedarse consigo mismo, puesto que se considera el bien mejor; y así es como nunca aprende a amar, ni por lo tanto a conocer a Dios (1 Jn 4:8). Tampoco se entera nunca de la belleza de las cosas, tan ocupado como está en mirarse siempre a sí mismo. E incluso, desde el momento en que tiene miedo de Dios, el cobarde llega a tener miedo de todo: de la verdadera felicidad, de los demás, de sí mismo, y hasta de su propia cobardía (por eso no quiere reconocer que la tiene). Así es como el miedo viene a convertirse en lo suyo propio: el cobarde lo masca, lo respira y lo vive, inmunizándose por eso contra el Amor: *El amor perfecto arroja fuera el temor, porque el temor supone castigo, y el que teme no es perfecto en el amor* (1 Jn 4:18). Y, junto con el miedo y con la falta de amor, va también la falta de fe: *¿Por qué tenéis miedo, hombres de poca fe?* (Mt 8:26; cfr. Mc 4:40); en donde se ve que es verdad eso de que la fe de los tibios es una cobardía.

Por eso debéis tener cuidado con algunos que pretenden pasar por revolucionarios y en el fondo no son sino cobardes. Ya que es falsa toda revolución que no empiece por la verdadera conversión de los que la promueven. Y la cobardía, precisamente por serlo, se disfraza con frecuencia de virtud. Por ejemplo: a veces se llama a sí misma prudencia, y otras veces también celo por los demás; porque el cobarde nunca querrá reconocer que no ha tenido valor para mirar cara a cara al Amor. A eso se debe que muchas actuaciones de los eclesiásticos no sean en el fondo sino entreguismos. Y esa es también la explicación de la extraña "puesta al día" que muchos han llevado a cabo: de ellos se ha podido decir, con amarga ironía, que han cambiado la vida contemplativa por la contemplación de la vida. Pues les ha parecido que es razonable el escándalo del mundo ante la entrega, y que es demasiada cosa una vida enteramente dedicada a Dios. Así llegamos a lo que decíamos antes: que la pretensión de introducir en todo la medida y la moderación ha incluido también al Amor, el cual, por definición, excluye toda medida. Claro que eso intenta justificarse diciendo que se busca el darse más y mejor a los demás; pero la verdad es que, anulado el Amor que es fuente de todo amor, todo se queda en la búsqueda de uno mismo. Cuando se piensa, por ejemplo, que la "mortificación universal" de San Juan de la Cruz es una expresión exagerada, es porque ya se ha decidido juzgar al Amor con nuestra propia medida, con lo cual se le destruye. No hay que extrañarse, por lo tanto, de que el Apocalipsis coloque a los cobardes encabezando la lista de los que serán arrojados al infierno (Ap 21:8).

### La sencillez como camino hacia el Amor

Pero el demonio no trata solamente de hacernos cobardes. También intenta hacernos complicados, robándonos la sencillez del alma.

Me resulta difícil deciros lo que es la sencillez, pero me entenderéis mejor si os digo que el demonio consigue que seamos complicados haciendo que estemos siempre mirándonos a nosotros mismos. Pues Dios es la infinita sencillez, que es lo mismo que decir que es el Ser; y aunque algunos antiguos filósofos identificaron a Dios con el Uno, la verdad es que Dios está totalmente por encima de todo número, incluso del uno. En cambio las cosas son los seres: con su composición, con su finitud radical o deficiencia —mezcla de ser y de nada o de ser y de carencia—, y con su ser recibido o por participación. Y como Dios no es mezcla de acto y de potencia, sino que es Acto puro, el Ser sin más, infinitamente Simple, Aquel cuya esencia consiste en el existir, cuando miramos a las cosas como si fueran autosuficientes —desvinculadas de su fuente de origen—, las vemos más en lo que no son que en lo que son. Cuando eso hacemos dejamos de ser naturales ante las cosas y adoptamos con ellas posturas artificiales, pues al no verlas en lo que son no tomamos ante ellas una actitud normal. Además de que, cuanto más nos volvemos a la complejidad de las cosas y más nos alejamos del Ser infinitamente simple, más complicados nos hacemos.

Como Dios es infinitamente sencillo, podemos decir que la Sencillez se identifica con Él, y por lo tanto también con la belleza y con la bondad. Por eso la sencillez es irresistiblemente atractiva, y por eso es tan difícil hablar de ella: porque hablar de la sencillez es hablar de Dios. Cuando amamos a Dios sobre todas las cosas —y por consiguiente a todo y a todos con el corazón de Dios—, ya no nos preocupa lo que se piense o lo que se diga de nosotros. Lo que hace posible que aparezcamos ante los demás con naturalidad, es decir, tal como somos, y sin el añadido contrahecho del pecado y las artificiosas preocupaciones que nos crea el apego a las cosas. Así es como el que ama de verdad a Dios queda libre de preocupaciones inútiles y se muestra con la belleza de la sencillez, que por eso es maravillosa y extraña la simplicidad, porque el que la posee lleva en sí toda la grandeza del Amor puro.

Y esa es la sencillez que trata de quitarnos el demonio, la que consiste en vivir con una sola cosa en la mente y en el corazón: la cual cosa es Dios, que a su vez es el Único, el infinitamente Simple. El demonio tratará de orientarnos hacia la multitud de las criaturas para hacernos complicados; para que así ya no sepamos ni lo que somos, ni adónde vamos, ni lo que queremos, y para que, además, nos sintamos vacíos, inconstantes, inseguros, con la mente obscurecida y con el corazón turbio. Pues como la sencillez es lo contrario de la complejidad —no confundáis complejidad con profundidad, pues la sencillez es profunda—, ella nos hace tener siempre presente en la mente y en el corazón a Aquel que es también el Único, según ya hemos dicho. Unicidad o simplicidad de miras y de deseos que nos lleva a relativizar todas las otras cosas; que no quiere decir disminuirlas, sino ponerlas en relación con Dios, para conocerlas así en todo lo que tienen de entidad y en todo lo que tienen de subordinación y finitud. Así es como la sencillez serena o aquieta nuestro espíritu, nos libra de toda dependencia y nos tranquiliza, a la vez que orienta nuestro corazón hacia el Dios que es Amor y nos pone en la situación de pobreza espiritual. Porque, efectivamente, la sencillez y la pobreza espiritual son la misma cosa.

Insistamos en esto. Estamos diciendo que la pobreza espiritual nos lleva al Amor de Dios, al verdadero Amor, a amar a Dios por entero y a dejarse amar de Él también por entero, a ser todo para el Todo y a aceptar que el Todo sea todo para nosotros (Ca 2:16):

*Mi amado es para mí y yo soy para él.*

No es que no nos importen las cosas, pues es ahora cuando las amamos de verdad y más que antes; pero ahora las amamos en Dios y desde Dios, que es quien llena nuestro corazón. En esto consisten la sencillez y la pobreza espiritual: la esposa es toda y sola para el Esposo, y el Esposo es todo para la esposa. Y así es como se hacen realidad las palabras del Apóstol: *Ya no vivo yo, es Cristo quien vive en mí* (Ga 2:20); en donde la esposa no tiene ya nada propio, pues todo lo ha entregado al Amado, y por supuesto sus pensamientos y deseos. Ya no son dos vidas, sino un solo corazón y una sola alma (Jn 17: 21–23.26; cfr. Hech 4:32). Y por eso la esposa le dice al Esposo:

> *Yo tu vida viviera*
> *si tú te me entregaras por entero,*
> *y la mía te diera*
> *si, en trueque verdadero,*
> *quisieras cambiarlas, cual yo quiero.*[1]

Pero ya hemos dicho otras veces que las relaciones de amor entre Dios y nosotros tienen mucho de contienda (Ca 2:4), al menos hasta que se realiza la consumación de amor. En toda relación de amor, cada uno de los que se aman lucha por ser él quien entregue más; incluso cada uno desea verse desvalido ante el otro y totalmente disponible para él, de tal modo los que se aman ya no se pertenecen pues que se entregan mutuamente (Ca 2:16):

> *Mi amado es para mí y yo soy para él.*

Por eso, al requerimiento que ha hecho antes la esposa para que el Esposo intercambie su vida con ella, el Esposo le responderá seguramente con las mismas palabras. Y como las palabras del Esposo son siempre verdaderas, y causan lo, que dicen, y como Él ya previamente se ha entregado por entero a la esposa, incluso en forma de comida eucarística, puede decirle también a ella:

---

[1] A. Gálvez: *Cantos del Final del Camino*, Shoreless Lake Press, New Jersey, USA, 2020, 68. En adelante *CFC*.

> *Mi vida ya es tu vida*
> *y la tuya es para siempre ya la mía;*
> *mi vida es la comida*
> *que yo a ti te servía*
> *cuando tu amor me diste en aquel día.*[2]

Algo de esta plena y mutua posesión en intimidad de amor, del Esposo a la esposa y de la esposa al Esposo, es lo que viene a expresar aquel pasaje del Cantar (2:6; 8:3) en donde se ve cómo ambos se entregan y se someten mutuamente:

> *Reposa su izquierda bajo mi cabeza*
> *y con su diestra me abraza amoroso.*

Suele decirse que la oración de los santos es siempre eficaz, pues al estar su voluntad enteramente sometida a la de Dios, solamente quieren lo que Él quiere. Es cierto, pero no vayamos a pensar por eso que en la relación de amor queda anulada la voluntad del uno o del otro; pues toda relación, y más aún la de amor, es siempre cosa de dos. La verdad es que el Esposo también se aviene a la voluntad de la esposa, a lo cual se debe el poder del corazón de los santos y el valor de su oración de intercesión. De ahí el carácter absoluto de las promesas del Señor (Jn 14: 12–14; cfr. Mt 21:22; Mc 11:24; Jn 16:24), que solamente ponen una condición: la fe en Él, esto es, la total confianza por la cual alguien se entrega a Él enteramente por amor. Así es como las promesas de Jesús pueden ser comprendidas en toda su fuerza, pues es impensable una relación —menos aún una relación de amor— en la que solamente contara uno. Claro que el demonio

---

[2] *CFC*, 69.

intentará que nuestra vida de oración, y en general todo nuestro trato con Dios, no sea nunca una relación de alteridad; procurará que creamos que estamos solos y que nuestra oración no puede ser sino de petición, dirigida a un Dios lejano que quizás nos escucha, pero que nada tiene que decirnos. De eso a pensar que tampoco nos escucha va poco camino. Lo cual está en contra de las enseñanzas de Jesús: *Ya no os llamo siervos, porque el siervo no sabe lo que hace su señor; pero os digo amigos, porque todo lo que oí de mi Padre os lo he dado a conocer* (Jn 15:15; cfr. 14:21); e igualmente en contra de lo que hemos dicho que es una relación amorosa: diálogo de un tú y un yo, entrega mutua de un yo y un tú, posesión mutua de ambos y alegría total en la donación total.

Pero que nadie profane esta recíproca donación de amor, en la que Dios se nos entrega y nosotros a Él, pensando que todo se reduce a una situación en la que vamos a conseguir de Dios más o menos cosas. Pues, aunque es verdad que 'mi amado es para mí', eso es algo mucho más verdadero de lo que parece. Aquí habría que preguntarse acerca de lo que puede significar el hecho de que Dios se nos entregue y sea nuestro, así como sobre el sentido de ciertas expresiones del Cantar (6:3; 2:16; 7:11):

> *Yo soy para mi amado y mi amado es para mí;*
>
> *Mi amado es para mí y yo soy para él;*
>
> *Yo soy para mi amado*
> *y a mí tienden todos sus anhelos.*

Por supuesto que siempre quedará el recurso de decir que todo eso es poesía, o el de acudir a ciertas interpretaciones minimizantes del Cantar de los Cantares. Lo que parece, sin duda, un intento de empequeñecer el Amor de Dios, pues ¿por qué Dios no podría amarnos así cuando Él es precisamente el Amor? ¿Por qué medir a Dios con nuestras medidas humanas pensando que solamente puede hacer lo que a nosotros nos parece razonable? Es probable que expresiones como esas signifiquen algo mucho más profundo, y seguramente lo primero que habría que hacer con ellas es tomarlas por verdaderas. Entonces significarían para nosotros algo verdaderamente inefable: que Dios nos da lo más profundo y delicado de Sí mismo, su propio corazón, su Amor. Verdaderamente, ¿qué nos importaría que Dios nos diera todas las cosas si no nos entregara su Amor? ¿Y qué pueden significar, si no, las palabras de Jesús: *Yo les di a conocer tu nombre, y se lo haré conocer, para que el amor con que tú me has amado esté en ellos y yo en ellos* (Jn 17:26)?

Pero en Dios también podemos llamar Amor a la entrega y donación recíprocas que se hacen el Padre y el Hijo, esto es, al Espíritu Santo, que es como el sello de la unión y entrega de ambos. Por eso el Amor es esencialmente donación o entrega, y por eso decía Jesús que *hay más dicha en dar que en recibir* (Hech 20:35). Aunque es verdad que el amor también es esencialmente recibir, pues el amante recibe al amado en entrega, y éste, a su vez, recibe la entrega del amante, pues si cada uno se entrega al otro, entonces cada uno recibe al otro. De todos modos en el amor el otro es recibido, pero como don; es decir, como algo que surge y llega libremente desde lo más profundo de la libertad y del querer, de lo más propio de la persona que ama y de lo más íntimo de su corazón. Así es como el amor es esencialmente libre, y por eso el Espíritu Santo se llama también Don, y sus gracias son llamadas dones. El Padre y el Hijo espiran juntamente y a la vez al Espíritu Santo como don recíproco (espiración activa), y Él, espirado que ha sido en ese aliento infinito de amor, queda esencialmente como Don (espiración pasiva). De donde ya no tiene sentido preguntarse si el que ama (el que se entrega) espera o no recibir algo del amado o al mismo amado, pues en el hecho mismo de amar está dándose y recibiendo a la vez, en una entrega que es también un recibir y en un recibir que es también entrega, pero en donde todo se reduce a entrega o a donación mutua del uno al otro. Por eso podemos decir que en el amor, aunque hay dos que se reciben, hay sobre todo dos que se entregan, y de ahí que el Amor sea esencialmente Don. E igualmente, el que ama no puede darse sin recibir al amado, ni puede recibir al amado sin darse, pues el Amor es siempre el aliento de ternura exhalado a la vez por dos enamorados. De este modo el amor es la alegría de darse al ser amado: hay más dicha en dar que en recibir. Todas las expresiones del evangelio invitando al verdadero amor hablan de donación y de entrega más que de recibir: morir a uno mismo, negarse, perder la propia vida, renunciar a familia o hacienda, sucumbir como grano de trigo en la tierra, dejarse podar, buscar el último lugar... Y siempre se trata de morir a uno mismo para venir a caer en brazos del Amado; de darse para hacer posible la irrupción de Aquel que es el Don por excelencia.

Por el contrario, el demonio intentará que nos dediquemos a contemplarnos a nosotros mismos, con lo que puede conseguir que la entrega nos parezca una carga insoportable y entonces no la llevemos a cabo: *Señor, tuve en cuenta que eres hombre duro, que quieres cosechar donde no sembraste y recoger donde no esparciste, y temiendo, me fui y escondí tu talento en la tierra* (Mt 25: 24–25).

## La pobreza como camino hacía el Amor

Un niño comienza a dejar de serlo cuando empieza a creer que ya es un hombre y que no depende de nadie, y eso es lo que le ha ocurrido al hombre moderno: que ha creído descubrir que ya no necesita de Dios. El demonio procura fomentar en nosotros sentimientos de autosuficiencia, con lo cual nos roba la alegría de sentirnos niños. Aunque lo cierto es que el hombre, para serlo verdaderamente, necesita ser niño, sentirse en dependencia de su Padre Dios, pues eso es estar en la verdad: *Si no os volvéis y os hacéis como niños, no entraréis en el reino de los cielos* (Mt 18:3; cfr. Mt 18:4; Mc 10:15; Mt 11:25; etc.).

Algo propio de la vida de infancia es la indigencia. El niño es un desvalido que necesita de los demás, sobre todo de sus padres. Y la indigencia es la pobreza, a la que se le ha prometido la Alegría: *Bienaventurados los pobres* (Lc 6:20). Claro que la pobreza no es un bien en sí misma, sino sólo en la medida en que se contrapone paradójicamente a la riqueza (2 Cor 8:9); en cuanto que, abrazada voluntariamente, da lugar a la irrupción del Todo. Por lo cual la pobreza consiste en el primer mandamiento, ya que se queda sin cosa alguna el que ha elegido a Dios sólo. Aunque advirtiendo que no se trata de despreciar las cosas, ni tampoco es una renuncia a la que hay que mirar como una especie de mal menor.

No hay aquí mal menor alguno que haya que elegir necesariamente como medio. No puede haber ningún mal, ni grande ni pequeño, en renunciar a todas las cosas por causa del Amor, aunque el demonio intentará que creamos lo contrario. El que está enamorado de Dios no se siente disminuido por renunciar a las cosas, y ni siquiera ve eso como renuncia. Pues la renuncia existe, en efecto (Lc 14:33), pero ocurre de tal manera que el que tiene a Dios lo tiene todo, incluso aquello a lo que había renunciado y que ahora encuentra de otro modo. El enamorado de Dios no siente la renuncia de las cosas como renuncia; desearía hacerla de todos modos, incluso aunque no fuera necesaria, ya que en Dios lo encuentra todo y lo demás le parece muy relativo; pero sobre todo porque, llevado por el ímpetu de su amor, desea con todas sus fuerzas darle a Dios lo que tiene. De ese modo la renuncia total, no solamente no es dolorosa, sino que se convierte en la fuente de la verdadera Alegría, pues ya hemos dicho muchas veces que el amor consiste en darlo todo. El enamorado de Dios no renuncia a las cosas pensando que son malas ni en que pueden estorbarle; sus motivos van por otros caminos: entusiasmado por el sentimiento de que Dios se lo está dando todo, él desea también hacer lo mismo, naciendo así la relación de amor en la que ambos se dan mutuamente y por entero. He ahí la paradoja de la alegría que siente el hombre de verse a sí mismo ante Dios como un hombre pobre, o si queréis aún mejor, como un pobre hombre. Por eso creo que la pobreza de espíritu (Mt 5:3) es la más difícil y, a la vez, la más perfecta, feliz y bella de todas las pobrezas.

La pobreza de espíritu nos lleva a la Alegría perfecta, porque con ella robamos el corazón de Dios, que es Amor. Pero el Amor es el Todo, y además, y por definición, se da todo. Y el enamorado de Dios no es feliz porque lo tenga todo, sino porque tiene al Todo; no es feliz por ser rico, sino por amar y ser amado, y además amado del todo por el Todo, al cual él también ama enteramente y del todo, pues estando por entero sumergido en el Amor mismo, lo posee y es poseído por Él.

En este sentido el amor humano, con lo mucho que tiene de maravilloso e inefable, es algo que se queda muy atrás, pues es sólo una participación del Amor divino. La parte es inferior al todo, pero cuando se trata del Todo la distancia es entonces infinita (hablamos aquí de parte en el sentido que lo entiende en teología la teoría de la participación). De ahí que el amor humano, en cuanto que es participación y no totalidad, nunca puede ser amor perfecto. En cambio en el amor divino–humano, aunque la criatura nunca pierda su condición de tal y aunque tampoco pueda recibir enteramente al Todo (porque es infinito), pero lo recibe como Todo y se entrega a Él como Todo y del todo. Cosa que no puede ocurrir en las relaciones de amor puramente humanas, aunque estén elevadas por la gracia, pues las criaturas no pueden ser fin para otras criaturas ni saciar enteramente su corazón. Por el contrario, la entrega al Amor divino no solamente consiste en la donación del cuerpo y del alma —el hombre entero—, sino también de aquello que constituye lo más profundo y específico de la persona, lo que jamás se podrá entregar a otra criatura aunque se quiera. Y esa es la limitación del amor humano por perfecto que sea, que nunca podrá entregarse del todo ni recibirlo todo.

La pobreza por amor no supone desprecio a las cosas. Eso sería absurdo, pues el que ama a Dios ama también las obras de sus manos y las ve como vestigios de Dios que son. El que ama a Dios ama a las cosas, porque le hablan de Dios, y no se para en ellas, porque no son Dios; las mira con ternura, pues todas y cada una a su manera son un canto al Amado, pero no se apropia de ellas, puesto que no son el Amado, que es el único que llena su corazón; las ve con admiración y alegría porque el Amado ha pasado por allí y ha dejado en ellas un rastro de su bondad y de su belleza, pero no se las apropia, porque sería quedarse con la parte después de haber conocido al Todo. De manera que solamente el que ama a Dios es el que ve las cosas sin egoísmo y con verdadero amor, y sólo el que ama a Dios es el que ama de verdad al hombre y no intenta aprovecharse de él. Que es lo contrario de lo que ocurre cuando lo que se dice que es amor al hombre no se fundamenta en el amor a Dios y entonces acaba instrumentalizando y destruyendo al hombre. Por el hecho de que las cosas nos dicen siempre que el Amado ha pasado junto a ellas, nos están diciendo también que Él no está allí y que tenemos que seguir buscando. Claro que el que se queda en las cosas y con las cosas también acaba en búsqueda —pues las cosas no le pueden saciar—, pero en búsqueda que cada vez se hace más desesperada, pues conduce a la nada y al vacío. En cambio el que busca a Dios, como va encontrando vestigios de Él cada vez más claros y va vislumbrando cada vez mejor el final del camino, se enciende más en amor y en ansiedad y se llena de la Alegría.

Cuando se ha renunciado a todas las cosas, con ayuda de la gracia, y se ha optado plenamente por Dios, se inicia entre Dios y el hombre una extraña y apasionante historia de amor. La historia más bella jamás contada y que jamás se podrá contar. Para entonces Dios y el hombre son ya el Esposo y la esposa del Cantar de los Cantares. Entonces es cuando el Esposo pone su Amor en el corazón de la esposa y enciende en ella un Fuego devorador (De 4:24). Lo que es imposible si el hombre no lo entrega todo y su amor no es fuertemente probado en la fidelidad. Y aun cuando el hombre quiera entregarse del todo, tendrá antes que morir a todo lo que no sea Dios. Y como es entrega de amor, habrá de ser fuertemente deseada por el hombre, pues lo que está en juego aquí es el Amor mismo. Por eso Dios enciende en el corazón de la esposa un fuego que es infinito en cierto modo, hasta lo que es soportable ahora por una criatura elevada por la gracia.

Este fuego de amor tiene características propias. Pues hace sufrir y gozar a la vez, de manera indecible, y hasta el punto límite soportable por el hombre, que tiene que ser ayudado por Dios para ello. A su vez este sufrimiento pulsa varios registros al mismo tiempo.

El hombre conoce a Dios de un modo nuevo, como lo sumamente deseable, pero sabiendo a la vez que no puede poseerlo del todo. Se siente abrasado por ese deseo, y con tal ímpetu que puede experimentar la sensación de que el corazón y el espíritu van a abandonar el cuerpo, arrastrados los dos por la tracción del Amor infinito y sin que el cuerpo pueda seguirlos ni soportar esa presión de amor. Pues el amor es solicitante por naturaleza, y precisamente porque lo da todo; aunque esa solicitud se dirige a lo más profundo y libre de la otra parte: espera sin exigir, ansía sin reclamar y desea sin forzar. Pero cuando se trata del Amor infinito, ese reclamo es infinitamente solicitante. Y el hombre no puede responder adecuadamente por ahora a esa llamada infinita, aunque lo desea con todo su ser y por eso se siente morir; pues aquí se produce una tensión tremenda e inefable entre una invitación y una donación que son infinitas, de un lado, y una capacidad de recibir y una posibilidad de respuesta muy limitadas, de otro. Por lo que la esposa le dice al Esposo:

> *Los susurros del viento*
> *dijeron a los pinos del otero*
> *que yo por ti me siento*
> *de amores prisionero,*
> *y con ansias de verte yo me muero.*[3]

Aquí siente la esposa que se muere verdaderamente de amor. Pero con muerte real, pues aquí quedan ya lejos aquellas expresiones del amor humano que tienen poco sentido o que acaban vaciándose de él; se emplean en el amor humano porque son bellas, pero no suelen tener un significado real. Aquí, por el contrario, siente la esposa que

---

[3] *CFC*, 112.

se muere de veras. Pues el Esposo es más que su vida, y ella no siente ya esa vida, puesto que Él no está; y además su corazón la ha abandonado para irse en busca del Esposo, y no se puede vivir sin corazón. Pero, sobre todo, la esposa se siente morir de hambre, de deseo; o de asfixia, por la falta de lo que es más necesario que el aire; o de obscuridad, porque carece de lo que es más necesario que la luz. Ahora ella se da cuenta de lo que significa morir, porque falta algo que era la vida. Aunque aquí no es exactamente eso, pues ahora se trata de otra vida mayor, más grande que la vida natural y que causa por ello una muerte más grande que la otra. En realidad la esposa muere por la única razón de que Él no está; o al menos porque no lo siente, que para ella es lo mismo. Porque aunque se ha quedado sin corazón, sin la luz para unos ojos que ahora ya no ven, y sin el aliento de lo que era su vida, aun sin todo eso todavía podría vivir. Pero ella sabe que muere solamente porque Él no está. Comprende ahora que nadie muere porque el corazón deje de latir, sino porque entonces se deja de amar, y es imposible vivir sin Amor. Pero a la vez muere y no quiere dejar de morir, pues sabe que moriría si no muriera y que no viviría sí viviera. No es que quiera morir porque la muerte la lleve al Amado, sino por consumirse en el Amor y arder en holocausto de donación de la vida al Amado. Comprende que el amor se consuma en muerte de amor, y que nadie ama perfectamente sin morir de amor por el ser amado (Jn 15:13). Aunque quizás sea más exacto decir que, si ella muere de amor, es porque la muerte de amor no es aún la consumación del amor, sino el paso previo y último al Amor: por eso se puede morir. Como el cisne, que canta su canto más bello cuando se va a morir, en un canto de amor y de último saludo al Amor. El Esposo ya murió de amor, pero ahora la esposa muere porque ve que vive sin morir estando sin el Amado; y porque quiere compartir la suerte del Amado, y porque quiere estar con el Amado; pero más que nada porque quiere morir de amor por el Amado, y gozar de la infinita alegría, que Él ya sintió, de darse por el otro hasta el fin.

> *Los dulces ruiseñores*
> *que cantan en los chopos del otero,*
> *al verme que, de amores,*
> *por causa tuya muero,*
> *han volado a decirte lo que quiero.*[4]

Porque el fuego devorante, que abrasa y hiere, oculta sin embargo todavía al Amado. Con lo que enciende a la esposa aún más en amor y en deseos de que ese fuego queme y hiera más todavía. Sufrimiento de fuego, y herida que sufre aún más porque no se hace más grande y, sobre todo, por el ocultamiento del Esposo. Por eso dice la esposa:

> *El cierzo sonrosado*
> *de las frescas mañanas en la aurora*
> *cantaba alborozado*
> *de Aquél que me enamora;*
> *mas no quiso decirme dónde mora.*[5]

Pues este ocultamiento, como todo lo que ocurre aquí, es singular. Es un ocultamiento en la terrible obscuridad de la fe, pero la esposa sabe que Él está allí, en un modo de presencia que no puede ser explicado: no es un simple saber, sino una percepción de presencia, por decirlo de algún modo. Tal vez se trata de una cierta percepción —que es un recibir inundante— de su Amor, quizás de

---

[4] *CFC*, 14.
[5] *CFC*, 121.

una presencia del Espíritu Santo, quien, más bien que descubrirnos a la Persona del Amado, nos habla de Él, inundándonos de su aliento. Por lo que dice la esposa:

> *Y al permitir los velos*
> *obscuros de la fe, en que te escondiste,*
> *enciendes más los celos*
> *del pecho que me diste*
> *y agrandas más la llaga que me hiciste.*[6]

Pero el amor del Amado no es todavía el Amado, y lo que la esposa desea con todo su corazón es al Amado mismo. Pues el amor exige la presencia del otro, conduce al "enfrentamiento" con el otro, y si habla del otro y enciende el deseo de él es para que el que ama "termine" en el otro. De este modo el Amor personal habla del Amado y empuja al deseo del Amado, pero de una manera infinita, pues lo que dice de Él es infinitamente atractivo; y como el aliento que trae de la Persona y de la presencia del Amado es infinitamente real y perfecto, es un aliento que abrasa de amor. Por eso Amor no nos habla nunca de sí mismo (Jn 16:13), sino de Aquel que lo provoca o del cual procede, de Aquel de quien es el aliento. De ahí que el amor no se aquieta si no es con la posesión del Amado mismo, exigiendo, como ya hemos dicho otras veces, la contemplación del Amado, de su rostro, de sus ojos:

> *Pasando por el prado*
> *tus ojos con los míos se encontraron;*
> *y, en su mirar callado,*
> *tan encendidos dardos se cruzaron*
> *que dos llagas de amor ambos causaron.*[7]

---

[6] *CFC*, 115.
[7] *CFC*, 110.

Aunque la esposa pretende la posesión plena del Esposo, pero en vano, porque eso es imposible todavía.

> *Al paso me miraste*
> *en silenciosa insinuación de amores,*
> *y luego me dejaste*
> *buscando en los alcores*
> *por senderos de arbustos trepadores.*[8]

Dijimos antes que el sufrimiento de amor por el Amado pulsa con varios registros a la vez. Uno de ellos tiene especial importancia y una extraordinaria belleza. Me refiero a la com–pasión, al hecho de compartir los sufrimientos y la muerte del Señor. Pues el Fuego de amor causa una gran sensibilidad ante el mal y ante el pecado, lo que lleva consigo también una comprensión especial de los sufrimientos del Esposo, que son al fin y al cabo consecuencia del pecado. A la luz de ese Fuego se comprende vivamente la seriedad del problema del Mal, e igualmente, por el mismo camino, la seriedad de los sufrimientos y de la muerte de Cristo. Uniéndose a eso un ardiente amor por el Señor y estamos ya en la com–pasión tal como nosotros la podemos vivir; que incluso repercutirá en el quebranto del cuerpo en la medida que Dios lo quiera, aunque el verdadero martirio es el del corazón. Y hay algo aquí cuya belleza y grandeza sobrepasan en mucho a aquello que es lo más terrible del pecado. Ahora se comprende que el Amado haya vencido al mundo (Jn 16:33): pues toda la malicia del pecado se ve allí, pero transformada y transfigurada en el rostro del Amor crucificado. Así ha hecho Dios que el mal se convierta en lo más bello jamás imaginado, y así ha conseguido que

---

[8] *CFC*, 102.

el odio se convierta en amor: y donde antes había pecado, que es el desamor, ahora queda solamente el Amor. Entonces la esposa se ve solicitada por dos deseos a la vez que en realidad son uno solo: por un lado quisiera estar ya con el Esposo, y por otro desearía sufrir con Él y por Él:

> *Un beso yo le diera*
> *en la sangrante herida del costado;*
> *aunque entonces muriera*
> *de amores abrasado*
> *y no sufriera más por el Amado.*[9]

En relación con esto, recordemos que la esencia de la Misa consiste en la actualización, ante nosotros del mismo y único Sacrificio de la cruz. En ella Cristo, verdaderamente presente, se ofrece victimalmente al Padre, y allí está, muerto y resucitado por nosotros y para nosotros. La Misa cobra su sentido para nosotros cuando nos unimos a Cristo, Cabeza nuestra, en los mismos sentimientos y realidad de su victimación, pues los miembros del Cuerpo tienen que seguir a la Cabeza. Lo cual exige que eso sea verdad; es decir, que es necesario que nuestro día y nuestra vida sean realmente una Misa. Y para ello es preciso que, habiendo muerto ya a nosotros mismos, le digamos a Dios que sí en todo, con un sí que sea verdaderamente un sí y en un todo que sea verdaderamente un todo. Siendo eso así, al ofrecer la Misa, y estando cada uno en su papel y en su puesto, asistimos realmente a la expresión y culminación de nuestra vida y de nuestra muerte. De este modo la Misa puede ser para nosotros cualquier cosa menos una simple ceremonia que nos deja indiferentes, porque nadie

---

[9] *CFC*, 123.

asiste indiferente a su propia vida y menos aún a su propia muerte. Vistas las cosas así, que es como son realmente, la Misa aparece como algo tan impresionante como indecible, y es de lamentar que a veces se cargue el acento en lo que es secundario o accidental: en la música estridente de las baterías, en las lecturas llamativas, en las homilías "participadas", en las improvisaciones personales, o en ciertas ceremonias en las que el rito simbólico se considera insuficiente y se insiste demasiado en un extraño realismo. Ignoro lo que podrá valer todo eso cuando no va acompañado de una verdadera victimación, junto con la de Cristo, tanto del sacerdote como de los demás que ofrecen el Sacrificio.

Pero habíamos dicho que el sufrimiento que produce este Fuego de amor es Alegría a la vez. Tiene que ser así, puesto que se trata de un sufrimiento de amor y por amor. La prueba está en que la esposa desea ardientemente sufrir más, esperando del Amor que agrande más la llaga que ya le ha producido. Sufrimiento de amor lleno de nostalgias y de deseos del Amado que, a la vez que apena por no tener nada para dar, es lo más bello del mundo, pues es el amor que más se acerca al Amor puro. Lágrimas de amor por el Amor que son lo más bello que existe, más bellas que esas lágrimas que son las perlas del rocío de la mañana:

> *Las perlas del rocío*
> *posadas en las flores del collado,*
> *al ver el llanto mío*
> *por causa del Amado,*
> *de envidia suspiraban a mi lado.*[10]

---

[10] *CFC*, 3.

El llanto de amor no es llanto de tristeza, sino de Alegría, porque la alegría no es otra cosa que la conciencia del amor. Pero es verdad que ese llanto expresa el deseo de una totalidad que aún no se posee y de una totalidad que aún no se puede entregar aunque se quiere hacerlo. En el llanto de amor por el Amado hay muchas cosas. Por ejemplo, el deseo de que se apague nuestra voz —que es siempre la misma— para poder escuchar claramente la de Él; el deseo de dejar de hablar para dedicarse por entero a escuchar: a escucharlo a Él, que es la Palabra, y que se hizo carne por mi amor; el deseo de abandonar de una vez el cansado mirar de unos ojos que buscaron por todas partes y nunca se saciaron, para mirarlo por fin a Él sólo, pues presentimos bien que solamente su mirada de amor calmará nuestro corazón. En el llanto de amor hay un deseo de olvido: olvido de las insuficiencias y defectos y maldades de los hombres, así como de la imperfección de las cosas que nos rodean, para encontramos por fin con la Bondad. El llanto de amor por el Amado y ante el Amado nos acerca a los hombres: allí los vemos, tan solidarios con nosotros y tan necesitados de nosotros; tan pequeños, tan desgraciados casi siempre, y, sobre todo, tan amados por Él. Y otras veces el llanto de amor hace ver a los hombres como un recuerdo lejano, en una lejanía en la que casi se pierden de vista y que también a nosotros nos hace extraños a nosotros mismos. Entonces lo sentimos a Él sólo, llenándonos y saciándonos, en un momento que, por ser de amor, ha transcendido el tiempo y nos ha puesto, quizás, en la parte de acá más próxima a las fronteras de la eternidad.

## La vida como Poesía es camino hacia el Amor de Dios

Pero lo peor que puede hacernos el demonio es lograr que creamos que la vida no es poesía, sino prosa.

Lo que consigue haciéndonos prosaicos, que es algo que aquí viene a significar lo mismo que vulgares, o tibios. Y sin embargo el mundo y las cosas están llenos de poesía, y es al hombre a quien le corresponde descubrirla y cantarla. Por lo que podemos decir que a las cosas les toca ser poéticas y a los hombres les corresponde ser poetas. Porque la poesía no es otra cosa, quizás, que la belleza misma de las cosas en cuanto que conocida y cantada por el hombre. Pues el mundo fue hecho bueno, y las cosas son bellas, que al fin y al cabo son vestigios de Dios, Suma Belleza.

Por eso no se puede hablar bien de Dios sin hacer poesía. Pues siendo Dios la Belleza misma, y no pudiendo nosotros conocerlo por ahora sino a través de las cosas, que son vestigios suyos, no podemos hablar de Él sin echar mano de la belleza de las cosas mismas. De ahí que habremos de ser poetas si queremos hablar de Dios, pues no se puede hablar de la Belleza sin conocerla y sentirla; y además hay que hacerlo con belleza, por aquello mismo de que no se puede hablar del amor sin amor. Aunque debemos advertir que hablar de Dios con belleza no significa que haya que elaborar piezas literarias o elegantes composiciones oratorias. Todo eso es compatible con la mala predicación —por ejemplo—, mientras que los balbuceos del lenguaje pueden andarse muy bien con un hablar bello sobre Dios. Si a veces la predicación parece sosa y causa sensación de vacío, eso se debe a que nace de un corazón prosaico que no ha conocido la Belleza y que, por lo tanto, no está enamorado. Un corazón ruin es un corazón feo, que está incapacitado para hablar de la Belleza; podrá hablar bellamente y también de la belleza de las cosas, pero dejará a los oyentes a la mitad del camino, cuando ellos se den cuenta de que no es eso: como cuando tenemos hambre y nos dan unas migajas, y entonces sentimos más hambre todavía. Muchos se quedaron en la belleza de las cosas porque no conocieron la Belleza, y muchos con vocación de poetas se quedaron en un prosaísmo vulgar: ojalá que hubieran atendido a los gritos de su corazón insatisfecho, y hubieran continuado buscando y hubieran acabado hallando (Mt 7:8).

Por eso yo no dejaría hablar de Dios sino a los poetas. Pues ellos son los verdaderos idealistas, los ilusionados, los olvidados de sí mismos, los que piensan en darse sin interés de recibir, los que no se preocupan por el dinero, los que no se apropian de las cosas aunque las amen, los que creen que la vida les fue dada para ser entregada, los que miran siempre más allá del horizonte, los que todavía piensan que el mundo es bueno, los que se niegan a creer que el amor tiene que coincidir con el placer y con el egoísmo, los que no están dispuestos a admitir que es el odio el que ha escrito la historia de los hombres. Yo solamente dejaría hablar de Dios a aquellos a quienes gusta mirar el azul del cielo y escuchar por la noche el silencio de las estrellas; a los que supieran entender el canto de los pájaros o el mensaje de las flores en primavera; a los que hubieran llorado de alegría muchas veces; y a aquellos cuyo corazón fuera como el de un niño, y se pudiera mirar al fondo de sus ojos y ver en ellos el reflejo de la inmensidad de un mar sin orillas. ¿Cómo se puede hablar del Amor infinito sin haberse dado nunca o sin haber dado nada? Pues para hablar de Dios hay que hacerlo con el cansancio del que lo ha dado todo, con el corazón y la vida destrozados por haberlos dado por los demás. Hablar de Dios solamente se puede hacer después de haber sentido brotar las lágrimas por el dolor de todos los hombres, también asumido como propio por Cristo en la cruz. Hablar de Dios de manera convencional y rutinaria es una profanación. De donde tenemos necesidad de ser limpios si queremos intentarlo, para volver así a la pureza primera de la creación y encontrar de nuevo el sentido y la belleza que las cosas tuvieron antes de que fueran manchadas por el hombre; solamente así encontraremos el lenguaje adecuado y hablaremos sin condicionamientos: sin importarnos lo que puedan decir, sin pensar en hacerlo bien o mal, sin traer a colación problemas falsos o inútiles, sin rebajar el Amor a la altura de nuestras mezquindades, sin creer que los otros no van a entender un canto puro al Amor puro.

Pero nuestro mundo prosaico ha preferido un cristianismo también prosaico, a su medida, y con ello ha profanado la obra de Dios. Ha querido eliminar de la fe todo elemento de riesgo y de transcendencia, para que todo quede en la parte de acá del horizonte y en los límites mezquinos de una pobre seguridad humana. Así se ha dado lugar a las teologías de la liberación y de la secularización, y a las liberales y modernistas de los Cristos sin divinidad, Cristos revolucionarios al modo humano, Cristos cuyo mensaje no tiene otro contenido que el de enseñarnos a todos a ganar lo mismo y a comer lo mismo. Así es como han aparecido los sacerdotes de sólo para este mundo, los religiosos que cambiaron un compromiso eterno por otro temporal, los que se avergonzarían de hablar del Amor de Dios, los miedosos y oportunistas, y todos los que venderían a Dios por un plato de lentejas. El demonio ha conseguido que el mundo llegue a ser visto de otra manera, es decir, más prosaica; que no es más verdadera, sino más irreal, porque de este modo el mundo es más mezquino, más egoísta, más ausente de su Creador. El demonio ha robado de nuestros ojos y de nuestro corazón el sentido de la poesía, con lo que nos ha incapacitado para poder conocer y amar a Dios. Para lo cual ha bastado que, en su oficio de padre de la mentira, deslizara en nuestros oídos la insinuación de que la poesía es lo irreal y que la prosa es lo verdadero.

## Conclusión

En esta meditación he intentado hablaros del Amor de Dios. Después de darle vueltas al tema es hora de dejarlo ya. No se trataba aquí de hacer una exposición doctrinal, sino solamente de dar un testimonio cuyo valor, si tiene alguno, estriba en que lo damos nosotros, hombres de estos tiempos tan sobrados de política y de materialismo como ayunos de amor de Dios.

Ya hemos dicho que hace falta tener un corazón de niño para hablar del Amor de Dios. Ahora bien, ¿quién tiene un corazón de niño? El Señor dice que hemos de hacernos como niños, pero, cuando vemos que no podemos hacernos tales, llegamos a la conclusión de que tendrá que ser Él quien nos dé por las buenas un corazón de niños. Los niños dicen lo que sienten y sienten lo que dicen; como su corazón y sus ojos no tienen todavía escamas ni aún han sido atrapados por el miedo, fácilmente confían en su Padre, cuya presencia basta para desvanecer pronto los pequeños temores nocturnos. Hay que ser niño para acercarse a Dios, pues Él —para el cual no existe el tiempo— es siempre un recién nacido, un Niño eternamente joven e infinitamente sencillo. Ya el amor humano es inefable, pero el Amor divino escapa a toda descripción. Es imposible, por ejemplo, expresar todo el deseo de intimidad con el Amor que estos versos del Cantar (1:2) ponen en boca de la Esposa:

*Béseme con besos de su boca.*

Intimidad con ese Amor que, por ser perfecto, es absolutamente desinteresado y no busca recibir de mí felicidad alguna, porque Él la tiene toda. Viene a entregarse, pero no porque necesite nada de nosotros; pero no viene a dar cosas, sino a Él mismo. Nos ama hasta morir de amor, y siendo Él la Vida, hizo lo increíble: morir de amor por nosotros. Es como si el Amor nos susurrara suavemente, solicitando nuestro permiso, si acaso le permitimos llamarnos de tú. Como si murmurara a nuestro oído que desde siempre estuvo deseando decirnos: Te quiero. Y como si nosotros, al oírlo, sintiéramos que su modo de decirlo es distinto de todo lo que nosotros conocemos. Algo así como si nos dijera que desde siempre había tenido nuestro nombre en su corazón, pero que ahora había llegado el momento de pronunciarlo delante de nosotros: en nuestros oídos, ante nuestro rostro, en lo más escondido de nuestro ser, como sólo Amor sabe pronunciarlo mientras espera en un anhelante silencio nuestra respuesta (Ca 8:13):

*¡Oh tú, que habitas en jardines,*
*hazme oír tu voz!*

Donde ya no se sabe lo que puede enloquecernos más, pues no imaginábamos que podíamos ser amados de esa manera, que el Amor iba a desear oír nuestra voz, y ver nuestro rostro, y recibir nuestro corazón (Ca 2:14):

*Dame a ver tu rostro, dame a oír tu voz,*
*porque tu voz es suave, y tu rostro es amable.*

Hasta ahora nos habíamos amado a nosotros mismos, porque hambrientos de amor sin saberlo, o sabiéndolo, creímos que nadie podía hacer eso por nosotros mejor que nosotros mismos; pero ahora nos hemos olvidado de nosotros, pues hemos comprendido que solamente podemos ser amados por el Amor, y nosotros no somos el Amor. Ya sabemos que el amor no puede estar en la soledad en la que uno se encierra consigo mismo, pues Amor es —por esencia— salida del uno al otro, mirada del otro al uno, regalo suavísimo y completo que de sí mismos se hacen el amante y el amado, vínculo que ata a dos. Amor no puede estar en uno sólo —ya lo hemos dicho—, pues es vínculo, salida, mirada, beso, puente que une a dos, boca y oídos a la vez; es corazón único, pero de dos que se funden; es habla y silencio juntamente, y verse a sí mismo, pero en los ojos del Amado.

> *De tu vergel un ave*
> *por tu ausencia cantaba en desconsuelo;*
> *y oyó tu voz suave,*
> *y alzándose del suelo,*
> *a buscarte emprendió su dulce vuelo.*[11]

Donde vemos que la avecilla, o la esposa, emprende su vuelo de amor hacia el Amado; vuelo que algún día será definitivo y último, después de la muerte, para encontrarse por fin con Él, y por eso dice que es un dulce vuelo. Pero antes es necesario que se alce del suelo y se despegue de todas las cosas, lo que no podrá hacer la avecilla si no oye la voz del Amado, el único que con su Amor podrá determinarla a hacerlo. Y aun antes, para poder oír esa voz, tiene ella que llorar en fuerte desconsuelo: son los sufrimientos y trabajos con los que tiene que probar su fidelidad y amor.

---

[11] *CFC*, 9.

Ya aquí no existe el *mío* sino para poder dar lugar al *soy tuyo* dicho por el otro, y sólo en ese sentido. Entre amante y amado, como participación de lo que ocurre en Dios de un modo singular y único, el *yo* no existe ya, pues al pronunciarse se ha convertido en el *tú*; y fluyendo, además, entre ambos una corriente de amor que hace de los tres seres —amante, amado y amor—, y para siempre, una sola cosa.

Y aquí acabamos, a sabiendas de que no hemos comenzado. El amor sólo puede ser cantado con amor, pero para cantar al Amor infinito haría falta un canto infinito de amor infinito. Es posible que, al menos por ahora, nuestro mejor canto al Amor solamente podamos entonarlo en el silencio. Donde, olvidados de nosotros, acallado el rumor de nuestras voces desde el momento en que ya no tenemos nada propio, cuando ya seamos todo amor, y entonces podamos escuchar y cantar. Pensad, por ejemplo, en esas horas tempranas del nuevo día, cuando el mundo aún no ha despertado y Él nos requiere para que le amemos en soledad y olvido:

> *Me requirió el Amado*
> *para que de las cosas me olvidara,*
> *y estándome a su lado,*
> *a solas lo mirara*
> *antes de que la aurora despertara.*[12]

Seguramente, si quiere mirarnos en soledad es para decirnos que nos ama. Podemos presentir cómo será ese *Te amo* pronunciado por el Amor mismo: algo que podría matarnos de amor. Quizás por eso decían los antiguos que no se puede ver el rostro de Dios sin morir.

---

[12] *CFC*, 34.61.

Pues ese rostro que mira al nuestro es el del Amor infinito, diciendo para nosotros un *Te amo* infinito; pues el mirar del Amor es su hablar, y Él no puede hablar sino de Amor. Y la conversación del Amor con su criatura, en la que Amor habla de Amor, es por eso necesariamente una conversación de amor; una conversación infinita en la que la criatura responde al Amor con palabras de su propio amor: pues le ha sido dado (Ro 5:5) y ahora es de ella, es decir, ahora es Amor del uno y del otro. Aquello de lo que no es lícito hablar suscita el asombro de las otras cosas creadas, las cuales, en admirado silencio, contemplan lo que solamente Dios podía haber imaginado: el Creador en intercambio y entrega mutua de amor con su criatura:

> *El sol que se asomaba*
> *despertando a las flores con un beso,*
> *al ver que te escuchaba*
> *en un suave embeleso,*
> *decidió demorarse más por eso.*[13]

---

[13] *CFC*, 70.

# XV

# LAS BIENAVENTURANZAS

*(Meditación en la Fiesta de Todos los Santos)*

*Viendo a la muchedumbre, subió a un monte, y cuando se hubo sentado, se le acercaron los discípulos; y abriendo Él su boca, les enseñaba, diciendo:*

*Bienaventurados los pobres de espíritu, porque de ellos es el reino de los cielos. Bienaventurados los mansos, porque ellos poseerán la tierra. Bienaventurados los que lloran, porque ellos serán consolados. Bienaventurados los que tienen hambre y sed de justicia, porque ellos serán hartos. Bienaventurados los misericordiosos, porque ellos alcanzarán misericordia. Bienaventurados los limpios de corazón, porque ellos verán a Dios. Bienaventurados los pacíficos, porque ellos serán llamados hijos de Dios. Bienaventurados los que padecen persecución por la justicia, porque suyo es el reino de los cielos.*

*Bienaventurados seréis cuando os insulten y persigan y con mentira digan contra vosotros todo género de mal por mí. Alegraos y regocijaos, porque grande será en los cielos vuestra recompensa, pues así persiguieron a los profetas que hubo antes de vosotros.*

(Mt 5: 1–12)

# Introducción

El evangelio de la misa de hoy nos habla de las bienaventuranzas. Pero como bienaventuranza significa Alegría Perfecta, resulta que el texto de hoy nos trae de nuevo el mensaje de la Alegría. Lo que parece normal cuando se piensa que se trata de la Fiesta de Todos los Santos.

Las bienaventuranzas son como las grandes líneas que señalan el camino del evangelio. Por eso la criatura que lo ha recorrido del modo más perfecto, la Virgen Santa María, cuando alguna vez se ha nombrado a sí misma, lo ha hecho precisamente con ese nombre: Bienaventurada (Lc 1:48).

Y como la Alegría no es sino la otra cara del Amor, como os he dicho ya muchas veces, podemos hablar de las bienaventuranzas como núcleo del evangelio, pues éste no es sino la Buena Nueva del Amor que Dios nos tiene. El evangelio es el anuncio de que Dios nos ha requerido de amores y de que espera ser correspondido, puesto que amor llama siempre a amor. De manera que el evangelio es una formal declaración de amor, con todo lo que lleva consigo una declaración de amor. Por ejemplo: Dios arriesgándose y solicitándonos con su Amor, permaneciendo en actitud de ansiosa espera hasta que le llegue nuestra respuesta; tal como ocurre siempre en las declaraciones de amor.

Quizás pueda interpretarse en este sentido el silencio de Dios en la oración. Donde parece que no hay tal silencio —que sería silencio de ausencia—, sino que Dios, después de habernos requerido de amores, aguarda nuestra respuesta. La aguarda, bien porque nuestra respuesta aún no ha sido dada, o bien porque no ha sido definitiva (Dios no puede admitir sino respuestas definitivas: 2 Cor 1: 19–20). Por lo tanto se trata de nuestro silencio, y no del silencio de Dios. Lo que quiere decir que, en esa especie de contienda o partida de ajedrez que es nuestro combate de amor con Dios (Ca 2:4) es a nosotros a quienes corresponde mover pieza. La verdad es que Dios no deja de responder a quien le ha dado una respuesta definitiva. Con las noches de la oración ocurre lo mismo que con las noches naturales, que no suceden porque el sol se marcha, sino porque la Tierra lo oculta. Dios nos ha hablado y espera ansiosamente nuestra respuesta, de modo que su silencio no es más que la actitud del que está aguardando una contestación y que se le abra la puerta (Ap 3:20; Ca 5:2). Con todo es posible que esto sea verdadero sólo en parte, pues lo cierto es que Dios puede tener otros motivos para permanecer en silencio; y ahí tenemos como prueba, por citar un ejemplo, el abandono que experimentó Cristo en la cruz (Mt 27:46).

Hemos dicho que aquí se trata de una formal declaración de amor por parte de Dios, con todas las características de una declaración de amor. Dios adopta la actitud humilde del que se atreve a solicitar a la persona amada: *Si alguno quiere venir conmigo...* (Lc 9:23; Mt 16:24); *He aquí que estoy a la puerta y llamo...* (Ap 3:20). Y otras veces su solicitud se convierte en la tierna súplica del que se expone a todo por el amor (Ca 5:2):

*Las Bienaventuranzas*

> *Ábreme, hermana mía, esposa mía,*
> *paloma mía, inmaculada mía.*
> *Que está mi cabeza cubierta de rocío*
> *y mis cabellos de la escarcha de la noche.*

O el ansia incontenida que le mueve a hablar, y a gritar, con ímpetu imprudente de amor (Jn 7:37). Incluso es a menudo el susurro de las más encendidas palabras de amor, tal como sólo saben hacer los enamorados (Ca 2: 10.13, 2:14, 6:5, 7:7):

> *Levántate ya, amada mía, hermosa mía, y ven...*
> *Ven, paloma mía, y dame a ver tu rostro y a oír tu voz...*
> *Aparta ya de mí tus ojos, que me matan de amor...*
> *¡Qué hermosa eres, qué hechicera, amada mía!*

En realidad la súplica tierna y suave, o la instancia ansiosa y exigente que llega hasta el grito, o el susurro, o el silencio expectante, son diversas formas o momentos de la declaración de amor y de la manera de expresarse los enamorados. Todo lo cual aparece también en la oración, aunque en un grado mucho más elevado: el silencio es más silencioso y ansioso, el susurro es más insinuante, y el grito es más exigente y punzante. La elocuencia expresiva de esos diversos momentos radica más que nada en la intensidad de amor, y no en otra cosa; por eso el susurro, o el mismo silencio, pueden ser más expresivos que otras manifestaciones de amor. En la vida de oración el susurro es más elocuente que el diálogo abierto, del cual se diferencia sobre todo porque apenas si emplea palabras, o bien porque no las emplea y entonces tiene que ser interpretado (en este sentido casi se confunde con el silencio de ausencia), de donde resulta que el susurro solamente puede ser superado por el silencio extático de la contemplación amorosa. La interpretación de ese susurro (pues que apenas si se oye) tiene que referirse unas veces al silencio mismo (y entonces se descubre que no era tal silencio), y otras a los gestos o signos de amor:

> *Bajando por la vega,*
> *en tardes silenciosas y serenas,*
> *el dulce aroma llega*
> *de lirios y azucenas,*
> *al son de una canción que se oye apenas.*[1]

> *Allí, junto al Amado,*
> *en silencio de amor correspondido,*
> *estar quise a su lado,*
> *y díjome al oído*
> *que Él también por mi amor estaba herido.*[2]

En cambio el silencio extático no es tanto ausencia de diálogo cuanto comunicación de amor tan intensa que por eso mismo tiene que prescindir de las palabras, pues el silencio extático no es silencio de ausencia, sino al contrario, de abundante presencia.

## Las Bienaventuranzas y la Alegría

Hemos dicho que lo sustancioso del Evangelio consiste en el Amor de Dios ofrecido al hombre, como lo demuestran las palabras con las

---

[1] *CFC*, 35.
[2] *CFC*, 55.

que Jesús acaba el discurso de despedida: *Padre, yo les he dado a conocer tu nombre para que el Amor con que tú me has amado esté en ellos, y yo en ellos* (Jn 17:26). También el coro del Cantar de los Cantares va entonando tras del Esposo y la esposa: *Salid, hijas de Sion, a ver al rey Salomón con la corona que le coronó su madre el día de las bodas, el día de la alegría de su corazón* (3:11). Y el Bautista decía: *El que tiene esposa es el esposo; el amigo del esposo, que le acompaña y le oye, se alegra grandemente al oír la voz del esposo; por eso mi alegría es completa* (Jn 3:29). En definitiva: los textos sagrados colocan en una misma línea esos grandes temas que son el Amor, los desposorios, las bodas, la esposa y el esposo, la alegría del corazón y la Alegría completa.

Pues el Amor produce en nosotros, como fruto primero y más propio, la Alegría (Ga 5:22). La cual no es otra cosa que la conciencia de que el Amor está en nosotros, el sentimiento de que nos ha invadido la plenitud (estamos satis–fechos; la satisfacción no es aún la Alegría, pero es indispensable para que ésta pueda darse) y de que somos contemplados y deseados. Es decir, que la Alegría es también el sentimiento de ser, por fin, re–conocidos. Pues cuando el hombre moderno insiste tanto en que sean reconocidos sus derechos está respondiendo a un deseo íntimo cuya naturaleza profunda desconoce: lo que desea en realidad es ser re–conocido, esto es, contemplado. De donde, según esto, la plenitud no se seguiría tanto del hecho de que el hombre se vea colmado de "cosas" cuanto de que "alguien" se vuelva hacia él y lo contemple en todo lo que es, valorándolo consecuentemente. El hombre necesita que alguien lo vea: es la contemplación (mutua) la que produce el Amor, y con él la plenitud y la Alegría. La verdad es que el Amor no procede de cosas, ni se da en la mediación de las cosas, sino que sólo puede proceder y darse entre personas: como en Dios (si se puede hablar así, pues Dios es todo Amor), en donde el Espíritu Santo procede del Padre y del Hijo. Es curioso comprobar que la actitud contraria del marxismo a la contemplación es paralela a su negativa a reconocer al hombre como ser verdaderamente personal. Y esa es en el fondo la actitud de todas las filosofías inmanentistas: rechazo de la contemplación, no querer ver el mundo y las cosas como son en sí y en la realidad que tienen y que se impone al hombre, el cual sería entonces el único creador.

Las bienaventuranzas son la Alegría porque no consisten en la búsqueda de la bienaventuranza, sino del Amor. La Alegría no se da a los que la buscan, sino a los que solamente importa el Amor; es extrañamente caprichosa, y sólo gusta entregarse a los que, olvidándola, prefieren más bien compartir el destino del Amado: *Jesús, en vez del gozo que se le ofrecía, soportó la cruz, sin hacer caso de la ignominia, y está sentado a la diestra del trono de Dios* (Heb 12:2). Proponerse como finalidad de la vida el pasarlo bien es condenarse a no conseguirlo nunca. Observad que la gente se ríe cada vez menos: los jóvenes se creen en la obligación de sentirse angustiados, los niños son más reacios a la risa abierta y a la carcajada, y ya conocemos la extraña tristeza de los marxistas y de los ambientes y ciudades marxistas. Sería interesante, por ejemplo, estudiar la posible relación de lo negativo —motor de la dialéctica hegeliana— y el odio —motor de la lucha de clases— con la ausencia de la Alegría. La civilización materialista ha traicionado al hombre, y especialmente a los jóvenes, al escamotear la cruz. Pues sin sacrificio —en sentido cristiano— queda cerrado para siempre el camino de la Alegría, ya que no hay Alegría sin Amor y no hay Amor sin compartir la existencia del Amado. Por lo cual la civilización que impide que los niños y los jóvenes conozcan el sacrificio y el camino de las bienaventuranzas los condena a que no conozcan la Alegría, Y en este sentido es significativo el hecho de que el catolicismo sociologizante y horizontalista apenas si conoce otra predicación que la de la "denuncia", que con frecuencia es una predicación crispada, más bien que el anuncio de la buena nueva de la gran Alegría (Lc 2:10).

En efecto, la Alegría es la otra cara del Amor. Pero como el Amor se nos ha dado en Jesús, para nosotros la Alegría no puede consistir sino en ver a Jesús; o mejor, en verlo y ser vistos por Él: *De nuevo os veré y se alegrará vuestro corazón, y nadie os quitará vuestra alegría* (Jn 16:22). Si cada una de las bienaventuranzas es una promesa de alegría, ello es así porque cada una es un modo de acercarse al Señor. Por ejemplo: los pobres son los que han renunciado a todo y ahora solamente tienen a Jesús. Los mansos y humildes son los que tienen su corazón tranquilo porque lo único que les importa es amar a Jesús y, por Él, a todos los hombres; con lo que consiguen la libertad de espíritu y la verdadera posesión de la tierra: *Todo es vuestro; ya sea Pablo, ya sea Apolo, ya sea Cefas; o el mundo, o la vida, o la muerte; o lo presente, o lo futuro, todo es vuestro; y vosotros sois de Cristo, y Cristo es de Dios* (1 Cor 3: 21–23). Los que lloran se sienten consolados porque su llanto procede de la presencia del Amado, o bien por el sentimiento de su ausencia: de todos modos es llanto de Alegría, por ser llanto de amor. Los limpios de corazón son los que le han entregado a Dios su corazón y a cambio han recibido el de Dios. Los pacíficos son los que difunden la paz y la ponen en el corazón de los hombres, lo que pueden hacer porque tienen su propio corazón lleno de paz, precisamente porque lo tienen lleno de Cristo: *Él es nuestra paz* (Ef 2:14). Y luego los más felices de todos, los misericordiosos, que son los que perdonan siempre porque su Alegría les impide sentirse ofendidos, y porque para ellos no cuentan sus sufrimientos, sino los de Aquel que lo perdonó todo desde la cruz.

Todos ellos, es decir, los pobres, los mansos, los pacíficos, los que lloran, los hambrientos de justicia, son en realidad los que se han enamorado del Señor y lo han dado todo por Él; por eso son pobres, sufridores, mansos, pacíficos, limpios de corazón y hambrientos de justicia. Pues tened en cuenta que la Alegría no viene a nosotros porque seamos pobres, sino porque, al desprendernos de lo que tenemos, nos hacemos capaces de poseer el tesoro que es Jesús (Mt 13:44); tampoco la sentimos porque lloramos, sino porque nuestro llanto es llanto de Amor; ni consiste en tener el corazón limpio, sino solamente porque entonces el corazón se nos convierte en jardín cercado y en fuente sellada (Ca 4:12) a los cuales puede entrar el Esposo (Ca 5:1):

> *Voy, voy a mi jardín, hermana mía, esposa,*
> *a coger de mi mirra y de mi bálsamo;*
> *a comer la miel virgen del panal,*
> *a beber de mi vino y de mi leche.*

Las bienaventuranzas son tales porque nos abren el camino para ver al Esposo (Lc 10:23) y para que podamos estar con Él (Ca 2:6), que es en lo que consiste la Alegría. Por eso las bienaventuranzas son la Alegría.

Y la Alegría es la primicia del cielo, el presentimiento de la cercanía del Amado, el llanto por su ausencia. La Alegría está en nuestra pequeñez: cuando no podemos amar más al Amado; cuando nos hemos pasado pescando la noche de nuestra vida y apenas hemos conseguido nada; cuando no hemos llorado bastante; cuando aún no lo hemos dado todo. Y sin embargo allí está la Alegría, junto a nosotros, como patrimonio de pequeños y de débiles, de aquellos que al menos lo intentaron, de los que fueron fieles en lo poco. Pues siendo lo nuestro la pequeñez, eso es lo que podemos ofrecerle a un Dios que nunca buscó en nosotros grandeza alguna, pues le bastaba con la suya. San Pablo se sentía feliz sabiendo que era débil (2 Cor 13:9); y el siervo bueno, que fue fiel en lo poco, pudo entrar en la Alegría de su señor (Mt 25:21). De manera que llegamos a la Alegría a través de un camino que el mundo no comprende, pues nos sentimos felices cuando sabemos que somos pequeños. Yo me siento más feliz cuando me veo más pequeño, y aún más cuando compruebo también que Cristo va creciendo en vuestra vida. Entonces comprendo el dicho del Apóstol, cuando decía que se puede sentir la Alegría de ver que somos débiles y que los demás, por el contrario, son fuertes; y también lo que decía el Señor cuando hablaba de que somos fieles en lo poco, lo que parece significar que solamente podemos ser fieles en nuestra pequeñez.

De ahí que la proclamación de las bienaventuranzas —la proclamación de la Alegría— es en realidad la convocatoria a los pequeños de este mundo: los pobres, los humildes, los que lloran y los que son perseguidos son convocados para la Alegría. Y por eso, decir que el cristianismo predica la resignación a los pequeños de este mundo a cambio de un cielo futuro, por ejemplo, es no haber entendido el evangelio; pues la resignación nada tiene que ver con la Alegría, mientras que las bienaventuranzas son la convocatoria para la Alegría y además aquí y ahora. Se quiere olvidar que, aunque el Reino es escatológico en su plenitud, ha comenzado ahora en nosotros. En cambio sí que es resignación la pretensión del marxismo de que el hombre renuncie a su libertad y dignidad en espera de una sociedad sin clases y sin Estado, que nadie sabe cuándo va a llegar (decir que la libertad se identifica con la necesidad, o con la conciencia de la necesidad, no resuelve el problema; y suponiendo que en todo eso no se trate de un mero juego de palabras). De la resignación marxista a la Alegría cristiana, o del escatologismo marxista al escatologismo del Reino —ya comenzado en nosotros los cristianos—, va la misma distancia que la que existe entre la esperanza en el hombre (y en las promesas del hombre) y la esperanza en Dios (y en las promesas de Dios). Por lo demás, la promesa de la Alegría la hemos visto realizada en los cristianos auténticos, en los santos, mientras que aún estamos por verla en los auténticos marxistas. Ante la Alegría el marxismo tiene que conformarse con la actitud de búsqueda y de espera (suponiendo que se refieran a eso la ausencia de necesidades, la perfecta reconciliación del hombre con la naturaleza, etc., que, según la doctrina marxista, se darán en la futura sociedad sin clases), mientras que nosotros la tenemos ya realizada. Cabe preguntar entonces quiénes son los que predican la resignación. Pues la Espera cristiana —que es una virtud teologal— es una virtud del ya y del ahora, sentido en el cual es lo más opuesta a una utopía —en el sentido moderno, no peyorativo del término— y a una ucronía: es una actitud fundada en la realidad y que abarca realidades presentes y actuales; y, si bien es cierto que es también un "todavía no", en cuanto que espera y aguarda, ello es así con referencia a una plenitud, pero no a una ausencia de realidades ya comenzadas y capaces de colmar al hombre. Pensar que la Espera cristiana es una mera proyección de promesas para el futuro (como sí lo es en cambio la utopía marxista, la cual ya se sabe lo que puede prometer y lo que da para el aquí y el ahora) es no querer entender el evangelio: el Señor decía que el Reino de Dios está ya dentro de nosotros (Lc 17:21; cfr. 10:9).

## Las Bienaventuranzas y la Música

Puede decirse que el sermón de las bienaventuranzas es un Canto a la Alegría. El canto, lo mismo que la música, que suele acompañarle, son el gran esfuerzo del hombre por expresar lo inefable. Ya hemos dicho que las bienaventuranzas son la Alegría y que la Alegría es la otra cara del Amor. Ahora bien, el canto o la música no son sino la voz, el corazón, el ritmo y la armonía, la poesía y la belleza tratando de hablar del Amor y de hablarle al Amor, en un intento de expresar lo inexpresable —lo indecible— y de alcanzar lo inalcanzable. El canto, como la música, significan un intento desesperado para superar al lenguaje hablado, para conseguir que el corazón llegue a expresarse como quisiera hacerlo. Intento destinado al fracaso pero que no deja de ser maravilloso, pues lo que consigue es suficiente para justificarlo. De ahí que puede decirse que la proclamación de las bienaventuranzas es un verdadero canto, o, si se quiere, una canción. No tanto por lo que tienen de ritmo, de refrán que se repite, de contraposiciones en paralelo, cuanto por lo que suponen de increíble esfuerzo para construir, en un lenguaje humano de alta belleza poética, un himno a la Alegría y, por lo tanto, al Amor.

Recordemos que la música y el canto tienen una importante presencia en la Biblia, y que algunos de los personajes más importantes de ella fueron músicos o cantores. En el Antiguo Testamento, por ejemplo, el rey David cantaba y danzaba delante del Arca de la Alianza, además de componer salmos —o sea, hechos para ser cantados—, los cuales suponen un contenido importante en los libros de la Vieja Ley; y el que es quizás el más bello de todos los libros sagrados, el Cantar de los Cantares, es precisamente un canto; por lo demás, la criatura más importante y excepcional de toda la Biblia, la Virgen Santa María, aparece en ella entonando el maravilloso cántico del "Magníficat." Los salmos, los himnos, el Cantar de los Cantares, los coros angélicos en la noche de Belén, el "Magníficat", el "Benedictus", las bienaventuranzas, el Reino de los cielos presentado como fiesta nupcial con sus jubilosos coros de vírgenes esperando la llegada del esposo, el sermón de la última cena y la oración sacerdotal, las exclamaciones paulinas llenas de ansia y de ternura, los himnos triunfales y el "cántico nuevo" del Apocalipsis, nos hacen pensar que parece como si la música y la canción se oyeran como fondo de toda la Biblia: desde los primeros compases del Génesis, en la narración de la creación, con el estribillo que va repitiendo que Dios vio que todo era bueno, hasta el último y jubiloso grito con que se cierra el Apocalipsis: *Y el Espíritu y la Esposa dicen: Ven. Y el que escucha, diga: Ven... Dice el que testifica estas cosas. Sí, vengo pronto. Amén. Ven, Señor Jesús* (Ap 22: 17.20). Y lo mismo los santos. San Francisco de Asís fue un juglar que compuso el Cántico al Hermano Sol, un hombre que se extasiaba oyendo el canto de la cigarra o el silencioso concierto de las estrellas en las noches serenas del verano, y que cantaba a todas las criaturas: al hermano fuego, a la hermana agua y a los hermanos pájaros. Un canto es también la poesía más bella que se ha escrito en la lírica castellana, el Cántico Espiritual de San Juan de la Cruz,

Tenía que ser así dada la insuficiencia del lenguaje humano para expresar el Amor, por lo que tiene que echar mano del canto y de la música; pues siempre ha sido más fácil cantar al Amor que contar del Amor. De ahí lo que dice la esposa del Cantar (1:4):

*Introdúcenos, rey, en tus cámaras,*
*y nos gozaremos y regocijaremos contigo,*
*y cantaremos tus amores, más suaves que el vino.*

La música del cielo pertenece a un orden distinto al de la tierra, y si queremos hablar de ella tenemos que echar mano de la analogía. Si alguno la escuchara —siquiera de algún modo— se sentiría ya siempre extraño a las cosas de este mundo, y cualquier música terrena le parecería deficiente: *Ni oído oyó,* decía San Pablo (1 Cor 2:9); "¡No es eso, no es eso...!," gritaba desesperado el desgraciado músico romero del "Miserere" en la leyenda de Bécquer.

La música es aquello que llama a las puertas de nuestra alma dejándonos en la nostalgia y haciéndonos sentir la desilusión del "no es eso." Porque la música terrena, cuando es verdadera música, es evocadora, en cuanto que nos trae el presentimiento de la Bondad, de la Belleza y de la Verdad, cosa que hace de una triple manera: nos habla de la existencia de lo que evoca, nos señala de algún modo el camino que conduce a ello y nos entrega una primicia. Todo en un grado suficientemente pequeño como para que su contenido pueda ser desvirtuado, como veremos después. En cambio la música del cielo no evoca nada, sino que nos pone inmediatamente en presencia de la Bondad, de la Verdad y de la Belleza. Pues la música del cielo, hasta donde es posible oírla aquí en la tierra y hablar de ella (hablar de la que se oye en la Patria no es posible ni lícito: 2 Cor 12:4), es el efluvio mismo de la Bondad, de la Verdad y de la Belleza apoderándose de nuestra alma. En realidad, más que hablarnos de la belleza, mostrarnos la verdad, o darnos la bondad, lo que hace esa música es introducirnos en ellas, en su plenitud y sin medida alguna (Jn 3:34). La música del cielo no necesita de mediación, pues aquí la Presencia misma de la Bondad y de la Belleza es ya la música, de manera que, no haciendo ya falta los sonidos evocadores, lo más expresivo de ella es el silencio: aquí están la Presencia del Amado y la mirada silenciosa que lo dicen todo. La música terrena es el *todavía no,* mientras que la del cielo es el *ya*; todo ello en la gran sinfonía de la Espera cristiana. Pero ese *todavía no* es, sin embargo, primicia, y ese *ya* no es aún plenitud. De ahí que la música del cielo, en cuanto que oída en la tierra, transcurre siempre en tensión. Pues nos pone en presencia del Amado, pero no todavía en la Alegría de la posesión amorosa que, siendo plenitud, ya no será perturbada; de hecho el Amado se alejará otra vez, con lo que la herida de amor producida por su ausencia se hará mayor (y así luego se gozará más el amor). La copla nos habla de la presencia del Amado, de la mirada que lo dice todo en el silencio de amor, de ausencias, de suspiros y anhelos que ansían la vuelta definitiva del Esposo:

> *Y luego me miraste*
> *y en silencio dijiste que me amabas;*
> *y cuando, al fin, me hallaste*
> *y ya conmigo estabas,*
> *al par de mis sollozos, suspirabas.*[3]

Pero también la música del cielo, en cuanto oída aquí en la tierra y en lo que tiene de *todavía no,* depende de la audición. Lo que tiene su importancia, porque el testimonio cristiano, que es un testimonio de fe, depende como ella de la audición. (*La fe viene de la audición:* Ro 10:17). De tal modo que no podemos testificar sino aquello que hayamos oído del Padre (Jn 8:26; 15:15), ni hablar de Jesús sino lo que el Espíritu nos cuente de Él (Jn 16: 13–15; 1 Jn 2: 20.27). Esta audición se refiere, claro está, a la palabra; pero también a la armonía y a la belleza de las cosas, al cántico de la creación que pregona las obras de Dios (Sal 19:2; cfr. Ro 1:20), pues la verdad es que, si no sabemos escuchar la música de las cosas, tampoco

---

[3] *CFC*, 116.

*Las Bienaventuranzas* 281

llegaremos a conocer a Dios, igual que hay que aprender a percibir la belleza para llegar a conocer de algún modo la Belleza. Es por eso por lo que la música no puede ser entendida si primero no se lleva en el corazón. A mí me entusiasma el canto difuso y brumoso del gallo —oído antes de que aparezcan las luces del alba—, que no se sabe de dónde viene y que evoca, en el misterio del amanecer, la lejanía y también la vida que continúa en la maravilla de un nuevo día que se aproxima. Me hace llorar la música de los pájaros enjaulados que cantan a una libertad que nunca han conocido. Y el canto de la alondra llamando a su pareja; que también el canto de los animales es un canto de amor. O las sinfonías de millares de voces de los pequeños animalillos que dan vida a las noches plácidas y calurosas del verano. En los días del estío me gusta perderme en la montaña para escuchar la música de algún arroyo cercano; allí donde el agua nace cantando desde el misterio de las entrañas de la tierra y nos deja sin decirnos de dónde viene ni los caminos que ha recorrido antes de ver la luz. Aunque me parece más bonita la música del viento; ese viento que se hace música cuando pasa por los sutiles laberintos de instrumentos que el hombre aprendió a hacer desde que, según la fábula, el dios Pan alegraba los bosques con su flauta. Y su música más bella la canta el viento cuando se le deja solo, a lo suyo —alguno diría que a su aire—, o a lo más pasando solamente por el corazón del hombre. Porque entonces es cuando se escuchan sus mejores sones y sus voces, insinuantes y habladoras cantando a la belleza de las cosas: a todas ha conocido, rozado y acariciado el viento. El viento es el que hace posible que los árboles del bosque se besen y se cuenten sus secretos, prestándoles su aliento y su voz, sin los cuales y sin su canción no se podrían amar, ni fecundarse, ni dar los nuevos frutos luego en primavera. Pues sin canto y sin diálogo no hay amor, y sin amor no hay vida; ni entonces ni ahora, ni luego ni mañana.

En el canto la música y la palabra confunden sus fronteras. Pues con el canto la música se hace palabra, y la palabra música. Así es como la música nos habla y así es como la palabra se nos hace música. Y entre el bullicioso fluir de las notas está también la pausa, o el silencio de los silencios, sin la que no se distinguirían los acordes, ni resaltaría el contraste de los diversos sonidos, ni sería posible la sinfonía, ni se daría tiempo a los latidos y a la respiración del hombre que escucha. La música no es posible sin silencio, y el silencio sólo tiene sentido cuando sirve para la escucha de la música. Palabra, música, canción, silencio, todo en uno y confundiéndose: sinfonía del himno a la Belleza y a la Bondad. Vedlo que es así, por ejemplo, en aquella estrofa de San Juan de la Cruz:

> *La noche sosegada*
> *en par de los levantes de la aurora,*
> *la música callada,*
> *la soledad sonora,*
> *la cena que recrea y enamora.*

Así era la palabra cuando fue creado el hombre y antes de que la manchara la mentira. El lenguaje humano era entonces una canción cristalina, sencilla y sin añadidos, que reflejaba exactamente la belleza (realidad) de las cosas y por eso podía ponerles nombre (Ge 2:19). Fue después cuando vino el tópico, en forma de habla artificiosa, falsa y contrahecha, que no responde a la verdad del corazón y a veces ni siquiera pasa por él, pues es mero ruido de palabras. El peligro del tópico nos acecha siempre, por dentro y por fuera: unas veces lo recibimos de los demás y otras lo inventamos nosotros mismos, y luego lo lanzamos al mundo. El tópico ni dice ni explica nada, pero nos tranquiliza, con su mero ruido de palabras, y nos hace mezquinos. Pero el habla sin tópicos es la sencillez, y la sencillez es la santidad, y la santidad tiende a volver a aquella primera forma de hablar que Dios enseñó al hombre: en el principio era la Palabra.

Hemos olvidado esa forma de hablar y nos resulta muy difícil desembarazarnos del lenguaje artificioso, incluso cuando hablamos con nosotros mismos. Por ejemplo: aunque estamos dispuestos a reconocer que Dios nos ama, estamos lejos de creerlo de veras; porque si creyéramos verdaderamente que Dios nos ama (1 Jn 4:16), estaríamos convencidos de que el mismo Amor está enamorado de nosotros y de que puede amarnos lo mismo que amó a Pablo, o a Francisco de Asís, o más todavía. Si no lo creemos así empequeñecemos al Amor, y entonces el amor —y sobre todo el Amor de Dios— se ha convertido para nosotros en un tópico. Por eso el cristiano tendría que ser el hombre del habla sencilla: la que brota directamente del corazón y suena como la música, en esa frontera casi imperceptible en la que ya os he dicho que la voz y la armonía de la belleza se hacen canto; la predicación sagrada, por ejemplo, no necesitaría de otra cosa para ser eficaz.

El mundo sabe lo que hace cuando se esfuerza en destruir la sensibilidad de los jóvenes. Si no hay sensibilidad se cierran las vías de acercamiento al Amor, ya que a Dios solamente se le puede conocer ahora a través de la percepción de la belleza de las cosas creadas. Es probable que la actual corrupción del canto y de la música no haya sido casual. Así se ha dado lugar a la aparición de cierta clase de música moderna que es lo opuesto al arte y a la música; es lo único que se puede decir, por ejemplo, de la música del alarido, de la distorsión, presentada con el esperpento o ídolo vestido de payaso al frente. Algo parecido podría decirse de la canción protesta o canción política, que es la manipulación de la canción como medio de difusión de ideologías políticas, muchas veces aberrantes. Aquí nos encontramos ya muy lejos del Arte y de la Estética, del *pulchrum* como manifestación y percepción de la belleza. Lo que no debe extrañarnos. Porque se ha perdido de vista la realidad —el ser— de las cosas; y, al fin y al cabo, la belleza —lo mismo que ocurre con la bondad y con la verdad— no es más que una forma de mostrarse el ser, el cual, una vez perdido, ya no tiene ninguna posibilidad de manifestarse. De ahí el drama del marxismo como ideología culminadora de las filosofías inmanentistas: si no hay ente no hay Estética; y si no hay Verdad, Bondad y Belleza (para el marxismo la verdad y la bondad no existen ni siquiera con minúscula) tampoco hay Arte. De nada han servido los esfuerzos de algunos ideólogos, como Lukács, por demostrar lo contrario. Porque se puede cantar a la belleza —pensemos en la música, en la literatura, en la poesía— pero no a las consignas del Partido. El Arte como tal es independiente, y no tolera más subordinación que la que le impone la luz radiante y armónica que se desprende del ente.

Pero del ente como es, y no del ente en cuanto imaginado por el hombre. Ya que la música, como la poesía o las artes plásticas, solamente se rinden ante la belleza, que es lo mismo que decir ante el ser; pero no ante lo contrahecho ni ante lo deforme —en sentido filosófico, es decir, desprovisto de su forma—, como tampoco ante lo manipulado o falseado por el hombre para esclavizar (lo falso oculta la verdad y por lo tanto impide la manifestación del ser). Podrá haber poetas marxistas, o que se dirán tales, pero no puede darse una poesía marxista. Lo que tienen de poesía ciertas obras lo tienen por lo que toman de la realidad, pero no por lo que ponen de ideología: no olvidéis que el mal como tal no tiene entidad, es un parásito, y necesita del bien para poder existir; pues si no aparece como *ser* y como *verdad* ni siquiera aparecería. Los intentos por justificar un Arte o una Estética marxistas son una contradicción en sí mismos, y el último tributo que, a su pesar, rinde el marxismo a la Verdad, a la Bondad y a la Belleza; en definitiva, al ser. Hasta el diablo, aunque no quiera, tiene que disfrazarse de verdad y de bien si quiere ser oído; y seguramente lo pasará mal con el disfraz, el cual, al fin y al cabo, supone un nuevo reconocimiento del Ser en cuanto Ser.

## Las Bienaventuranzas y la Pobreza

La primera bienaventuranza es la de la Pobreza. Lo que quiere decir que son los pobres los primeros que reciben el anuncio de la Alegría. O dicho de otro modo: la Pobreza es el camino primero para ir a Jesús.

Lo que parece normal cuando se piensa que Él fue el más pobre de todos los pobres; pues no ha habido nadie que, teniendo tanto como Él, haya renunciado a tanto como Él ni se haya rebajado tanto como Él. Decía San Pablo que Jesús, *siendo rico se hizo pobre por amor* (2 Cor 8:9). Con lo que llegamos a la conclusión de que para hacerse pobre es necesario estar enamorado. Poned atención a las dos últimas palabras del Apóstol: por amor. Porque es la verdad que sólo el amor puede lograr que alguien se haga a sí mismo pobre, y sólo la Pobreza puede conducir al Amor. Para entender lo cual hay que recordar que la pobreza es una virtud, y que supone, por lo tanto, un "hacerse pobre" que ha de ser voluntario; pues si no hay una opción asumida amorosamente en la libertad no hay virtud. Y de ahí que a nadie se le ocurriría confundir la Pobreza con la miseria, o con la simple carencia o no tener. Advirtiendo que toda esta doctrina nos coloca en el punto más opuesto al marxismo, el cual propugna el odio —la lucha de clases— como camino para que el hombre deje de ser pobre.

La pobreza cristiana es la situación de suprema indigencia asumida por amor. Hay un texto en el evangelio, el de la viuda pobre que echó en el Templo una limosna (Mc 12: 41–44; Lc 21: 1–4), que nos advierte del peligro que corremos de limitarnos a darle a Dios lo que nos sobra. Un peligro que acecha cuando se tienen demasiadas cosas. La viuda pobre, en cambio, poseía una sola, y la dio generosamente.

Algunas maneras actuales de vivir el cristianismo dan la impresión de favorecer la actitud de dar a Dios solamente lo que sobra. La pastoral de jóvenes que hacen algunos, por ejemplo, se reduce a organizar grupos mixtos de convivencia para pasar el rato. Ciertas celebraciones eucarísticas cargan el acento en lo psicológico y sociológico y olvidan los caracteres ontológicos de Sacrificio y de Banquete que tiene la Misa. Aparte de las graves cuestiones de fondo que aquí se plantean, la coartada de todo este catolicismo de diversión consiste en hacer creer a muchos que ya están dando lo que tenían que dar —cuando nunca han conocido un verdadero compromiso con Dios—, ayudándose para ello de una amplia jerga alusiva a generosidades —el cristianismo comprometido— que no tiene de realidad más que las palabras, o a lo más una incidencia de tipo político y meramente humano. Nada queda aquí de donación amorosa a Dios, y sí en cambio el aprovecharse de Él para conseguir obscuros intereses, de los que lo menos que se puede decir es que son puramente humanos.

Para una actitud de vida cristiana es importante no tener muchas cosas. La viuda pobre tenía una cosa sola y la dio, a pesar de que la necesitaba para vivir; otros en cambio tenían muchas y dieron solamente de lo que les sobraba. Como la entrega al Señor y su seguimiento exigen desembarazarse de todas las cosas, parece que es mejor para conseguirlo poseer una sola en vez de muchas, que es lo que nos viene a decir el Señor: cuando tengamos una cosa solamente es cuando estaremos en disposición de darla también, es decir, en disposición de darlo todo enteramente.

Nos podemos, pues, quedar con una cosa sola, al menos de momento. Digo de momento porque hay que tener siquiera una ilusión para vivir la vida por ella, y porque si no la tuviéramos no la podríamos dar. Y, cuando llegamos a ello, entonces sí que podemos dar ya lo único que tenemos y quedarnos sin nada: *Esta mujer, en su indigencia, ha echado todo lo que tenía para vivir*. Ahora es cuando comenzamos de verdad a ser pobres.

Lo hermoso del Amor empieza cuando le damos a Dios lo que teníamos para vivir, lo único que poseíamos, lo que era nuestra vida, nuestra única ilusión. Y los que llegan a eso son los verdaderamente pobres, que es lo mismo que decir los verdaderamente felices. Que son los que ya no tienen nada sino a Dios, los que han optado por Él en vez de por las cosas. Cuando entregamos lo que es nuestra vida y lo que le da sentido, cuando dejamos que nuestra vida se pierda por Dios, entonces Él comienza a ser nuestra vida (Ca 3: 3–4):

> *Encontráronme los guardias*
> *que hacen la ronda en la ciudad:*
> *¿Habéis visto al Amado de mi alma?*
> *En cuanto de ellos me aparté*
> *hallé al Amado de mi alma.*

Dice el evangelio que el Señor no tenía donde reclinar la cabeza. En cuanto a la esposa del Cantar, pudo por fin hallar al Esposo en cuanto se apartó de todo y de todos; que fue cuando pudo decir (Ca 2:16):

*Mi amado es para mí y yo soy para él;*

o también (Ca 6:3; 7:11):

*Yo soy para mi amado y mi amado es para mí...*
*Yo soy para mi amado*
*y a mí tienden todos sus anhelos.*

Pues la aventura grande del Amor empieza en serio y se consuma con la Pobreza. Ya que el Amor, como hemos dicho tantas veces, es totalidad, y exige la entrega completa de uno mismo al otro, más allá de todas las cosas y sobre todas ellas. El Amor llega cuando empezamos a creer de veras que encontraremos la Alegría, no en las cosas, sino en el Otro como Persona, en la mirada del Amado que nos contempla. Las cosas no pueden mirarnos ni sonreímos, ni se nos pueden entregar ellas mismas libre y voluntariamente. Por eso llamamos aventura a este amor al Amado, porque va más allá de todas las cosas. Aunque yo diría más, pues se trata de una aventura en la que entra de verdad el riesgo de lo peligroso. Un peligro que aquí se deriva del hecho de responder al Amor con la Pobreza, con una respuesta afirmativa de totalidad. Por ejemplo: si vosotros le decís que vais a suplir en vuestro corazón todo el desamor del mundo, entonces el Amor se os dará del mismo modo y descargará sobre vosotros el peso de su infinitud. Cuando ocurra eso, el Amor mismo amando en estado puro, el Amor enamorado, tenderá hacia vosotros sin nada que se interponga; como si os dijera a cada uno: Pues yo también quiero amarte con todo el amor que ofrecí a los otros y que ellos rechazaron, y por eso te lo doy todo.

La respuesta depende de nosotros, mientras que el requerimiento primero es del Amor, ya que Él nos amó primero: *Queridísimos, amemos, porque Él nos amó primero* (1 Jn 4:19). Y la expresión de que Él nos amó primero tiene que significar que el Amor estuvo enamorado de mí desde antes del tiempo, desde antes de cualquier antes, desde el siempre de toda la eternidad. Es decir, que en ningún momento estuvo sin amarme con ese amor loco, ya que me amó desde antes de que existieran los momentos, y también cuando ya hubo después y cuando, y cuando a unos momentos sucedieron otros, y siempre, en la eternidad y a través del tiempo. Y así es como me amó desde antes del antes, y ahora me ama en el ahora, y después me amará en el después. Él hombre no ha sabido nunca encontrar el instante del ahora —ese instante que cuando se pronuncia ya ha pasado—, por eso habla del devenir y del hacerse; pero es porque no ha podido comprender el siempre, el *tota simul* de la eternidad, ni menos aún la *perfecta possessio*. Para entender eso tendría que comprender al Amor, para el que no hubo nunca un antes sin amar y sin amarme, ni habrá un después en que ya no me ame. El amor pasa por el tiempo, pero viene de más allá del tiempo y va más allá de él; está siempre, que es lo mismo que decir que estuvo y que estará siempre: la caridad no pasa jamás (1 Cor 13:8).

Nuestra miseria no va a impedir que demos una respuesta al Amor. Al contrario, puesto que el Amor interpela a nuestra indigencia, es precisamente nuestra pobreza la que hace posible el diálogo íntimo con el Amor. En la oración, por ejemplo, nuestra pobreza solamente puede ser en ella un obstáculo cuando no la reconocemos y aceptamos. Y estamos hablando de la indigencia absoluta, en la que incluimos también la incapacidad para la oración. También nuestra pobreza puede ser un obstáculo para la oración cuando inconscientemente la ponemos en Dios, pensando que es como nosotros y que ama a nuestro modo. La respuesta que demos al Amor en la oración ha de ser la respuesta de los pobrecitos, no la respuesta perfecta de los que ya han llegado. Pues aún estamos en el camino; lo que no supone nada malo en sí ni mal menor alguno, sino solamente que no hemos llegado al término. Solamente Dios como Dios había llegado ya al término desde siempre. Mientras que para nosotros, que somos sus criaturas, no solamente es bueno que por ahora andemos caminando, sino que es maravilloso además. Porque del andar, y del buscar siempre, depende nuestro encuentro con Dios por fin, y por eso dice el verso:

> *Si vas hacia el otero,*
> *deja que te acompañe, peregrino,*
> *a ver si el que yo quiero*
> *nos da a beber su vino*
> *en acabando juntos el camino.*[4]

Nuestra vida es un caminar hacia el otero, hacia el monte santo de Dios. Peregrinaje que es bueno que hagamos en compañía de nuestros hermanos: Deja que te acompañe, peregrino. Y lo dice así, en súplica amorosa, porque es un caminar en el amor y el amor no puede ser impuesto. Y luego, cuando hayamos consumado y consumido juntos el camino, encontraremos al fin el Amor del Amado: *Son tus amores más suaves que el vino* (Ca 1:2). Mientras tanto, como os he dicho, nuestra vida es una búsqueda (Jn 1:38) y un continuo andar siempre recorriendo un camino: *Para donde yo voy vosotros conocéis el camino* (Jn 14:4). El Señor mismo quiso parecérsenos también en eso: *Si me amarais os alegraríais, porque VOY al Padre* (Jn 14:28), e incluso nos dijo que su misma existencia era camino (Jn 14:6). Pues

---

[4] *CFC*, 1.

*Las Bienaventuranzas* 291

no sentimos la alegría de la llegada si no hemos caminado, ni la del descanso si no nos hemos fatigado. Y hasta la lluvia es más hermosa después de la sequía, y el amanecer parece más bello porque ya ha pasado la noche, y el sol no nacería si antes no se hubiera ocultado. Ni podemos saber lo que quiere susurrarnos el silencio si antes no nos han ensordecido los ruidos del mundo: *Vosotros os entristeceréis, pero vuestra tristeza se volverá Alegría* (Jn 16:20).

Sin embargo, cuando vamos buscando el silencio para buscar solamente a Dios, nos encontramos con nuestras voces interiores, con las distracciones que perturban la paz y la serenidad del corazón. Entonces nos ponemos tristes y nos gustaría que esas voces fueran destruidas, como le ocurría a la esposa del Cantar (2:15):

> *Cazadnos las raposas,*
> *las raposillas pequeñitas,*
> *que destrozan las viñas,*
> *nuestras viñas en flor.*

En realidad no deberíamos preocuparnos mucho, pues la mayoría de las veces no importan demasiado: son raposillas pequeñitas. Más importante que destruirlas es llegar a comprender que forman parte de nosotros, porque aún no hemos llegado al final del camino. La victoria tiene que conseguirse aquí con la paciencia y con la aceptación de la propia pobreza, recordando siempre que no podemos amar a Dios mientras que no nos amemos también a nosotros. Esas raposillas pequeñitas que destrozan nuestras viñas no serán nunca ahuyentadas por el ruido de nuestras voces, sino solamente por el conjuro de la voz del Esposo (Ca 3:5; 8:4):

> *Os conjuro, hijas de Jerusalén,*
> *por las gacelas y las cabras monteses,*
> *que no despertéis ni inquietéis a mi amada*
> *hasta que a ella le plazca.*

Nunca venceremos a las distracciones, pero sí que seremos vencidos por la voz del Esposo. Entonces, y sólo entonces, es cuando cesará todo (Ca 2:6; 8:3):

> *Reposa su izquierda bajo mi cabeza*
> *y con su diestra me abraza amoroso.*

En ese trato íntimo con Dios que es la oración, las distracciones irán desapareciendo a medida que vayamos siendo más pobres. Cuando tengamos menos cosas nos preocuparán menos cosas, y, cuando ya no tengamos ninguna, sólo Dios será nuestra vida y estaremos en la Perfecta Alegría; cuando se haga realidad aquello del Cantar (2:16; 6:3):

> *Mi amado es para mí y yo soy para mi amado.*

Os he dicho otras veces que las cosas no nos van a dar la Alegría. Si acaso, solamente cuando se toman como regalo del Esposo, cuando nos hablan de Él. Con lo que volvemos a lo de siempre: que la Alegría es el Esposo. Porque el que quiere apropiarse de las cosas se busca a sí mismo, cuando en realidad la Alegría —insistamos en ello— solamente se encuentra en el momento en que nos volvemos hacia el otro; o, si queréis mejor, cuando nos vemos a nosotros mismos pero en la mirada del otro. Lo mismo que en el seno de la Trinidad el Padre se contempla en el Hijo, el Hijo se contempla en el

Padre, y ambos exhalan un mismo aliento de amor que es el Espíritu Santo, de modo semejante quiere Dios que miremos al otro —que es nuestro prójimo— para que aprendamos a descubrirlo a Él, que es el Absolutamente Otro. Y si nos limitamos a mirarnos a nosotros mismos nos hacemos incapaces de amar, de sentir la Alegría Perfecta, e incluso de ver o comprender cosa alguna. Pues la Alegría de nuestro mundo interior nos es desconocida; solamente podemos descubrirla de algún modo mirando al Otro, a Dios, que es el que puede hacer que la sintamos, puesto que ella de por sí nos es inefable. Con lo que quiero decir que sólo Dios puede hablarnos de Dios, y también de su Presencia en nosotros, e incluso de nosotros mismos: *El Espíritu mismo da testimonio a nuestro espíritu de que somos hijos de Dios* (Ro 8:16). Alegría de nuestro mundo interior —expresión de nuestra aventura de amor con Dios— incomprensible e inexpresable en totalidad ahora para nosotros, pero que se hace realidad y expresión a través del otro y en el Otro, como viene a decir la copla:

> *Mi Amado, las estrellas,*
> *el mar que besan proas de mil naves,*
> *los ojos de doncellas,*
> *el canto de las aves,*
> *aquello que te dije y que tú sabes.*[5]

En la que se dice que el amor es lo más bello, y que es inefable el diálogo con el que se expresa el amor entre Dios y el hombre. Nada puede compararse a eso: ni las estrellas, ni el azul de los mares, ni la cándida mirada de la pureza virginal: todo es superado por *aquello que te dije y que tú sabes*, cuando nos contamos mutuamente nuestro amor. Dice *aquello* porque es inexpresable, incluso para el corazón mismo del alma enamorada que lo pronunció. Por eso añade:

---

[5] *CFC*, 67.

y que tú sabes, porque sólo Dios lo conoce y lo comprende tal como es y en toda su belleza. Ya que Dios es Amor; pero el Amor viviendo en nosotros es desconocido por nosotros en su profundidad, incluso como amor participado, pues solamente el Espíritu puede mirar impunemente hasta el fondo del abismo del Amor (1 Cor 2:10).

**Las Bienaventuranzas y el Sufrimiento**

El encanto y la belleza de la bienaventuranza del sufrimiento están ya en la misma paradoja de su formulación: bienaventurados los que lloran. Porque, en efecto, la Alegría Perfecta es para los que lloran.

La razón os la dije antes. El llanto puede ser expresión de la Alegría desde el momento en que puede ser expresión del Amor, y el Amor también se hace Presencia con gemidos inenarrables (Ro 8:26). San Pedro lloró amargamente por amor (Mt 26:75), y los judíos que fueron con Jesús a la tumba de Lázaro relacionaron, con razón, el llanto del Señor con el amor: *Lloró Jesús, y los judíos decían: ¡Cómo le amaba!* (Jn 11: 35–36). El don de lágrimas es un don del Espíritu de Amor, y unos ojos que brillan radiantes por las lágrimas pueden llorar de amor. Por eso podemos decir que, si el llanto va con el Amor, también va con la Alegría.

Porque el llanto puede manifestar la alegría de la unión con el Amado. O el sufrimiento por su ausencia, y entonces es también alegría, precisamente porque es amor. De manera que el llanto de amor, o por amor, es siempre la Alegría.

El llanto ha de ser modo de expresión del Amor, ahora mientras peregrinamos, porque el Amor aún no es poseído plenamente por nosotros. Además, se llora con los ojos, y sabemos que el diálogo íntimo de los que se entregan *se dice* más que nada a través de la mutua mirada de amor. El llanto, la Alegría y el Amor van juntos en nosotros por ahora. Porque el Amor, cuando *se dice* por los ojos —lo cual hace siempre mejor que con las palabras—, unas veces es silencioso, y otras con llanto. Llanto que, como hemos dicho, es de Alegría precisamente por ser llanto de Amor: bienaventurados los que lloran. Es un Amor que llora porque es perfecto, y, a la vez, porque no se ve colmado todavía, porque no ha llegado al final del camino. Un Amor perfecto puede ser todavía un Amor peregrinante; mientras que el Amor que ha llegado al término es el de la reposada paz en la posesión tranquila y total que ya no conoce ausencias ni llantos. Llegada a ese término es donde dice la esposa, hablando del Esposo: *Reposa su izquierda bajo mi cabeza y con su diestra me abraza amoroso* (Ca 2:6; cfr. 8:3).

Pero el ansia de amor que el llanto viene a expresar es de los dos amantes, y por lo tanto también del Esposo:

> *En noches silenciosas*
> *del sueño de los niños guardadoras,*
> *tras aves voladoras*
> *al aire de las brisas rondadoras*
> *en auras rumorosas;*
> *por pasos escondidos*
> *de bosques olvidados*
> *de rosas y de lirios florecidos...,*
> *allí busqué al Amado*
> *y a todos fui con ansias preguntando,*
> *y todos me han contado*
> *que estábame aguardando*
> *y con llanto de amores suspirando.*[6]

---

[6] *CFC*, 4.

En el diálogo de amor seguramente la esposa se quejará al Esposo por ausencias; y porque solamente puede verlo en la obscuridad de la fe; hasta quizás le preguntará por qué Él llora también. En el diálogo de amor el Esposo le responderá a la esposa: Lloro por eso. Porque tus ojos aún no pueden ver los míos.

La esposa del Cantar decía que se moría de amor (2:5), y el Esposo le respondía, a su vez, que era ella con sus ojos la que lo mataba de amor; hablando Él de esta manera (1:15; 4:1; 4:9; 6:5):

> *¡Qué hermosa eres, amada mía,*
> *qué hermosa eres!*
> *Tus ojos son palomas.*
> *¡Qué hermosa eres, amada mía,*
> *qué hermosa eres!*
> *Son palomas tus ojos a través de tu velo.*
> *Prendiste mi corazón, hermana, esposa,*
> *prendiste mi corazón en una de tus miradas.*
> *Aparta ya de mí tus ojos*
> *que me matan de amor.*

¡Qué hermosos son tus ojos a través de tu velo...! Con la cual exclamación el Esposo puede referirse al velo que producen en nuestros ojos las lágrimas de amor. O bien al velo de la fe, que nos oculta todavía al Esposo, haciéndonos llorar su ausencia. Por eso decía la esposa: Yo sé, Señor, que estás ahí, porque mi corazón me dice tu presencia; pero no puedo verte, y es como si un velo me apartara de ti. Y por eso respondía el Esposo: ¡Qué hermosa eres, amada mía, qué hermosa eres...! Sí, tus ojos son palomas a través de tu velo...

El llanto enamorado es el llanto gozoso que nos trae la Alegría Perfecta: bienaventurados los que lloran. En el declinar de la tarde de nuestra vida, en la noche obscura y sin embargo serena, mientras aguardamos la llegada del Esposo, el llanto es el único camino que nos conduce a la alegría.

A veces el llanto es por los otros, por aquellos que también lloran, pero quizás sin gozo: *Llorad con los que lloran*, decía el Apóstol (Ro 12:15). Pero aun entonces ese llanto nuestro es también de alegría. Porque, al fin y al cabo, llorar por los otros es como un adelanto de la entrega de la vida por ellos, lo cual, según el Señor, es el amor más grande. Y las primicias del Amor son las primicias de la Alegría.

El Amor habla en nosotros con gemidos inenarrables. Se llora de amor por el Amado: por el gozo de su presencia o por la nostalgia de su ausencia. Se llora de amor por los demás. Pero siempre es el Amor. Y se llora con los ojos porque el Amor consiste en volverse al otro para mirarlo. De manera que el llanto es siempre Alegría: *Bienaventurados los que lloráis ahora* (Lc 6:21). Venimos a este mundo llorando y nos vamos de él derramando nuestras últimas lágrimas: seguramente porque una vida terrena que se abre y se cierra con el llanto tuvo que ser una vida de amor. Y por eso nunca aprendieron a llorar los que nunca supieron amar. El Amor habla en nosotros con gemidos inenarrables porque es fuerte como la muerte (Ca 8:6); lo que podemos entender en todos los sentidos: es inmensamente grande y poderoso, inmensamente intenso y fuerte. Por lo cual el verdadero llanto es propio solamente de los corazones grandes; los mezquinos no lloran; a lo más gimotean o aúllan asustados. Y eso explica que Dios se hiciera hombre, porque nunca había llorado por nosotros: *Cuando Jesús estuvo cerca, al ver la ciudad lloró sobre ella* (Lc 19:41); *Lloró Jesús, y los judíos decían: ¡Cómo le amaba!* (Jn 11: 35–36).

## Las Bienaventuranzas y la Verdad

La bienaventuranza es el Amor. Y las bienaventuranzas son el señalamiento del camino por el que circulan los amores entre Dios y el hombre y por el que se llega a la Alegría Perfecta.

Las bienaventuranzas fueron proclamadas por el Señor en un monte. Tal vez para indicarnos que, para comprenderlas, hay que elevarse sobre las llanuras y respirar aires limpios. Por supuesto, no fue comprendido por muchos, y en profundidad aún por menos. Después han pasado también por la Historia bastantes hombres proclamando que poseían el secreto de la felicidad. En este último caso hay que decir que aquí sí han sido ensayadas todas las fórmulas, con gran entusiasmo siempre al principio, para ser abandonadas luego con grandes desilusiones y a veces no pocos dolores: *Yo he venido en nombre de mi Padre y vosotros no me habéis recibido; si otro viniera usurpando mi nombre lo recibiríais* (Jn 5:43). Ahora se necesitan unos cuantos hombres y mujeres que quieran volver al monte de las bienaventuranzas para escuchar otra vez la voz del Maestro, aquella que hablaba del amor de Dios a los hombres y de los hombres a Dios.

Las bienaventuranzas son el desafío del Amor de Dios. Afirmación que nos coloca en las antípodas del lugar de todos los cristianismos gnósticos o reduccionistas. Pues no hay más que un problema: que el hombre no ha podido, o no ha querido, entender el Amor de Dios. Demasiada cosa para el hombre. No puede ser así; hay que buscar, como sea, una explicación más "razonable", a la medida humana. Sería interesante conocer lo que hay detrás del rechazo de doctrinas como la de la obediencia al Magisterio, la de la virginidad de Santa María, la de la Presencia real, o la de la divinidad de Jesucristo, por citar algunos ejemplos. Según algunos el hombre moderno no puede admitir sino aquello que es adecuado a la medida de la razón humana. Ahora bien, nunca se han aceptado tantas cosas irrazonables como ahora, por lo que cabe pensar que no es ese el único motivo. En el fondo se trata de rechazar a Dios y a su Amor, en una postura previamente decidida en la que el hombre se ha proclamado dios a sí mismo.

El cristianismo gnóstico–racionalista —ahora sociológico y político— empieza por reducir el amor divino al amor humano, para acabar quedándose también sin el amor humano y sin el mismo hombre. ¿Qué es lo que queda del hombre en el marxismo? El marxismo no cree en el amor ni en la justicia cristianos; ni siquiera desea oír pronunciar las palabras amor o justicia. En realidad no quiere hacer a los hombres mejores o más justos: lo que quiere es hacerlos dioses. Pero no subiéndolos al cielo, sino al revés, bajando el cielo a la tierra, estableciendo el principio de que el hombre depende sólo de sí mismo. Los cristianismos progresistas dicen que están preocupados por el hombre, demasiado tiempo abandonado por aquellos que se dedicaron solamente a mirar al cielo. La proclama es buena, porque tranquiliza la propia conciencia y además atrae a muchos. Pero el problema sigue ahí. Porque aún está por demostrarse que alguien se haya preocupado de verdad por el hombre sin preocuparse de Dios. Los hechos, desde luego, demostrarían lo contrario; pero no pueden hacerlo porque los hombres han decidido que los hechos ya no demuestren nada. Cuando el demonio habló con el hombre por primera vez, según nos cuenta la Biblia, se mostró preocupado por la raza humana e hizo consistir en eso sus argumentos engañosos: había que elevar la condición humana, y para ello la posibilidad de ser como dioses, la autoposesión de la ciencia del bien y del mal, etc. He ahí cómo los discursos no demuestran nada, porque pueden ser terriblemente engañosos. Lo que hay que hacer es examinar los resultados, que es precisamente en lo que insiste el evangelio: *Por sus frutos los conoceréis* (Mt 7:20). Norma a la cual se sometió el mismo Señor: *Si no me creéis a mí, creed a mis obras* (Jn 10:38; cfr. 5:36; 10:25). Pero, ¿quién desea hoy examinar resultados, frutos, obras o hechos? El hombre ya no está dispuesto a someter su pensamiento a los hechos; al contrario: ha decidido que no hay más realidad que la que disponga su propio pensamiento.

Mientras tanto ahí está el Amor de Dios ofrecido al hombre. Un Amor que no puede ser entendido por los cristianismos progresistas horizontalistas, ni tampoco por los que se autoproclaman poseedores del Espíritu si es que ese Espíritu no es el de Jesús. También el Espíritu se somete a la prueba de su autenticación. Pero la prueba de que se trata del Espíritu de Jesús pasa por la cruz: *El Espíritu de Verdad me glorificará, porque tomará de lo mío y os lo dará a conocer* (Jn 16:14). Ya que el Espíritu no viene nunca a hablarnos de Sí mismo (Jn 16:13), sino de Jesús, a fin de llevarnos al Padre a través de Él. Y no sería el Espíritu de la Verdad si pretendiera llevarnos por un camino distinto del que recorrió Jesús (Jn 14: 5–7.26), es decir, por un camino que no fuera el de la cruz. Cruz de Jesús que tiene muchos aspectos, uno de los cuales es el de la obediencia y fidelidad a la Iglesia. Jesús entrega su Espíritu en la cruz (Lc 23:46; Jn 19:30), un Espíritu que lo es de la verdad y de la humildad y que, por lo tanto, se somete a ser autenticado por la Iglesia. Pues el Espíritu sopla donde quiere (Jn 3:8), pero no como quiere —al menos en el sentido que pretenden algunos—, pues siendo Espíritu de Jesús sopla siempre en dirección al Padre. La pretendida libertad del Espíritu, que muchos invocan, no puede tener otro sentido: el Espíritu es soberanamente libre, pero es siempre Espíritu del Señor y no de otra cosa, como expresa el Apóstol en una fórmula certera y muy condensada: *Donde está el Espíritu del Señor, allí está la libertad* (2 Cor 3:17; cfr. Ro 8:9). De este modo, mejor que decir que el Espíritu se somete a ser autenticado por la Iglesia, habría que decir que lo exige; solamente así es como el Espíritu da testimonio de Sí mismo, el cual, por otra parte, es el único valedero (Ro 8:16). Cuando las cosas no van por estos caminos, y son en cambio los mismos hombres los que pretenden poseer el Espíritu, hay que tener en cuenta que este testimonio dado sólo por hombres no tiene garantías de verdad (Jn 5:34). El Espíritu de Jesús asume la cruz —porque es Espíritu de Jesús—, y es, por lo tanto, Espíritu de obediencia, de humildad, de docilidad y de victimación. Antes que ser don de lenguas o de curaciones es un don de Amor, y eso es lo que esencialmente es. Reducirlo a esas u otras manifestaciones "carismáticas" es ahogar *el camino mejor* (1 Cor 12:31) y, por lo tanto, *apagar el Espíritu* (1 Te 5:19). Pues un Espíritu que no sea de victimación no es el Espíritu de Jesús, ni el Espíritu de Amor, ni por lo tanto el verdadero Espíritu. Ya hace mucho tiempo que el Apóstol San Juan nos escribió una recomendación que parece que hemos olvidado: *Queridos, no creáis a cualquier espíritu, sino examinad los espíritus a ver si proceden de Dios, porque han salido al mundo muchos falsos profetas* (1 Jn 4:1).

El verdadero Espíritu de Amor no tiene que ir necesariamente por los caminos de la fiesta —entendida también con frecuencia en sentido reduccionista—, en un despliegue de carismas de orden secundario. Los verdaderos movimientos de renovación carismática tendrán en cuenta las amonestaciones de San Pablo a los corintios: el Apóstol les advertía para que no sobrevaloraran los otros carismas en detrimento de la caridad (1 Cor 12). En cuanto al discernimiento de la caridad, también el Apóstol proporcionó unos criterios a los corintios que igualmente nos sirven a nosotros (1 Cor 13).

Tampoco es lícito reducir el Mensaje a una casuística moralizante con privanza del temor. La Ley, que no debe ser abolida, está hecha para ser cumplida en plenitud (Mt 5:17). El cristiano no está bajo la ley (Ga 5:18), aunque tampoco contra la ley; más bien está sobre ella, pues ha de superarla y cumplirla con amor: *El amor es la plenitud de la ley* (Ro 13:10).

## Las Bienaventuranzas y el Amor

La proclamación del mensaje de las bienaventuranzas, o de la Alegría Perfecta, consiste en esto: Dios es Amor y quiere tener con el hombre relaciones de amor. Así es como empieza precisamente el Cantar de los Cantares (Ca 1:2):

*¡Béseme con besos de su boca!*
*Mejor que el vino son tus amores.*

La esposa desea ardientemente que el Esposo la bese con besos de su boca. Ahora bien, ¿qué es lo que pretende ser un beso de amor? Porque el beso, en efecto, es sobre todo un querer ser, el intento de alcanzar algo que a su vez es inefable. En el amor humano el beso supone algo que no es más que un intento, que no llega a la plenitud ni puede alcanzar su pretensión de totalidad; lo que quiere en realidad es la transfusión de vidas de los amantes, la pérdida del uno en el otro. Lo cual solamente es posible en el amor divino. A eso se refería San Pablo cuando decía: Y *ya no vivo yo, sino que es Cristo quien vive en mí* (Ga 2:20). Y el Señor: *El que come mi carne y bebe mi sangre está en mí y yo en él... El que me come vivirá por mí* (Jn 6: 56–57).

¿Qué significa vivir por el otro o estar en el otro? Si pronunciamos con seriedad esas expresiones presentimos que nos encontramos en los umbrales del Misterio. Estamos demasiado acostumbrados a usar de las palabras sin profundizar en su significado. La expresión *estar en el otro* puede significar, por ejemplo, el intercambio de corazones entre los que se aman: corazón por corazón; o el eterno contemplarse cada uno en el otro en la recíproca mirada de amor; o el pertenecerse para siempre y por entero el uno al otro. De todos modos, diciendo todo eso, no estamos haciendo otra cosa que intentar explicar el Misterio con otras palabras que nunca lo aclaran del todo.

Comprender eso sería comprender al Amor, lo que sólo puede hacer en plenitud el Amor que es todo Amor. Y comprenderíamos también lo que es el diálogo íntimo de Amor: pues eso es el Amor en definitiva, un eterno *decirse* el mutuo Amor entre los dos que se aman; el Amor es un *decirse* entre dos precisamente porque *procede* siempre de dos.

El diálogo íntimo de amor comienza con la intimación del nombre del otro (Ca 1:3):

*Es tu nombre ungüento derramado.*

Pronunciar el nombre del otro es intimarle, en el sentido de meterse dentro de él, en lo más íntimo de su yo: *Iesus intuitus eum dilexit eum* (Mc 10:21). Y provocar su mirada, para que se pose en la nuestra y ambas se gocen en mutua posesión. De ahí que pronunciar el nombre del otro es, en cierto modo, poseer al otro y dejarse poseer, en mutua entrega de amor. Aunque esa intimación no es todavía sino el comienzo del diálogo íntimo de amor. El nombre se pronuncia para llamar al otro, con una palabra que contiene toda la maravilla de lo que el otro es para el que ama: *Es tu nombre ungüento derramado*. Y se le llama porque se le necesita, porque se le desea, porque ahora se depende de él. La esposa no puede vivir ya sin el Esposo, pero el Esposo tampoco puede vivir ya sin la esposa: *A mí tienden todos sus anhelos*, decía la esposa del Cantar refiriéndose al Esposo (Ca 7:11), de manera que el amor por el que sufre la esposa atormenta también al Esposo. Este es el hecho: Dios ha querido amarme, y ahora ya no puede pasar sin mí. El tormento de amor que sufre el Esposo es el mismo tormento de amor que sufre la esposa. Y ésta es la Alegría Perfecta: Dios ha querido pertenecerme y ahora me pertenece; su tormento de amor por mí no es metafórico, sino real, tan real como el Ser que es Dios y que es Amor. Para que yo lo comprendiera tomó cuerpo en la Historia, en Jesús, y en la pasión y muerte de Jesús. La Alegría Perfecta se ha hecho posible desde el momento en que puedo ser su amigo (Jn 15: 13–15), y desde que puedo pronunciar su nombre para decirle *tú*. Desde que mi corazón ha sido capaz de herir al suyo, y desde que Él desea mirarme a los ojos, sentir que se muere de amor (Ca 6:5), y todo ello con deseo ardiente (Lc 22:15). La Alegría Perfecta no puede consistir para la esposa sino en sentir que se va muriendo de amor por el Esposo, en saber que Él la espera desde siempre, en escuchar su llamada que viene de lejos (Ca 2:14):

*Ven, paloma mía, que anidas en las hendiduras de las rocas,*
*en las grietas de las peñas escarpadas.*

A cuya interpelación ella responde en un silencio de amor que olvida todo lo que no sea el Amado. La interpelación y la respuesta amorosas son de esta manera: en el silencio de todo lo demás, en el lugar único donde nadie puede llegar, en los parajes limpios —blancos y azules— que todavía no fueron hollados. La esposa siente que se le escapa la respuesta de amor, en un ímpetu que deja atrás el mismo silencio de las cosas, ya limpias, pero, con todo, olvidadas:

> *Amado, en las brumosas*
> *laderas de montañas escarpadas,*
> *con cuevas de raposas*
> *y cimas plateadas*
> *en silencio de nieves olvidadas...*[7]

El Cantar de los Cantares (1:2) habla de los amores de Dios con el hombre como de una borrachera de amor:

> *Mejor que el vino son tus amores.*

El amor es una embriaguez, como es embriaguez lo que provocan el vino o la droga. Sólo que esta droga es mucho más fuerte: Mejor que el vino son tus amores; además no destruye, sino que da la vida. En cambio cualquier otra droga que no sea la del amor tiene que aniquilar, pues si el hombre se vuelve de espaldas al Ser, que es Amor, se encuentra necesariamente con el horror y el vértigo de ese Vacío que es la Nada. Un Vacío —con mayúscula— que es peor que la nada —la cual sería nada—, pues consiste en el descubrimiento de la Pérdida Total, del No, de la Negación Absoluta. Descubrir que se estaba destinado al Amor, al Amor Absoluto, y que ahora se ha perdido para siempre. Por el contrario, el amor divino-humano es una increíble embriaguez o locura de amor. Y de ahí que el mensaje de las bienaventuranzas, el de la vida cristiana, solamente puede ser entendido y vivido por los que son capaces de enamorarse. La vida

---

[7] *CFC*, 72.

cristiana es un pregón que el Amor proclama para enamorados; pensarla de otra forma es condenarla y condenarse al fracaso. Recuerdo, de mis años jóvenes, a aquellos compañeros míos estudiantes que se ilusionaban por vestir pronto la sotana, porque los oyeran predicar, o porque los vieran celebrando la Misa. Son los mismos que hoy conozco con tristeza en la situación de secularizados y desengañados. Porque tal vez hubo aquí un desenfoque de la realidad: no se trata de ilusionarse con las cosas, ni siquiera con ésas, pues nadie se enamora de las cosas, sino de las personas. El Amor que en Dios une al Padre y al Hijo es también una Persona, el Espíritu Santo; pues siendo el amor algo eminentemente personal y que tiende por naturaleza a las personas, en el Amor sustancial tenía que ser un Amor hipostasiado, es decir, una Persona. No basta con ilusionarse con las cosas de Dios, sino que hay que enamorarse de Dios; por eso, para alguien que haya entendido bien el sacerdocio, cosas como la Misa, la predicación, o la tarea del confesonario, por mucha ilusión que supongan, son al mismo tiempo, y sobre todo, una crucifixión: tienen que ser hechas por amor. La mera ilusión por las cosas, sean las que sean, conducirá pronto al vacío y a la desilusión. El amor humano puede ser mal comprendido también y tender a las personas mismas como si fueran cosas, con lo cual se hace imposible el amor. Y nadie puede vivir sin el Amor. Falsear el sentido de la vida cristiana como Amor es falsear el Mensaje de Jesucristo y el contenido de toda la Revelación del Nuevo Testamento. Aquí habría que incluir en el capítulo de culpabilidades, a partes iguales, a los cristianos juridicistas y del temor, a los de las piedades sensibleras y sin contenido y a los horizontalistas y progresistas. Los falsos cristianos de otros tiempos, lo mismo que los falsos cristianos de ahora, son la demostración patente de un fracaso en el amor y ante el Amor.

Unos y otros son los que se hicieron a sí mismos impotentes para dialogar y luchar con el Amor.

## Conclusión

Os he dicho que las bienaventuranzas fueron proclamadas por primera vez desde un monte. En el campo el aire es más limpio, las cosas se ven con más claridad, y hasta las palabras y los ruidos se oyen mejor. Por eso dice la esposa del Cantar (Ca 7: 12–13):

> *Ven, amado mío, vámonos al campo;*
> *haremos noche en las aldeas.*
> *Madrugaremos para ir a las viñas,*
> *veremos si brota ya la vid,*
> *si se entreabren las flores,*
> *si florecen los granados,*
> *y allí te daré mis amores.*

Hemos dicho que las bienaventuranzas son la Alegría porque señalan el camino que conduce al verdadero Amor. Que consisten en la Alegría de saber que Dios nos ama y que nosotros le amamos. Una Alegría que, según las bienaventuranzas, queda reservada a los pobres, a los que lloran, a los humildes, a los limpios de corazón y a los que aman la justicia y por eso son perseguidos. Pero ya se sabe que estos son los oficialmente catalogados por el mundo como locos. Si tanto Dios como el mundo estuvieran en lo cierto, entonces la Alegría sería privilegio exclusivo de los locos; aunque todo depende de lo que se entienda por locura. Para el mundo antiguo, según nos certifica San Pablo (1 Cor 1:23), el Dios del cristianismo estaba loco.

Una buena parte del mundo moderno lo ha creído así también, por lo que en los últimos tiempos se ha venido esforzando en presentar un Dios más *razonable* (aquí habría que nombrar las filosofías de Kant, de Hegel o de Spinoza, por ejemplo). Pero entonces ha ocurrido algo singular: ese Dios ya mucho más razonable se ha volatilizado, ha dejado de existir. Y de ahí la conclusión lógica: Dios, o tiene que estar loco, o no puede existir. No es extraño eso; la verdad es que un Dios *razonable,* a la medida humana, no puede ser Dios. Nos quedamos, por lo tanto, con que las bienaventuranzas son cosa de locos, y dejaremos para un momento posterior —que coincidirá con el final de la Historia— el averiguar cuál es el verdadero concepto de la locura. Aceptamos, pues, la etiqueta de locos que el mundo nos pone y tomamos el camino de las bienaventuranzas; sin perjuicio de comprobar, al mismo tiempo, que un mundo que ha puesto a la Razón por encima de todo es cada vez menos razonable.

Para nosotros al menos ha sido una suerte la locura de Dios. Gracias a eso ha sido posible que un Amor disparatado, loco, inmenso, infinito, nos haya amado de un modo disparatado, loco, infinito, que es como Dios nos ama. La verdad es que solamente un Amor sin fondo podía amarnos a nosotros de esa manera. Para los disparates increíbles solamente pueden darse explicaciones increíbles.

Igualmente, para comprender el Corazón de Cristo —con el que somos amados— tendríamos que comprender todo el amor y todo el dolor que ha habido entre los hombres. Pues todo verdadero amor y todo verdadero dolor han pasado por ese Corazón. De ahí que todo hablar sobre Cristo, que no sea un hablar enamorado y crucificado, acaba en tópico y se convierte en una profanación: *Este pueblo me alaba con la lengua, pero su corazón está lejos de mí* (Mt 15:8). Todos los libros del mundo serían insuficientes; solamente Él puede hablarnos de Él.

Nos queda como tarea, por lo tanto, limpiar nuestro corazón. Buscar los aires puros del monte de las bienaventuranzas para poder escucharlas y comprenderlas. Ya allí es cuando estaremos preparados para poder escuchar la voz del Maestro. Y, además, para ver la sonrisa y contemplar el rostro que apagarán para siempre la sed de nuestras preguntas, y que nos introducirán en el Silencio amoroso y dialogante de la Alegría Perfecta que nunca se acaba.

# XVI

# LAS BODAS DE CANÁ

*Al tercer día hubo una boda en Caná de Galilea, y estaba allí la madre de Jesús. Fue invitado también Jesús con sus discípulos a la boda. No tenían vino, porque el vino de la boda se había acabado. En esto dijo la madre de Jesús a éste: No tienen vino. Díjole Jesús: Mujer, ¿qué nos va a mí y a ti? No es aún llegada mi hora. Dijo la madre a los servidores: Haced lo que Él os diga.*

*Había allí seis tinajas de piedra para las purificaciones de los judíos, en cada una de las cuales cabían dos o tres metretas. Díjoles Jesús: Llenad las tinajas de agua. Las llenaron hasta el borde, y Él les dijo: Sacad ahora y llevadlo al maestresala. Se lo llevaron, y luego que el maestresala probó el agua convertida en vino —él no sabía de dónde venía, pero lo sabían los servidores, que habían sacado el agua—, llamó al novio y le dijo: Todos sirven primero el vino bueno, y cuando están ya bebidos, el peor; pero tú has guardado hasta ahora el vino mejor. Este fue el primer milagro que hizo Jesús, en Caná de Galilea, y manifestó su gloria y creyeron en Él sus discípulos.*

(Jn 2: 1–11)

Lo que contiene en realidad este texto es la idea de la Fiesta, de la Alegría. Este pasaje nos habla de lo que es —y de lo que podría ser— la fiesta del hombre, para lo cual la presenta en paralelo —en paralelo, no en contraposición— con la Fiesta de Dios. Coloca a ambas fiestas en dos planos que transcurren simultáneamente, aunque a distinto nivel, para acabar diciéndonos que la fiesta del hombre se hace imposible si con ella no se celebra al mismo tiempo la Fiesta de Dios.

En él aparecen las dos fiestas con sus características propias, que vamos a examinar para comprender sus relaciones mutuas y el contenido de cada una. En la fiesta del hombre puede suceder por ejemplo, que lo imprevisto y lo desagradable aparezcan cuando menos se piensa; en la que hoy recordamos faltó el vino en lo mejor del banquete: *No tenían vino, porque, el vino de la boda se había acabado. En esto dijo la madre de Jesús a éste: No tienen vino.* Además de esto la fiesta del hombre supone siempre la miseria de que hay que contar con el cálculo y del cálculo realizado con miseria; bien claramente se lo dijo el mayordomo al novio: *Todos sirven primero el vino bueno, y cuando están ya bebidos, el peor.* Y no hay fiesta humana, por suntuosa que sea, que pueda prescindir por completo del cálculo, del ahorro y del "hasta aquí es bastante." Porque la abundancia de la Alegría desbordante sin limitación alguna solamente puede darse en la Fiesta de Dios, y no en la del hombre. Ya que a la fiesta del hombre, se quiera o no, siempre asisten dos invitados imposibles de expulsar: el límite de la temporalidad, de lo que se acaba, y el límite de lo pequeño, de la finitud.

Menos mal que Dios interviene en la fiesta del hombre. No para anularla, sino al revés, para hacerla posible, pues Dios no tiene nada contra la fiesta del hombre. Él quiere que se realice, e incluso está dispuesto a intervenir para quitarle las limitaciones que impiden que sea una verdadera Fiesta. En realidad, ya desde el principio, Dios había llamado al hombre a la Alegría, y la Alegría transcurre siempre en la Fiesta. Por eso, según nuestro pasaje evangélico de hoy, el Señor interviene y la fiesta que iba a fracasar se hace posible: *Díjoles Jesús: Llenad las tinajas de agua. Las llenaron hasta el borde, y Él les dijo: Sacad ahora y llevadlo al mayordomo. Se lo llevaron, y cuando el mayordomo probó el agua convertida en vino —él no sabía de dónde venía, pero lo sabían los servidores que habían sacado el agua—, llamó al novio y le dijo: Todos sirven primero el vino bueno, y cuando están ya bebidos, el peor; pero tú has guardado hasta ahora el vino mejor.* Y aquí es donde aparece lo característico de la Fiesta de Dios: se habla de bodas, de invitados, de vino, de alegría; y, a la vez, de plenitud, de rebosar, del vino que es lo mejor de lo mejor, de la sorpresa increíble que hace posible la Alegría y la culminación de la Fiesta. Parece como si, en efecto, el evangelista quisiera insistir en esos detalles: habla de tinajas grandes de gran cabida, las cuales habrían de llenarse, precisando que fueron llenas "hasta el borde", para acabar diciéndonos que todo aquello se convirtió en vino y además del mejor.

La imagen del vino y la idea de plenitud suelen ir unidas en la Biblia para significar lo que es más propio de la Fiesta en la que se van a celebrar los amores entre Dios y el hombre. El Cantar de los Cantares pone en labios del Esposo algo que es, a la vez, consigna, invitación, llamada, e incluso compendio de aquello a lo que Dios llama al hombre (5:1):

*Las Bodas de Caná*

> *Voy, voy a mi jardín, hermana mía, esposa,*
> *a beber de mi vino y de mi leche.*
> *Venid, amigos míos, y bebed,*
> *y embriagaos, carísimos.*

El Esposo va a su jardín a beber de su vino. Es decir, va a ese jardín cercado o fuente sellada que es la esposa para allí embriagarse, con borrachera que es sin duda la embriaguez del Amor. Y luego la llamada apremiante *Venid, amigos míos, y bebed y embriagaos, queridísimos,* con la que el Esposo invita a los "amigos" y que nos recuerda aquello que Él decía en otro lugar: *Ya no os llamo siervos, porque el siervo no sabe lo que hace su señor; sino que os digo amigos, porque todo lo que oí de mi Padre os lo he dado a conocer* (Jn 15:15). La invitación es a beber del vino, y además hasta embriagarse: *Venid, amigos míos, y bebed y embriagaos, queridísimos.* Pues Dios invita al hombre a la Fiesta del Amor sin medida; aquella en la que tienen lugar la embriaguez, la plenitud, la pérdida del corazón en el Amado, la locura, la borrachera del amor, en la entrega sin límites del Esposo a la esposa y de la esposa al Esposo; allí es donde ocurre la embriaguez de amor que produce, a la vez, exaltación, Alegría Perfecta, pérdida del sentido y olvido de todo lo que no sea el Amor. La Fiesta a la que Dios invita al hombre es la Fiesta en la que se experimenta la Alegría que produce el gustar del mejor vino, y, además, hasta esa embriaguez que es la del Amor total: *Un hombre hizo un gran banquete e invitó a muchos. A la hora del banquete envió a su siervo a decir a los invitados: Venid, que ya está preparado todo...* (Lc 14: 16–17). *Mi comida está preparada; los becerros y cebones, muertos; todo está dispuesto, venid a las bodas...* (Mt 22:4). Dios nos llama a eso: a la Fiesta, a la abundancia, a la plenitud, a la Alegría desbordante, a la borrachera del Amor sin medida. Por eso se habla de un gran banquete, que es banquete nupcial, con buen vino, becerros y cebones; y nuestro texto de hoy dice que las tinajas que luego habrían de contener el vino eran grandes, y que habiéndose llenado hasta arriba se halló después en ellas el mejor vino. De donde todo intento de reduccionismo del evangelio, tratando de situarlo en coordenadas temporalistas, es una falsificación de la invitación que Dios ha dirigido al hombre; es hacer un evangelio sin transcendencia y, por lo tanto, un evangelio intranscendente. Y hasta tal punto las imágenes del vino y de la embriaguez son una constante bíblica para significar la llamada al amor que nos hace el Amor, que el mismo Jesús se aplicó a sí mismo la imagen de la vid: Yo *soy la vid, y vosotros los sarmientos. El que permanece en mí y yo en él, ése da mucho fruto* (Jn 15:5). Según lo cual, el vino, que produce la embriaguez, procede de Él, que es la vid; y Él es la causa de la borrachera del Amor, puesto que es el que produce el fruto del que se extrae el vino que la causa. Pues lo cierto es que el Amor nunca procede de sí mismo, sino de los dos amantes que lo exhalan mutuamente: *Cuando viniere Aquél, el Espíritu de Verdad... no hablará de sí mismo, sino que hablará de lo que oyere* (Jn 16:13). La embriaguez no sería posible sin el vino, y el vino no sería posible sin la vid de la que procede y sin el viñador que la hace producir (*Mi Padre es el viñador:* Jn 15:1). Y Amor es el que hace posible que los dos amantes sean también, y al mismo tiempo, amados; o lo que es lo mismo: que el amante sea, a su vez, amado, y el amado, amante. Cada uno es, a la vez, amante por lo que es él mismo y amado por lo que es el otro; pero los dos son al mismo tiempo amantes y amados, lo cual solamente es posible porque Amor, siendo distinto de ellos como personas que se aman, se hace uno mismo con ellos en la identidad de lo que es la misma y única naturaleza de amor (*Dios es amor*: 1 Jn 4:8). Jesús es, por lo tanto,

*Las Bodas de Caná* 317

la causa de la que procede la embriaguez del Amor, embriaguez a la que somos invitados con llamada apremiante: Se *detuvo Jesús y gritó diciendo: Si alguno tiene sed, que venga a mí y beba* (Jn 7:37). Pues en eso consiste todo: en la Alegría que produce la embriaguez que causa el vino del Amor, según se desprende de aquellas palabras que son también del Señor: *Yo os digo que no beberé más de este fruto de la vid hasta el día en que lo beba con vosotros de nuevo en el Reino de mi Padre* (Mt 26:29).

El vino produce la borrachera y la alegría, que aquí son la borrachera y la Alegría del Amor. Jesús bebió aquí de ese vino con los suyos, y lo volverá a beber con ellos en el Reino, aunque entonces de un modo definitivo. Por eso las palabras que la Virgen dirige a su Hijo en las bodas de Caná —*No tienen vino*— son el mejor diagnóstico de una triste situación que bien pudiera ser la actual: no hay vino, no hay Alegría. Las palabras de la Virgen ponen el dedo en la llaga de una situación actual de la vida cristiana en la que parece que está ausente el Espíritu de Jesús. No importa que ahora se hable mucho del Espíritu. El primer fruto de la presencia del Espíritu es la Alegría (Ga 5:22), pero el mundo cristiano de hoy, se diga lo que se diga, es un mundo triste, lo que es una señal de ausencia del Espíritu. Y decimos esto a sabiendas de que hoy está de moda afirmar lo contrario, y de que seremos acusados de hombres desesperanzados y desconocedores de los signos de los tiempos. Es verdad que el Espíritu no abandonará nunca a la Iglesia, pero ésta puede sufrir en algún momento un apagamiento o *kenosis* de ese Espíritu. Una buena parte del cristianismo actual es un cristianismo crispado. La crisis general de fe y moralidad está afectando especialmente a los cristianos consagrados. La parte de la Iglesia jerárquica que sufre complejo de inferioridad ante el mundo es la misma que ensalza a los teólogos vedetes que ponen en duda la divinidad de

Jesucristo; y cuando, en una situación límite, los amonesta suavemente, se apresura a disculparse y a advertir que no los castiga en realidad, presentándose a sí misma pudorosamente como culpable por hacerlo. Hoy se alaba la duda y se vitupera la certeza de la fe; se ensalza la sospecha y se vilipendian todas las formas de fidelidad; se disfraza la verdad, se denuncian las injusticias y pecados de los débiles pero se callan los de los poderosos (al mismo tiempo que se dice que se está denunciando a los opresores y defendiendo a los oprimidos). Para muchos la Iglesia de la libertad y del Espíritu no tiene que someterse ya al marco estrecho de las instituciones o a las exigencias de ningún Magisterio. Mientras que, a la vez, los que hablan así son adulados por algunos que pertenecen a ese Magisterio; sufren sus ataques y tendrían el deber de denunciarlos, pero parece que eso no les preocupa demasiado.

El Señor llama a los sedientos, prometiendo que a los que acudan a Él les brotarán ríos de agua viva, y San Juan aclara que se refiere al Espíritu, el cual recibirán los que acudan a Jesús (Jn 7: 37–39). Se trata pues de que Dios nos inunde con su Amor (Ro 5:5). Hemos sido invitados a un banquete (nupcial) para que nos embriaguemos en él bebiendo el vino que es el Amor: *Venid, amigos míos, y bebed y embriagaos, queridísimos.* Pues Dios quiso darnos su amor y por eso nos regaló su Amor: *Para que el Amor con que tú me has amado esté en ellos y yo en ellos* (Jn 17:26). Está locamente enamorado de nosotros y quiere que vivamos con Él aquella entrega mutua de la cual la de los esposos no es sino una figura lejana: *Como la esposa hace las delicias del esposo, así harás tú las delicias de tu Dios* (Is 62:5). Pero se trata de la entrega, de la embriaguez de Amor y de la Alegría que tienen que ser recíprocas: *Y yo me gozaré en Yavé y mi alma saltará de júbilo en mi Dios... Como esposa que se adorna de sus joyas* (Is 61:10). Pues, como hemos dicho tantas veces,

*Las Bodas de Caná* 319

siendo Amor cosa de dos y procediendo de dos, viene a ser también la mirada mutua de dos enamorados que se contemplan. Por eso dice el Esposo cosas como estas (Jn 16:22; Ca 4:9; 6:5; Os 2: 21–22):

*De nuevo os veré y se alegrará vuestro corazón;*

*Prendiste mi corazón en una de tus miradas;*

*Aparta ya de mí tus ojos, que me matan de amor;*

*Seré tu esposo para siempre, y te desposaré conmigo*
*en justicia, en juicio, en misericordias y piedades;*
*y yo seré tu esposo en fidelidad,*
*y tú reconocerás a Yavé.*

Y la esposa también, por su parte (Ca 5:12; 8:10):

*Los ojos de mi amado son palomas*
*posadas al borde de las aguas,*
*que se han bañado en leche*
*y descansan a la orilla del arroyo;*

*He venido a ser a los ojos de mi amado*
*como quien halla la paz.*

Algunos teólogos, aun reconociendo que el Espíritu Santo es 'nexus duorum'', vínculo o nudo de amor que une al Padre con el Hijo, señalan que ese camino puede ofrecer dificultades para llegar por su medio a algún intento de explicación del misterio de la procesión de la tercera Persona divina, y denuncian además el peligro de antropomorfismo. Según ellos, lo que une a dos que se aman no puede ser precisamente la realidad de su acto de amar; pues cada uno vive su propio acto, lo cual supone dos amores o dos actos de amar: pero en el origen del Espíritu Santo no hay sino un acto, un principio único de espiración común al Padre y al Hijo. Seguramente la objeción es fundada, pero yo me atrevería a insinuar la sugerencia de que quizás no sea necesario poner en Dios dos actos de amor para intentar alguna explicación de la procesión de la tercera Persona. Es cierto que existe el peligro del antropomorfismo, que es un peligro sutil que está siempre al acecho y que, por eso mismo, también puede sorprender a los objetantes.

Quizás se está queriendo explicar lo que es el Amor (que es Dios: 1 Jn 4:8) por lo que es el amor humano o por lo que ocurre en el amor humano. Es seguro que la tercera Persona procede de un principio único de espiración. Pero es que, en Dios, ese acto de los dos Amantes es único, lo que es posible gracias a la unidad de esencia de las Personas; son dos los que aman, pero en un único acto de amor. No debemos olvidar que estamos intentando decir algo del Amor (que es Dios), y no explicando lo que es el amor humano, pues este último no es sino figura, o participación, del Amor divino (y podemos ir del uno al otro a través de la analogía). En el amor humano, o en el amor creado, el acto de amor nunca puede ser único; pero eso se debe a que, no siendo perfecto, el amor creado no es el Amor, sino una participación de él. Creo que no debemos partir del amor creado, pues también ahí está el peligro de antropomorfismo. Pero en Dios, el Espíritu Santo, o, si se quiere, el Amor entre el Padre y el Hijo, es distinto de ellos como Persona (y sólo así se puede dar el Amor); y al mismo tiempo es un acto único de amor, que procede de ambos como tal porque es idéntico con ellos en la esencia. Así es como se dice que el amor une y es elemento de unión, lo que es posible precisamente gracias a la unicidad de su acto en el misterio de la vida trinitaria. En Dios, que es Amor perfecto, llega a la unión perfecta de la única esencia (del Espíritu Santo se dice con razón que es Principio de unidad en la Iglesia, y como el alma o el Principio que causa la cohesión entre los miembros del Cuerpo Místico). En las criaturas no puede darse así, y por eso el amor no puede nunca llegar a identificarlas plenamente (aunque se diga de los cónyuges en el matrimonio que se hacen "una caro": de nuevo el amor como elemento de unión y "tendiendo a" hacer uno a los que se aman); pero eso no quiere decir que no sea así, y de hecho en Dios sí que lo es. Hay que tener en cuenta que estamos hablando del Amor, y que explicar su misterio sería explicar el misterio trinitario, o sea, el misterio mismo de Dios. Dios es Amor porque el acto único por el que se aman el Padre y el Hijo es idéntico con ellos en la esencia (la misma, numéricamente una), y, siendo un Acto Perfecto y Total, infinito como la esencia, da un Amor total. El Amor se da entre Personas, y, siendo Dios Amor esencial, ha de ser en Él también una Persona; la cual no es que a su vez sea también un Amante (más bien es el Amor que se profesan las otras dos), sino que, por estar identificado en la esencia con las otras dos, tiene la misma inteligencia y la misma voluntad (numéricamente una) que ellas y, por oponerse relativamente al Padre y al Hijo como Personas que se aman, es también por lo tanto una Persona. Y por eso, cuando Dios nos da su Amor, ese Don que es la tercera Persona (el Espíritu Santo, Señor y Dador de Vida), no nos lo da nunca solo (eso no tendría sentido, porque no puede darse un amor sino entre amantes), sino que la inhabitación de esta tercera Persona supone indefectiblemente la de las otras dos: *Si alguno me ama guardará mi palabra, y mi Padre le amará, y vendremos a él y haremos en él nuestra morada* (Jn 14:23). Texto en el que se habla del Hijo que puede ser amado (y por lo tanto amar), del Padre que puede amar (y por lo tanto ser amado) y del Amor que ambos pueden dar y recibir (involucrando también aquí al amor creado, que supone la presencia en la criatura del Amor increado): dos Amantes y el Amor. De ahí que los textos acostumbren a hablarnos del amor que el Padre nos tiene o del que nosotros le tenemos a Él; o bien del amor del Hijo a nosotros y del amor de nosotros al Hijo; pero no dicen que el Espíritu Santo nos ama: porque esta Persona no es tanto Amante cuanto Amor, o bien el Amor mismo, aunque identificado en la esencia con las otras dos Personas divinas.

Ese Espíritu que es Amor nos ha sido dado a nosotros. Lo que es posible porque Él es esencialmente Regalo, Don. Cuando se dice que somos deificados se está diciendo también que somos amorificados, poseídos e inundados por el Amor, semejantes y partícipes suyos exactamente en la misma medida en que se dice que somos hechos participantes de la naturaleza divina. Si pudo decirse *sois dioses* en la Escritura, *y la Escritura no puede fallar* (Jn 10: 34–35), también puede decirse entonces que somos hechos amor. El Amor nos es dado para que nos convirtamos en amor, y por lo tanto para que nos demos. Y siendo esto así, quedarse con la propia vida en lugar de entregarla es lo más opuesto a Dios y al designio de Dios con nosotros: *El que busque guardar su vida, la perderá, y el que la perdiere, la conservará* (Lc 17:33). Por lo cual decía San Pablo que ya no era él quien vivía, sino Cristo en él (Ga 2:20). En realidad ninguno de nosotros vive para sí (Ro 14: 7–8). El plan de Dios consistía en hacernos ricos (1 Cor 1:5; 2 Cor 8:9) para darnos así la posibilidad de darlo todo, pues sólo haciéndonos voluntariamente pobres podremos sentir aquella Alegría Perfecta que está en el dar más que en el recibir (Hech 20:35). Que por eso puede decirse que la Pobreza y la riqueza son intercambiables, hasta el punto de que la Pobreza se confunde con la riqueza o se convierte en ella (Ap 2:9). Y también que la

## Las Bodas de Caná

Pobreza es la virtud más afín a la caridad, pues aquel que lo diera todo por amor daría entrada en su corazón al Amor, de tal modo que la Pobreza total haría posible la irrupción del Amor total; y el Amor es la donación total o la entrega total al otro: la pérdida en el Amado.

Pero la Fiesta de Dios es la fiesta de nuestras nupcias con Él, en la cual, como hemos visto, nos es dado su Espíritu, que es su Amor. Y el Espíritu es Fuego; y el fuego es el estado límite del calor, la mayor agitación de las moléculas que componen una sustancia: agitación, movimiento, vitalidad... Dios es Espíritu y es Fuego porque es Vida infinita. Y el ansia infinita, la vitalidad infinita, la exaltación y el ardor infinitos, nos han sido dados a nosotros: *Yo he venido para que tengan vida y la tengan abundante* (Jn 10:10). Por lo cual la vida de Dios en nosotros, la vida de la gracia, es todo menos pasividad. El Reino de Dios en nosotros es la levadura que fermenta toda la masa, el grano de mostaza que se hace un árbol grande, la semilla que crece sin que se sepa cómo mientras duerme el sembrador, el grano que da el ciento por uno, el grupo de vírgenes que sale caminando al encuentro del Esposo, el gran banquete de los cebones preparados, el tesoro hallado en el Campo, la perla de gran valor, la red que sale del mar repleta de toda clase de peces. El Reino de Dios en nosotros es la Fiesta de Dios de las bodas de Caná, presidida por Jesús y por su Madre, a la que asistimos también nosotros los discípulos (*Fue invitado también Jesús con sus discípulos a la boda*), para enterarnos allí, con infinita sorpresa, que no éramos unos simples invitados: ¡Es la fiesta de nuestras propias nupcias! Y en efecto, ¿no habéis notado que no se dice en el evangelio el nombre de los novios? Porque se trata en realidad de nuestra propia fiesta nupcial: *Os celo con celo de Dios, pues os he desposado a un solo marido para presentaros a Cristo como castas vírgenes* (2 Cor 11:2). La vida de Dios en nosotros no puede ser crispación, sino Amor. Tampoco puede ser mediocridad, sino ansia y vitalidad infinitas. Pues el Amor es vitalidad infinita, porque es un darse al otro en tensión total y un recibir de la misma manera. Así se excluye toda idea de pasividad, y por eso pienso que el uso de ese término en teología mística no es muy afortunado.

La oración contemplativa —siempre la insuficiencia del lenguaje— viene de Dios; no puede ser de otro modo, pues el amor creado es una participación de la vida divina, la presencia en nosotros del Amor Increado. Pero eso no quiere decir que el hombre se limite en ella a contemplar, a recibir, a ser pasivo; ni siquiera es cierta la afirmación de que en la oración contemplativa el hombre es menos activo que Dios, salvando las distancias, claro está. Quiero decir que, en la contemplación, tanto Dios como el hombre están en tensión y ambos se dan en totalidad. En el amor no hay pasividad, en el sentido de que es entrega (recíproca) total, continuada, consciente y absolutamente querida. El amor es, por lo menos, tanto dar como recibir, y siendo esa donación puro e intenso acto no puede consistir en mera pasividad. Amor es espirado conjuntamente por dos en un único principio activo, y si uno de los Amantes no lo hiciera no habría Amor. Si descendemos al hombre tenemos que hacer muchas salvedades, pero de todas maneras siempre tiene que haber dos amantes. Por otra parte, decir que la oración contemplativa es principalmente pasividad es desconocer las riquezas de compasión que Dios puede conceder en ella; pues la participación íntima en los sufrimientos y muerte de Cristo está muy lejos de la pasividad contemplativa, la cual, por otra parte, tampoco parece que le convenga a la expresión paulina de completar en nuestra carne lo que le falta a la pasión de Cristo (Col 1:24). Ya se sabe que todo esto son modos de hablar, y que nadie pretende otra cosa que acercarse al misterio de alguna manera, teniendo en cuenta siempre la insuficiencia del

# Las Bodas de Caná

lenguaje. Pero yo quiero resaltar el hecho de que la contemplación es la situación de mayor vitalidad, de tensión, de acción y de realización de sí mismo a que puede llegar el hombre en este mundo; y que si el hombre es, sobre todo, inteligencia y voluntad, nunca entiende ni ama más intensamente que en la contemplación. El mayor amor se manifiesta en la máxima forma del dar, cual es la de dar voluntariamente la vida (Jn 15:13), y eso no es precisamente pasividad. Y he aquí lo increíble de nuestro diálogo con Dios: nos ha sido concedido que podamos darle algo a Dios, el cual ha querido necesitarnos y hacerse pobre y mendigo de nuestro cariño. El diálogo con Dios es la posibilidad del tú a tú, de la reciprocidad, del toma y dame. Es verdad que todo es gracia, pero una gracia que supone o crea la realidad de las cosas, pues de otro modo sería gracia sin contenido.

Practicar un reduccionismo evangélico ha sido lo propio de los enanos de todos los tiempos. La gran herejía actual es la de siempre: la gnosis, que trata de sustituir la Fiesta de Dios por una simple fiesta del hombre (y en definitiva destruirla como tal fiesta). El mayordomo de las bodas de Caná reconoció que el vino que le dieron a probar era excelente, y dio una explicación del hecho que era lógica desde su punto de vista: la astucia del novio se había reservado el mejor vino para la sorpresa final. Sin embargo, la explicación era falsa. Yo me divierto cuando, por ejemplo, leo estudios sobre la persona o la poesía de San Juan de la Cruz: todo son explicaciones literarias, psicológicas, condicionamientos, oportunismos sociales e históricos, etc.; menos me divierten las alambicadas explicaciones de algunos teólogos que intentan demostrar que Jesucristo es una persona humana. El evangelio se cuida de advertir que lo que le ocurría en realidad al mayordomo era que no sabía de dónde procedía el vino, que es exactamente lo que les ocurre a esos teólogos de los que tanto se habla ahora: que no tienen fe. Y aunque no lo dice expresamente el evangelio, es de suponer que los criados se rieron de la verosímil, "razonable" y lógica explicación del mayordomo, porque —y esto sí que lo dice— ellos sabían de dónde procedía el vino. Con estos criados que conocían la verdadera explicación estamos nosotros, agradeciéndole a Dios el gran regalo de la fe y el no menos grande de su propio Amor. Luego está también la implacable lógica divina, que parece desentenderse del hombre, y con razón, cuando éste se empeña en destruir la Fiesta divina y llega a quedarse sin vino (*Mujer, ¿qué nos va a ti y a mí?*); y menos mal que allí estuvieron de por medio la insistencia de la Virgen y su fe y su confianza en Jesús: de donde se deduce que la Virgen y los santos pueden destruir la testarudez humana y vencer la lógica divina. Sin olvidar, claro está, que la Virgen y los santos, que son precisamente la obra maestra de Dios, están también incluidos en los planes y en la lógica divinos. Y es que la lógica, los caminos y los pensamientos de Dios, van mucho más allá de lo que van la lógica, los caminos y los pensamientos de los hombres.

# ÍNDICE DE CITAS
# DEL
# NUEVO TESTAMENTO

**San Mateo**

3: 14, **53, 193**
4: 5, 14
5: 1–12, **265**
   3, **36, 91, 245**
   4, **119, 139**
   8, **137, 224**
   13, **24**
   14, **204**
   14–16, **84**
   15, **15, 174**
   15–16, **204**
   16, **106, 179**
   17, **302**
   19, **203**
6: 7, **162**
   9, **29**
   22, **137**
   23, **137**
7: 6, **85**
   7, **31**
   8, **257**
   20, **300**
   23, **102, 122**
8: 17, **50**
   26, **235**
9: 15, **103**
10: 9–10, **25, 34**
   14, **85**
   23, **85, 94**
   24, **83**
   24–25, **53**
   34, **32**
   35, **70**
   39, **130, 148**
11: 2–6, **19**
   4, **203**
   6, **53**
   25, **80, 113, 244**
   25–26, **224**
   28, **187**
   28–30, **188**
12: 20–21, **140**
   43, **91**
13: 8, **39**
   44, **274**
15: 8, **308**
   26, **85**
   32, **64**
16: 1–4, **11**
   24, **25, 268**
   26, **116**
17: 21, **160**
18: 3, **83, 113, 244**
   4, **244**
19: 29, **101, 128**
20: 6–7, **187**
   8, **83**
   16, **98**
   22, **150**

21: 22, **31, 240**
22: 2–14, **98**
    4, **315**
23: 8, **83, 117**
24: 12, **16**
    24, **23**
    28, **68**
    30, **22**
    36, **16**
    42–44, **114**
    48–51, **110**
25: 1–13, **95, 171, 225**
    14–30, **184**
    21, **275**
    24–25, **243**
26: 6–13, **63**
    29, **317**
    37–38, **53**
    75, **294**
27: 46, **268**
28: 19, **94**
    19–20, **14**
    20, **40**

## San Marcos

1: 1–8, **191**
    29–39, **87**
3: 20, **188**
    31–35, **218**

4: 40, **235**
5: 3, **91**
    38–39, **67**
    40, **68**
7: 37, **89**
8: 22–26, **71**
9: 18, **91**
    50, **15**
10: 15, **113, 244**
    21, **303**
11: 24, **31, 240**
12: 27, **91**
    41–44, **286**
    44, **188**
13: 22, **23**
    32–36, **114**
14: 3–9, **63**
15: 28, **51**
16: 15, **94**

## San Lucas

1: 48, **267**
2: 10, **140, 273**
3: 16, **156**
4: 16, **14**
    18–21, **141**
5: 5, **188**
6: 20, **244**
    21, **297**

21–23, **119**
38, **31**, **101**
7: 11–15, **57**
18–23, **19**
23, **53**
44–46, **102**
8: 37–39, **85**
9: 23, **268**
10: 9, **276**
17–20, **27**
21, **113**
23, **274**
41, **116**
42, **35**
11: 14, **91**
12: 14, **20**
35, **74**, **225**
35–36, **174**
36, **211**, **217**
37, **226**
38, **226**
48, **31**
49, **106**, **155**, **156**
13: 25, **122**
14: 16–17, **315**
23, **74**
26–27, **83**
33, **244**
15: 16, **31**
17: 21, **276**

33, **322**
18: 1, **158**
8, **16**
11, **51**
19: 1–8, **41**
13, **187**
41, **297**
21: 1–4, **286**
19, **83**
34–36, **114**
22: 15, **304**
23: 8, **14**
46, **300**
24: 13–35, **132**
32, **74**

## San Juan

1: 3, **44**
4–5, **181**
6–8, **201**
9, **73**
12, **40**
16, **56**
19–28, **201**
38, **290**
39, **56**
41, **75**
45–46, **75**
2: 1–11, **311**

17, **75**
3: 8, **159, 300**
11, **137**
14, **19**
16, **147**
18, **68**
29, **104, 271**
34, **279**
4: 6, **188**
36, **189**
42, **48**
5: 17, **186**
25, **68**
34, **301**
36, **14, 300**
43, **298**
6: 44, **97**
56–57, **302**
57, **40, 44**
63, **173**
7: 37, **269, 317**
37–39, **318**
46, **74**
8: 1–11, **63**
7, **55**
11, **56**
12, **73, 78, 204**
18, **14**
23, **15**
26, **280**

28, **19**
44, **234**
46, **50**
9: 1–3, **90**
1–38, **164**
4, **83**
10: 2–5, **154**
5, **69**
10, **127, 135, 220, 323**
25, **14, 300**
34–35, **322**
37–38, **14**
38, **300**
11: 9, **83**
25, **69**
28, **133**
33, **64**
35–36, **294, 297**
12: 1–8, **63**
24, **51, 160, 220**
24–25, **145**
32–33, **19**
35, **84**
46, **73**
13: 1, **20, 22, 108, 124**
35, **20**
14: 4, **290**
5–7, **300**
6, **53, 139, 290**
12, **39**

12–14, **240**
16–17, **156**
17, **205**
20, **123**
21, **133, 157, 225, 241**
23, **101, 321**
26, **117, 300**
27, **32**
28, **290**
15: 1, **316**
5, **129, 316**
8, **129**
10–11, **142**
11, **92, 168**
13, **20, 22, 147, 249, 325**
13–15, **304**
15, **40, 78, 103, 155, 241, 280, 315**
16, **98, 129**
19, **15, 24**
20, **39**
26, **156**
16: 6–7, **151, 156**
13, **81, 251, 300, 316**
13–14, **156**
13–15, **280**
14, **300**
20, **291**
22, **92, 273, 319**
23, **31**
24, **168, 240**
33, **252**
17: 6, **29**
13, **91, 168**
15, **37**
16, **24**
21, **78, 123**
21–23, **239**
23, **78, 123**
26, **123, 156, 239, 242, 271, 318**
18: 37, **158**
19: 30, **22, 300**
20: 24–29, **138**
21: 2–7, **134**

Hechos de los
Apóstoles

1: 1, **203**
7, **16**
8, **94**
21–22, **50**
3: 6, **29, 30, 34**
4: 12, **29, 32**
32, **239**
6: 2–4, **75**
20: 35, **130, 221, 242, 322**
22: 20, **24**

## Romanos

1: 19, **18**
   20, **280**
5: 5, **263, 318**
   8, **161**
   14, **52**
6: 2–4, **53**
   3, **19, 144**
   3–5, **143**
   6, **52**
   8, **144**
   10, **90**
   11, **144**
   14, **90**
8: 3, **52**
   9, **301**
   15, **159**
   16, **293, 301**
   26, **118, 294**
9: 3, **66**
10: 14, **203**
    15, **94, 140**
    17, **47, 203, 280**
12: 1, **143, 145**
    15, **297**
13: 10, **302**
14: 7, **44**
    7–8, **144, 322**

## 1 Corintios

1: 5, **322**
   17–18, **149**
   21–23, **19**
   23, **149, 307**
   25, **212**
   26–29, **24**
2: 9, **105, 279**
   10, **294**
   10–12, **168**
   14, **18**
3: 21–23, **273**
7: 29, **94**
10: 13, **231**
12: —, **301**
    11, **159**
    31, **301**
13 —, **301**
13: 1–3, **108**
    3, **21**
    7, **22, 63**
    8, **219, 289**
    12, **83, 134, 223**
    13, **219**
15: 8, **56**

## 2 Corintios

- 1: 19–20, **268**
- 3: 17, **159, 301**
- 4: 6, **223**
  - 10–11, **77**
- 5: 2, **187**
  - 14, **116**
  - 14–15, **220**
  - 15, 44, **144**
  - 21, 52, **90**
- 6: 6, **19**
- 8: 9, **52, 244, 285, 322**
- 11: 2, **323**
- 12: 4, **279**
- 13: 9, **275**

## Gálatas

- 2: 1, **19**
  - 20, 44, **103, 121, 205, 220, 238, 302, 322**
- 3: 14, **22**
- 4: 4–5, **147**
  - 19, **83**
- 5: 6, **22**
  - 18, **302**
  - 22, 40, 140, **271, 317**
  - 23, **22**
  - 24, **19**
- 6: 14, **19**

## Efesios

- 1: 22, **148**
- 2: 14, **273**
- 3: 17, **22**
- 4: 15–16, **148**
- 5: 2, **143**
  - 8, **106, 174**
  - 25, **128**
  - 32, **128**
- 6: 12, **33**
  - 16, **39**

## Filipenses

- 1: 21, **43**
  - 21–23, **135**
- 2: 5, 55, 65, **143**
  - 7–8, **142**
  - 8, **52**
  - 9–10, **33**
- 3: 1, **150**
  - 20, **187**
  - 21, **90**
- 4: 4, **140**

## Colosenses

- 1: 16–17, **44**
  - 18, **148**

24, **50**, **324**
2: 9, **223**
20, **144**
3: 3, **144**
4: 12, **100**


**1 Tesalonicenses**

5: 16, **140**
17, **158**
19, **301**


**2 Tesalonicenses**

2: 7, **16**
9–10, **23**


**1 Timoteo**

1: 19, **22**
2: 4, **46**
6: 12–13, **26**


**2 Timoteo**

2: 9, **179**
4: 2, **73**
7, **83**
8, **110**


**Hebreos**

2: 18, **231**
4: 12, **10**
15, **52**
5: 1, **142**
1–3, **52**
5, **52**
7, **65**, **118**
7: 27, **145**
9: 22, **51**, **146**
10: 37, **114**
11: 1, **138**
6, **22**
12: 2, **272**
29, **134**
13: 14, **21**


**Santiago**

4: 3, **153**


**1 Pedro**

2: 5, **143**
9, **143**, **148**
3: 18, **52**
4: 7, **160**

## 2 Pedro

1: 4, **123**

## 1 Juan

1: 1–3, **137**
   3, **77**
   3–4, **77**
   7, **73**
2: 20, **81, 280**
   27, **81, 280**
3: 5, **90**
   16, **22**
4: 1, **301**
   5, **22**
   8, **212, 235, 316, 320**
   9, **147**
   16, **123, 124, 212, 283**
   18, **17, 235**
   19, **161, 289**
5: 2, **107**
   4, **18**
   7–9, **14**

## Apocalipsis

1: 5, **25**
   6, **143**
   8, **53, 114**
   15, **163**
2: 9, **322**
   13, **29**
   17, **209**
   18, **163**
   19, **22**
3: 8, **29**
   15–16, **234**
   17, **31**
   20, **46, 93, 153, 211, 268**
5: 10, **143**
6: 9, **24**
13: 13–15, **23**
19: 7, **105**
   9, **105**
20: 6, **143**
21: 4, **55**
   8, **236**
   9, **181**
   23, **126**
22: 17, **110, 278**
   20, **110, 130, 229, 278**

# SIGLAS DE LOS LIBROS BÍBLICOS

| | | |
|---|---|---|
| **Ab**, Abdías | **Ha**, Habacuc | **Mt**, Mateo |
| **Ag**, Ageo | **Heb**, Hebreos | **Na**, Nahúm |
| **Am**, Amós | **Hech**, Hechos de los | **Ne**, Nehemías |
| **Ap**, Apocalipsis | Apóstoles | **Nú**, Números |
| **Ba**, Baruc | **Is**, Isaías | **Os**, Oseas |
| **Ca**, Cantar de los | **Jb**, Job | **1 Pe**, 1 Pedro |
| Cantares | **Jds**, Judas | **2 Pe**, 2 Pedro |
| **Col**, Colosenses | **Jdt**, Judit | **Pr**, Proverbios |
| **1 Cor**, 1 Corintios | **Jer**, Jeremías | **1 Re**, 1 Reyes |
| **2 Cor**, 2 Corintios | **Jl**, Joel | **2 Re**, 2 Reyes |
| **1 Cr**, 1 Crónicas | **Jn**, Juan | **Ro**, Romanos |
| **2 Cr**, 2 Crónicas | **1 Jn**, 1 Juan | **Rt**, Rut |
| **Da**, Daniel | **2 Jn**, 2 Juan | **Sab**, Sabiduría |
| **De**, Deuteronomio | **3 Jn**, 3 Juan | **Sal**, Salmos |
| **Ece**, Eclesiastés | **Jon**, Jonás | **1 Sam**, 1 Samuel |
| **Eco**, Eclesiástico | **Jos**, Josué | **2 Sam**, 2 Samuel |
| **Ef**, Efesios | **Ju**, Jueces | **San**, Santiago |
| **Esd**, Esdras | **La**, Lamentaciones | **So**, Sofonías |
| **Est**, Ester | **Lc**, Lucas | **1 Te**, 1 Tesalonicenses |
| **Ex**, Éxodo | **Le**, Levítico | **2 Te**, 2 Tesalonicenses |
| **Ez**, Ezequiel | **1 Mac**, 1 Macabeos | **1 Tim**, 1 Timoteo |
| **Flm**, Filemón | **2 Mac**, 2 Macabeos | **2 Tim**, 2 Timoteo |
| **Flp**, Filipenses | **Mal**, Malaquías | **Tit**, Tito |
| **Ga**, Gálatas | **Mc**, Marcos | **To**, Tobías |
| **Ge**, Génesis | **Mi**, Miqueas | **Za**, Zacarías |

# ÍNDICE GENERAL

## La Fiesta del Hombre y la Fiesta de Dios

| | |
|---|---|
| Prólogo | 7 |
| Las Señales que el Mundo Exige | 11 |
| El Nombre de Jesús | 27 |
| Zaqueo | 41 |
| Resurrección del Joven de Naín | 57 |
| El Ciego de Betsaida | 71 |
| Un Día en la Vida del Señor | 87 |
| Parábola de las Diez Vírgenes | 95 |
| Los Discípulos de Emaús | 131 |
| Con las Lámparas Preparadas | 171 |
| El Trabajo Cristiano | 183 |
| San Juan Bautista | 191 |
| Testigos del Amor de Dios | 201 |
| La Esperanza, Virtud de la Alegría Desbordante | 213 |
| Caminos al Verdadero Amor | 231 |
| Las Bienaventuranzas | 265 |
| Las Bodas de Caná | 311 |

www.ingramcontent.com/pod-product-compliance
Lightning Source LLC
Chambersburg PA
CBHW060413010526
44107CB00006B/681